2017 年度黑龙江省社会科学学术著作出版资助项目

斯图亚特·霍尔的
文化批判理论研究

陈 孟 著

黑龙江大学出版社
HEILONGJIANG UNIVERSITY PRESS

图书在版编目（CIP）数据

斯图亚特·霍尔的文化批判理论研究 / 陈孟著. --
哈尔滨：黑龙江大学出版社，2017.11（2021.7 重印）
　ISBN 978-7-5686-0175-7

Ⅰ.①斯… Ⅱ.①陈… Ⅲ.①霍尔－文化理论－理论
研究 Ⅳ.①G0

中国版本图书馆 CIP 数据核字（2017）第 273463 号

斯图亚特·霍尔的文化批判理论研究
SITUYATE HUOER DE WENHUA PIPAN LILUN YANJIU
陈　孟　著

责任编辑　侯天姣
出版发行　黑龙江大学出版社
地　　址　哈尔滨市南岗区学府三道街 36 号
印　　刷　三河市春园印刷有限公司
开　　本　787 毫米 ×1092 毫米　1/16
印　　张　15.5
字　　数　222 千
版　　次　2017 年 11 月第 1 版
印　　次　2021 年 7 月第 2 次印刷
书　　号　ISBN 978-7-5686-0175-7
定　　价　51.00 元

前　言

本书从马克思主义理论视域出发,对斯图亚特·霍尔(Stuart Hall)文化批判理论的缘起、理论前提、理论立场和观点进行了系统挖掘、梳理和分析,进而对霍尔文化批判理论的特色、贡献、影响、启示和限度进行了评述。

笔者认为,霍尔的文化批判理论从英国马克思主义思潮中获得了理论资源,继承了马克思主义科学观的研究范式。同时,霍尔文化批判理论的形成深受伯明翰学派早期思想家霍加特、威廉斯、汤普森等人的影响,此外,霍尔通过融合葛兰西的意识形态理论和阿尔都塞的结构主义思想,形成了与众不同的文化批判理论前提。这一理论前提正是霍尔对马克思主义的继承以及在此过程中形成的霍尔模式和接合理论。霍尔在借鉴和继承了马克思主义历史唯物主义方法论原则的基础上,深入批判了在实践中存在的教条主义倾向,对经济还原论和阶级还原论进行了反思,在此过程中形成了以霍尔模式为代表的文化传播模式和以接合理论为代表的文化分析范式。

霍尔始终坚持以马克思主义历史唯物主义理论的科学分析为研究范式,对马克思主义理论文化内涵进行思考,从而形成了自己的文化观。霍尔认为:文化即表征,文化即意指实践,这是文化具有实践性的最直接立场。同时,霍尔运用阅读政治学理论和差异政治学理论说明了文化具有政治性。

以文化观为基础,霍尔对当代资本主义文化进行了批判。霍尔结合英国当代社会总体实践,将对亚文化的开放式批判细化为对种族主义的批判和对资本主义政治文化的批判。霍尔通过对亚文化现象的分析,对资本主义的亚文化现象进行了批判,并通过"他者"视角细化批判了亚文化的主要组成部分——种族主义。同时,霍尔结合英国资本主义的现实实践,首次提出撒切尔主义、权威平民主义的概念，用以说明资本主义社会的文化领导权问题。霍尔认为，以撒切尔主义为代表的文化领导权正是通过对意识形态的管控，实现对国家的管控，从而达到政治目的的。在英国资本主义社会的总体实践中，权威平民主义是对撒切尔主义最好的提炼和概括，是撒切尔主义成功实现文化领导权的体现。

霍尔文化批判理论的特色在于跨领域、跨学科的研究意识，族裔散居的理论视域和介入主义的政治策略。霍尔的编码/解码理论、差异理论、种族文化批判和接合理论对文化研究做出了重要的贡献。霍尔的文化批判理论确证了马克思主义理论的合理性，极大地推动了当代文化研究的发展，同时，对我们理解全球化背景下当代文化的多样性，以及确立中国文化的话语领导权、实现文化创新和文化强国等具有重要的启示意义。当然，毋庸置疑，我们必须看到，霍尔的文化批判理论虽然在实践中具有很强的实用性，在学术界也产生了一定的影响，但理论主题比较散漫，因此在实践中还存在一定的局限性。

序

　　"春秋多佳日,登高赋新诗。"东晋时期陶渊明的经典诗句,让我们生活、探索、奋斗在中国特色社会主义新时代的哲学社会科学工作者,特别是马克思主义理论工作者心潮澎湃,诗意昂然。因为,当代中国正经历着我国历史上最为广泛而深刻的社会变革,也正经历着人类历史上最为宏大而独特的实践创新。这是一个需要理论而且能够产生理论的时代,这是一个需要思想而且能够产生思想的时代。在这样一个千载难逢的美好时代,每一个"为天地立心,为生民立命,为往圣继绝学,为万世开太平"的马克思主义学者,都不能不为立时代之潮头、通古今之变化、发思想之先声、解人类之难题而登高赋诗,述学立论。

　　哲学社会科学工作者若想为构建具有中国特色、中国风格、中国气派的哲学社会科学话语体系而贡献智慧,就必须站在人类真理和道义的双重制高点上,融通古今中外各种资源,特别是马克思主义理论的资源、中华民族优秀传统文化的资源、国外哲学社会科学的资源,做到不忘本来、吸收外来、面向未来。这大概是新世纪、新时代"登高赋新诗"的充要条件。

　　青年才俊、法学博士、马克思主义理论学科博士后陈孟,以当代中国马克思主义、21世纪马克思主义为指导,以比较高远的历史眼光、比较宽广的世界视野,把自己近年来的学术探索、创新聚焦到国外哲学社会科学的资源——英国伯明翰学派,并试图从中汲取营养,批判借鉴,为我所用,成就了《斯图亚特·霍尔的文化批判理论研究》新著,并以此"新诗"献给她的师长、领导、学友,也献给培养和造就她,使她健康成长的这个伟大时代……

　　斯图亚特·霍尔作为当代文化研究之父、英国社会学教授、文化理论家、媒体理论家、文化研究批评家、思想家,曾任英国伯明翰大学的"当代文化研究中心"(简称 CCCS)主任,是伯明翰学派的重要代表人物。他开启的学术工作政治化的先河,在文化研究领域的主导地位和杰出成就令世人瞩目。迄今为止,在媒介与大众文化研究领域尚未有出其右者。霍尔超越既有的资本主义文化现实和经验,深入批判文化教条主义倾向,结合英国资本主义的实践,提出了文化领导权、权威平民主义,用以说明资本主义社会的文化领导权问题,阐释文化的政治性、意识形态性,使马克思主义成为文化研究的基石。譬如,霍尔将意识形态作为文化研究的主旨,首次提出"撒切尔主义",对"新右派"势力的意识形态进行批判。由于自身的出身及肤色,霍尔在后期把研究方向对准了多元分化、族裔散居及其最为感兴趣的差异政治学。霍尔的文化批判理论对当今多元文化理论研究有着深远的影响。正如英国文学评论家伊格尔顿说:"任何一个为英国左派思想立传的人,如果试图依靠某个典范人物,将不同的思潮和时期串在一起,就自然会发现他是在重塑霍尔。"

陈孟博士这项研究的理论意义已经很明显。在《斯图亚特·霍尔的文化批判理论研究》中,陈孟博士一方面从时间角度出发,概述了霍尔的生活经历、思想历程,一方面从逻辑角度出发,厘清了霍尔对"文化领导权""大众文化""种族歧视""政治文化的批判"等问题的探讨,评述了他构建"差异共存"多元文化社会的主张,强调了后期霍尔文化研究的实践导向。当然,陈孟博士是在霍尔与经典马克思主义话语的深层思想对话中,重新审视霍尔的资本主义文化批判思想的。这对我们挖掘霍尔思想的理论意义,推动马克思主义理论学说的发展,具有不小的启示。另外,陈孟博士也集中述评了学者们对霍尔"编码/解码"等思想的解读,这为学界深入研究霍尔思想做出了必要的铺垫。

陈孟博士这项研究的现实意义同样十分突出。因为,对当代,特别是英国马克思主义思潮的研究,能够使我们在很大程度上透视当代资本主义世界发生的新变化,反思资本主义生产方式与文化理念遭遇的新问题。

启蒙运动、资产阶级革命释放出巨大效能,让马克思不得不承认"资产阶级在它的不到一百年的阶级统治中所创造的生产力,比过去一切世代创造的全部生产力还要多,还要大"。不过,这却是以老牌资本主义国家在世界范围内的殖民掠夺为基础的。18世纪末,欧洲列强只控制了非洲不超过十分之一的地方,而在随后的十年中,他们控制了包括六千万以上人口的五百万平方公里的非洲土地,到1900年,非洲大陆的十分之九已在欧洲控制之下,全球五分之一的土地和十分之一的居民已归于欧洲列强的版图。伴随殖民掠夺而来的,是世界范围内的冲突战争、贫富差距、阶级对立、生态危机等一系列严重的经济和政治问题。进入20世纪,世界经济中心发生了转移,美国凭借"工业产出占世界的近二分之一,贸易出口占世界的三分之一,黄金储备占世界的三分之二"的实力,最终取代欧洲成为世界经济和文化中心,这使资本逻辑更加强势地统治着人类社会。另外,科学技术的飞速发展,使人类逐渐步入"风险社会"。如果说在阶级社会中遭受苦难的是底层工人阶级,那么进入"风险社会"后,生态危机、食品安全、环境破坏、核威胁等问题不分阶级,不分地域,时时刻刻威胁着全体人类。进入21世纪,特别是第二个十年以来,国际力量对比再次发生变化,国际战略格局进入加速演变和深度调整期,"世界正经历百年未有之大变局",世界文化格局也迎来了百年未有之变化。这使我们不得不从全人类的视角出发,认真对待当代马克思主义思潮的理论内涵,冷静反思资本主义发展理念、精神诉求、价值文化的历史局限性。

英国著名作家詹姆斯曾说:"世界之所以成为今天的这个样子,英帝国三百年的海外扩张可谓功不可没","无论是好是坏,现代的、后帝国主义时代的世界正是帝国时代的产物"。的确,英国是资本主义经济、政治、文化发展最早、最成熟的国家之一,推动了资本主义在全球范围内的扩张,并在对当代资本主义世界体系的维护中,仍旧发挥着不可替代的重要作用。也正因如此,英国资本主义模式,也是诸多马克思主义者实现自身理论建构时极为重要的现实参照。恩格斯早年就曾根据实地调研,创作了《英国工人阶级状况》,马克思在写作《资本论》时也曾在英国查阅研读大量经济学文献,等等。霍尔是英国本土的思想家,主要关注英国的现实文化问题,但这却能够超越地域的局限性,很大程度上切中当代资本主义模式的深层弊病,为今人从更广泛的意义上批判资本主义提供了重要理论依据。这是我们应当予以重视的,也是陈孟博士在著作中集中讨论的。对于当代马克思主义思潮,我们确实应当立足中国、着眼世界,既不全盘照搬,也不一概排斥,厘清其思想实质,最终为我所用。

如今,英国伯明翰大学文化研究中心早已扩展成为文化研究系。当年文化研究中心用同期工作人员不超过三人的规模,影响着全世界。二战后文化研究便兴于此,后来渐渐扩展到美国及其他国家,成为国际学术界最富有活力和创造性的学术思潮之一,留给世人无尽的思考与发展:思考资本主义文化批判如何适应现实的政治语境,思考如何用马克思主义语境将文化研究发扬光大。

浩渺行无极,扬帆但信风。当今世界多极化、经济全球化、社会信息化、文化多样化,姹紫嫣红,千娇百媚,必然带来文明多彩、包容、互鉴的灵感、希冀与渴望。在世界历史宏阔语境和理论话语中,马克思历史唯物主义方法论的创造性运用,不能不让青年学者肩负时代使命,和着时代旋律,铿锵行进在"春秋多佳日,登高赋新诗"的征途上。

是为序。

目 录

绪　　论

　　二十世纪,在全球化、信息化和市场经济高度发达的背景下,人类文化获得了空前的发展,也遭遇了严重的危机。例如,通俗文化和大众传媒的发展,为文化在普通民众中的传播提供了便利条件,但与此同时,也带来了通俗文化中的严重消费主义倾向、各种文化领导权等问题,因此,现代性文化批判成为二十世纪许多思想家和理论家关注的重大课题。在二十世纪的文化批判理论发展中,英国马克思主义的文化理论,特别是伯明翰学派的文化研究,或称作“文化马克思主义”占据重要地位,而在英国文化马克思主义发展中,斯图亚特·霍尔①的文化理论占据重要的地位,他的文化批判不但推动了伯明翰学派的理论发展,而且对当代马克思主义的发展也产生了重要的影响。

　　本书在分析霍尔文化批判理论研究范式的基础上,通过对霍尔文化批判理论中基础理论资源的梳理、理论前提的挖掘、理论观点的分析,阐述了霍尔文化批判理论的独特之处,并评析了其理论的特色、贡献、影响、启示和局限。

　　本书从英国马克思主义的发展出发,以马克思主义科学观为研究范式,梳理霍尔文化批判理论的基础理论资源,重点揭示了早期伯明翰学派对霍尔的文化批判理论的影响,并进一步分析了葛兰西意识形态理论和阿尔都塞结构主义理论对霍尔的影响,进而阐释和论述了霍尔文化批判理论的理论前提,即霍尔对马克思主义的继承以及在此过程中形成的霍尔模式和接

---

　　①　后文简称霍尔。

合理论,阐明了霍尔如何形成文化批判理论的观点,特别是文化具有实践性、文化具有政治性等理论观点。最后,本书概括了霍尔文化批判理论的特色,揭示了霍尔文化批判理论的建树,并结合社会总体实践和全球化的时代背景,对霍尔文化批判理论部分观点的局限性加以分析。综上所述,本书将集中探讨霍尔的文化批判理论。

一、霍尔的思想和本书的研究目的及意义

本书的研究从霍尔所处的历史背景及他的流散经历出发,探寻霍尔思想的缘起,关注霍尔各个不同时期的思想变化情况,以此为研究的线索,展开对霍尔的文化批判理论的研究。

(一)霍尔及其思想

基于霍尔的牙买加血统和第三世界族裔身份的背景,可以探寻霍尔批判资本主义文化理论的思想缘起。霍尔在不同的历史时期提出不同的理论观点,源于他的思想在不断变化,不断融合其他的理论精髓。霍尔的思想主要有编码/解码理论、接合理论、表征和意指实践思想、种族思想、撒切尔主义等理论。

1. 霍尔

伯明翰学派的领军人物霍尔,牙买加金斯敦(Kingston)生人,加勒比海血统的非洲黑人后裔,英国著名的文化研究学者、马克思主义文化批判理论家、社会学教授、英国研究院院士、伯明翰学派的奠基人。除此之外,他还兼任英国社会学研究会主席、英国牛津大学默顿学院荣誉研究员、英国拉尼美德委员会委员、伦敦大学金史密斯学院等多所大学的客座教授和英国国际视觉艺术协会、黑人摄影家协会主席等职务。

霍尔从早年起,就一直处于不断地思考身份、种族等问题的矛盾和尴尬的境地。历史上,牙买加曾是英国的殖民地,社会环境中充满着紧张的阶级关系,霍尔及其家人长期处在肤色和种族带给他们的无穷无尽的苦闷境遇中。这种充满歧视、压抑的环境,在霍尔的内心深处刻下了深深的印迹。霍

尔从青年时期就积极投身到反殖民地、反种族歧视的运动当中,认同牙买加独立运动的反帝目标,形成了明确的反殖民主义的政治意识,主张为少数人种开拓文化空间。这是霍尔早期思想不断发展的主导语境。二十世纪五十年代,霍尔带着父辈的殷切希望,踏上了异国他乡——英国的土地,开始了他多姿多彩的人生旅程。在那里,霍尔成为英国新左派的领军人物。二十世纪六七十年代,霍尔拓展了文化研究的领域,被学术界视为伯明翰学派的奠基者和"文化研究之父"。二十世纪八十年代,霍尔首先提出了"撒切尔主义"这一全新的概念,对英国的撒切尔政权开始了批判。八十年代末,霍尔又将关注的视角转向族裔散居和种族等问题,将研究的重点由英国风格的领导权所代表的消极的种族、边缘和黑人,转向一个不同的分析方式,这个分析方式把族性而非种族视为首要的研究对象。霍尔虽然在发达国家从事着后殖民文学和文化研究批判的事业,但是却为发展中的第三世界与后殖民地国家的诉求寻求政治与文化方面的话语权,他的成就令世人瞩目,同时也使他成为受到学术界广泛关注的学术典范并赢得了世界文化研究界的尊重。具有双重身份背景的霍尔,既要面对强大的英国文化,又要面对复杂的加勒比海经济、政治和文化,霍尔在这双重世界中借鉴多种传统,但实际上,他又不属于任何一个传统。在现实中,霍尔处在英国文化与加勒比海文化、自身利益与民族利益、普遍性与特殊性交织在一起的境况中,两种文化相互制约又相互作用,处在两种对立的文化世界夹缝中的霍尔,成为永远被言说的对象。

回顾霍尔的一生,他对文化的研究主要分为两个阶段:前期主要研究文化领导权和媒体。以霍尔为代表的伯明翰学派,一直都把意识形态作为文化研究的最主要课题,聚焦文化与权力之间的关系,把文化视为意识形态斗争的战场。后期霍尔把目光投向了多元文化、族裔散居和差异政治。差异政治学是霍尔在二十世纪末和二十一世纪里最感兴趣的话题。在全球化的背景下,有许多差异类别下的政治问题和多元文化问题,霍尔在不断的学习和探索中,逐渐意识到自己只不过是一个来自西印度群岛的黑人,从这一点出发,霍尔以《新左派评论》(*New Left Review*)为阵地,开始了"新左派"与还原论和经济主义的长期论争,从此,文化领域就成为霍尔毕生研究的主要领域。

2.霍尔的思想

霍尔的理论研究分为多个时期,主要思想有编码/解码理论、表征和意指实践思想、霍尔模式、接合理论、种族思想、差异理论等。

(1)编码/解码理论

霍尔编码/解码理论的核心思想体现在传媒的生产、流通、消费过程中,与编码、流通和解码三个过程相呼应。目前,对于解码者的"三个假想"立场是编码/解码研究的重点。同时,在符码化的信息运行过程中,挖掘次符码对信息符码的影响,对探究表层解码和深层解码的意义有着重要影响。

(2)表征和意指实践思想

霍尔的表征和意指实践思想主要是认为在生产实践中,文化最重要的环节是表象,表象是"文化循环"理论中的关键环节。运用、感觉、思考之后,文化才能被赋予意义:首先,事物被解释活动赋予意义。在日常生活视域下,事物通过运用方式被赋予不同的意义。如:砖头和水泥,只有通过建造,才能被赋予房屋的意义,而在社会实践中,房屋还可以被赋予"家"的意义。其次,表象被我们用事物来赋予意义。从这个角度来讲,文化包含整个社会实践活动,在这一语境下,体现出符号学研究的重要性。但意义所产生的问题,仁者见仁,智者见智,众说纷纭。

(3)霍尔模式

霍尔模式预示着一个新的研究模式导入了符号学方法,这为研究现代意义生产提供了一个综合性的方案,而这种途径是传统的语言学无法提供的。

在霍尔的思想中,讯息由制作者编码,再由受众进行解码,不同的受众可能对节目有不同的解码。于是,讯息的效果不再是根据反应模式发生,而是依赖于受众的解读过程。由此,霍尔肯定了受众在传播过程中的地位。此外,霍尔指出文本具有一定的开放性,讯息潜在的解读方式不止一个,并提出受众可以有三种解读立场,即领导权立场、协商立场与对抗立场,后两种立场的提出也使文化研究敞开了受众主动性的大门。

所以,从霍尔开始,文化研究学派开始摆脱阿尔都塞结构主义思想的影响,不再认为文本结构将主导受众讯息接收的结果。相反,他们吸收了葛兰西的领导权理论,认为意识形态与被统治者的社会经验之间存在着持续不断的矛盾,其交汇处就是一个意识形态进行斗争的场所。文本也不再是一个意义完全封闭的结构。

（4）接合理论

在文化研究中,接合理论具有非常重要的地位,而在"接合"理论化的过程中,霍尔起到了不可替代的作用。霍尔在发展葛兰西领导权理论的基础上,对该理论进行了扩展和推进。他不再坚持从静态的角度去思考社会意识形态问题,而是从一种更加灵活、动态、辩证的角度来思考、分析与认识各种社会形态中显现出来的意义,在这里,意义并不是固定和静止的。霍尔的这一理论思想为伯明翰学派与文化研究做出了重要贡献,为文化理论研究开创了又一新的理论空间。

（5）种族思想

霍尔的种族思想及其变迁是研究霍尔文化思想无法绕开的重要领地,也是国内外学者重视的主要领域。首先,伯明翰学派对种族问题的关注正是始于霍尔。在他之前,为保持英国性的纯洁,黑人文化一直都是英国主流文化刻意回避的"盲点"。他的研究使黑人种族文化得以在英国主流文化中现身,并因此在当代英国黑人文化中掀起了恢复黑人种族文化历史地位的浪潮。可以说,霍尔的研究既拓展了英国文化研究的深度,又凸显了黑人种族文化在其中的价值。这种一举两得的研究与他所提出的"平行的生活"和"新种族"理论有着相同的效果。霍尔理论成就的基础是他"错位"的、双重的流散经历。霍尔开创了文化研究的新时代,使文化研究迈上了一个新的台阶。

（6）差异理论

差异理论是霍尔在二十世纪七十年代后期逐步形成的最为显耀、犀利的文化理论思想。差异是推动文化生产的动力。差异文化理论已经受到欧洲和美国文化研究界的高度重视。霍尔的差异理论思想是从他的两个最有影响的,也最能代表他观点的作品中呈现出来的。一是《谁的传统(遗产)?一个没有解决的问题:对于后民族的再思考》(*Whose Heritage Un-settling "The Heritage:Re-imagining the Post-nation"*);二是2001年出版的关于分析摄影图片文化的理论著作《差异》(*Different*)。差异政治学是霍尔在二十世纪末和二十一世纪里最感兴趣的话题,文化生产动力伴随着差异而来,截然不同而又是相同的,可以说是求同存异。伴随着多元文化的问题,有许许多多的差异类别下的政治问题不断呈现出来,并不断转变他者原本的观点、立场,转换并产生新的有关差异和界限的思考。实践中,差异在表征他者意义的基础上才能够体现出来,也就是说,意义依赖于对立者的差异。在对立中表征出差异,事实上,没有差异,也就没有了意义。

(二)研究目的及意义

本书试图对霍尔文化批判理论的缘起、理论前提、文化观和基本内容进行梳理和分析,进而对其理论的特色、贡献、影响、启示和局限进行评析。本书具有理论和现实两个层面的研究意义。

理论意义体现在两个方面:第一,有助于进一步丰富马克思主义文化研究的理论资源和理论视域。之前的马克思主义理论研究对霍尔思想不够重视,文化研究中又常常忽视霍尔的马克思主义理论背景。因此,本书对霍尔文化批判理论的研究有助于进一步丰富马克思主义文化研究的理论资源和理论视域。第二,有助于为确证马克思主义的当代合理性提供理论资源。马克思主义理论在新时代的全球化背景下,需要结合社会总体实践,不断丰富自身理论资源,这样才能更好地回应现实社会的实际诉求。霍尔的文化批判理论始终坚持马克思主义科学观的研究范式,这对马克思主义理论来说是新的拓展。马克思主义科学观,是以科学严谨的探索和论证方法进行高级社会实践活动,是求实创新的思维模式和行为模式,它可以表征为系统的理论知识、决策和创意,同时,也可以表征为有效的制度、物质工具、产品。而所谓的科学观是关于人类科学活动及其结果的总观点,是哲学对科学发展规模、科学发展史与科学发展方向的高度概括,是构成科学意识的核心理念。霍尔站在历史唯物主义科学分析的角度,使文化研究实现了跨学科、跨领域的融合与创新,将文化研究从经济决定论的条条框框中释放出来,从多角度阐释文化,发掘文化的多元化内涵。本书从对霍尔基础理论资源的梳理开始,在马克思主义科学观研究范式的基础上,对霍尔文化批判理论的理论前提、理论立场进行了整体阐释,并评析了霍尔文化批判理论的贡献、影响、启示和局限性。

现实意义主要体现在两个方面:第一,本书可以为文化如何回应现实社会中的实践问题提供新思路。目前,从实践的视域下看文化发展,需要关注文化应该如何更好地从传统文化向现代文化转型。从地域的视域下看文化,需要关注文化应该如何更好地实现区域文化与全球文化的融合。在这方面,霍尔的文化批判理论为我们提供了新视野、新路径。霍尔的文化批判理论中,对多元文化、种族文化、差异政治等问题的研究显现出文化具有实践性、政治性,可以为解决文化发展中的疑难问题提供思路。第二,本书在争取意识形态话语权方面开拓出了新视野。在全球化各种力量的博弈中,影响和决定全球化发展方向的是各国的综合国力。传统的经济实力、军事实力固然重要,但文化实力在全球化时代的重要性也日益凸显,成为制约国家实力的一个因素。文化是国家和民族的灵魂,文化繁荣兴盛,国家和民族才能强大。"国之交在于民相亲,民相亲在于心相通。"在全球化、网络化的时代,人流、物流、信息流的跨国流动,把人类从自然经济的熟人社会带入市场经济的契约社会,人们生活的环境不断发生着变化。由于文化的差异,人们必须认真思考:"我是谁? 我属于哪个群体、哪个国家?"这就是所谓身份认同、民族认同、文化认同和国家认同。全球化和网络化引起了不同文化的交流、交锋和碰撞,也促使各个民族、各个国家把坚守文化传统、坚持文化自信、夯实认同基础、增强民族凝聚力和国家意识作为基本要求。

二、国内外研究综述

掌握国内外研究情况,就可以比较地看待霍尔的思想。国外对霍尔思想的研究成果主要体现为论文和学术专著,其研究包括以下几个方向:从对马克思理论与霍尔思想的比较入手,从对霍尔思想的影响入手,从对霍尔的成长经历入手。国内对霍尔思想的研究主要是从传播学、语言学、文化学等方面来进行的。

(一)国外研究现状

无论是在论文中,还是在与霍尔的对话中,抑或是在专著中,西方国家学者都对霍尔的文化批判理论有着多元的解读。这些学者或从霍尔的成长经历入手来梳理霍尔的理论思路,或将霍尔的理论研究与马克思主义理论进行比较,或从英国马克思主义发展的影响角度来阐释霍尔的文化理论思路变迁。

这些学者出版了许多有影响力的著述,其中比较著名的有:大卫·莫利(David Morley)等选编的《斯图亚特·霍尔:文化研究的批判对话》(*Stuart Hall：Critical Dialogues in Cultural Studies*),克里斯·罗杰克(Chris Rojek)的《斯图亚特·霍尔》(*Stuart Hall*),保罗·吉尔罗伊(Paul Gilroy)、劳伦斯·格罗斯伯格(Lawrence Grossberg)和安吉拉·麦克罗比(Angela McRobbie)主编的《不做保证:向霍尔致敬》(*Without Guarantees：In Honour of Stuart Hall*),海伦·戴维斯(Helen Davis)的《理解斯图亚特·霍尔》(*Understanding Stuart Hall*),以及詹姆斯·普罗克特(James Procter)的《斯图亚特·霍尔》(*Stuart Hall*)等著述。这些著述各自从不同的维度对霍尔的理论思想进行了论述。

1.霍尔思想与马克思主义理论的比较研究

《斯图亚特·霍尔:文化研究的批判对话》这本文集是最早以介绍霍尔为专题的作品。该论文集的内容一部分来自霍尔本人的文本,这些文本主要将研究的重点放在了马克思主义和英国之间的关系上,尤其关注到表现特征为"文化马克思主义""文化领导权""后现代问题""种族主义""文化表征和意指实践"的具体问题,关注它们将通过何种形式在社会生活中进行有机的接合。文集的另一部分收录了一些重要的霍尔访谈录。文集包括乔治·拉伦(Jorge Larrain)的《斯图亚特·霍尔与马克思主义的意识形态概念》(*Stuart Hall and the Marxist Concept of Ideology*)、劳伦斯·格罗斯伯格的《论后现代主义与接合:霍尔访谈录》(*On Postmodernism and Articulation: an Interview with Stuart Hall*)、安吉拉·麦克罗比的《回顾新时代及其批判》(*Looking back at New Times and Its Critics*)、詹妮弗·达里尔·斯莱克(Jennifer Daryl Slack)的《文化研究中的接合理论与方法》(*The Theory and Method of Articulation in Cultural Studies*)、科林·斯帕克斯(Colin Sparks)的《斯图亚特·霍尔:文化研究和马克思主义》(*Stuart Hall, Cultural Studies and Marxism*)、劳伦斯·格罗斯伯格的《历史、政治和后现代主义:斯图亚特·霍尔与文化研究》(*History, Politics and Postmodernism: Stuart Hall and Cultural Studies*)、迪克·赫伯迪格(Dick Hebdige)的《后现代主义和"他者"》(*Postmodernism and "The Other Side"*)等文章。在这些文章中,思想家们大致勾勒出霍尔思想的流变和演进,在不同层面,或直接或间接地指出霍尔文化批判理论的内核和研读霍尔文化批判理论时的思考。这些思想家以霍尔的族裔散居知识分子身份为重点,着重研究后现代主义、文化身份问题,以及接合理论、文化研究之于马克思主义的问题,他们还将更多关注放在对二十世纪八十年代至九十年代以来的文本的研究上,探讨霍尔理论著述中的观点。在此基础之上开展批判性互动,对霍尔的文化批判理论进行多元化阐述。这些作品成为解读霍尔思想、深入分析霍尔文化批判理论的重要参考。在具体实践中,霍尔分析问题具有独特的视域、敏锐的思考方式。在不同维度对霍尔的文化批判理论进行思考和研究,更能深刻透视到霍尔文化批判理论内核所具有的深刻性、政治性,以及批判的属性。

　　2.对霍尔思想影响的研究

　　《不做保证:向霍尔致敬》一书出版于 2000 年,由文化理论学者保罗·吉尔罗伊、劳伦斯·格罗斯伯格、安吉拉·麦克罗比担任主编,收录了 34 篇文章,其中不乏一些知名学者的文章。这些学者,如斯皮瓦克(Spivak)、洪美恩(Ien Ang)等,从不同角度对霍尔文化批判理论观点的强大影响力进行了展示。三位主编及供稿学者们对霍尔的文化批判理论驾轻就熟,通过与自身研究兴趣相结合，多元化阐释了对霍尔思想的灵活运用，这为后来者开展文化研究的实践工作开启了智慧，并指出了切实可行的路径。这正是三位主编编撰整本书的目的和意义。该书大量整合了霍尔的文化批判理论，结合社会实践探究了多元化领域的复杂社会问题。

3. 对霍尔思想成长历程的研究

2003 年，诺丁汉特伦特大学（Nottingham Trent University）教授克里斯·罗杰克的专著《斯图亚特·霍尔》由世界知名的政体出版社（Polity）出版。这本书由不隶属于伯明翰学派的学者编撰，以批判霍尔文化思想的观点为全书主线。实践中，从不同的维度对霍尔文化批判理论的积极性和局限性进行思考是非常有必要的。这本书首次以专著的表现形式，阐述了西方学者对霍尔文化批判理论思想流变的看法。此外，该书在"完全的文化混血儿""表征与意识形态""国家与社会""文化与文明"四部分中，深刻分析了马克思主义，以及葛兰西、阿尔都塞、巴赫金、拉克劳、墨菲、福柯等学者对霍尔思想与理论的影响，随后针对霍尔在文化、族裔散居、后殖民主义、差异政治、认同政治及多元文化问题的理解方面进行了对话。克里斯·罗杰克以霍尔的理论思想为主题进行了研究和批判，并且深刻、集中地评析了霍尔部分著述中的内容与观点，他的评析包含很多其他学者鲜少涉猎的地方。总体来讲，克里斯·罗杰克的这本书在批判霍尔的同时，又非常赞同霍尔在文化研究领域无与伦比的学术地位，这种观点对转变一些国内学者全盘赞扬和接受霍尔思想深刻性的思路大有裨益，可以开启辩证看待霍尔文化批判理论的新视角、新方向，为正确看待霍尔文化批判理论中的问题和缺陷开启了理性的观察维度。

2004 年，海伦·戴维斯的专著《理解斯图亚特·霍尔》由塞奇（SAGE）出版社出版。该书着重分析霍尔的文化理论思想脉络，对霍尔近乎全部的理论文本进行了分析和解读，语言通俗易懂，文意简单易解。该书以时间为贯穿全书的主线，共分为八个部分。第一部分、第二部分讲述"遭遇祖国""极严重的问题"，主要阐明霍尔在加入伯明翰学派之前的思想历程。第三部分是"问题中的媒介"，着重讲解霍尔的电视和媒介理论研究。第四部分是"与天使摔跤",重点阐明了马克思、葛兰西和阿尔都塞等人的思想对霍尔文化思想的影响,包括对霍尔重要的民族志研究的影响。第五部分、第六部分是"表征的政治"与"甘冒危险的生活",主要讲述了《控制危机》(*Policing The Crisis*)和"撒切尔主义"(Thatcherism)。第七部分是"在动物的腹部",探析了霍尔对新族性的理论研究过程,同时分析了葛兰西对霍尔文化思想的影响。第八部分是"破碎的与具体的",通过对霍尔的访谈进行互动,展现霍尔对自己文化研究思想体系的看法。该书由于过于通俗化,缺乏必要的理论性、批判性,因而未能将霍尔文化理论思想中的精髓——霍尔范式、文化领导权、接合理论、文化认同、差异政治进行充分展示。该书虽然存在一定局限性,但是其对文化研究的贡献不可忽视。该书以时间为主线,持续关注霍尔的文化理论思想,通过多维度的切入点和关注点比较霍尔文化理论不同时期的内核,来还原霍尔文化理论的演进过程,推演霍尔文化理论的发展趋势。

2004 年,英国斯特灵大学(University of Stirling)英语研究讲师詹姆斯·普罗克特撰写了《斯图亚特·霍尔》一书,并由英国著名出版社劳特利奇(Routledge)出版。该书同样按照时间顺序梳理了霍尔的文化理论思想,而后通过三个部分予以展现。第一部分"为何是霍尔",通过阐释霍尔的学术背景来探究霍尔文化理论思想的形成过程。第二部分"关键思想",主要通过对霍尔学术生涯中不同时间段的作品进行述评,来展现其文化理论思想,通过对"解构大众""进入文化研究""编码与解码""种族主义与抵抗""撒切尔主义和'新时代'""真正的自我"等思想的探析,深层挖掘霍尔的理论根源——葛兰西的文化领导权理论、巴赫金的"多声部"理论、大众媒介和意识形态理论、亚文化理论、道德恐慌理论、权威平民主义、族裔散居理论等。第三部分"霍尔之后",着重阐释了霍尔的文化研究理论给后人带来的影响和启示。该书具有庞大的讯息量,深入浅出地集中介绍了霍尔思想的理论文本。该书在内容架构上集中反映了对霍尔的文化理论思想的全面思索,并回归到文本中,找出问题缘由、思考问题产生的语境、思索霍尔思想的内核,为后来学者们研究霍尔的文化批判理论提供了方法论的指导。

（二）国内研究现状

在我国，研究伯明翰学派思想的热潮逐渐形成，对我国文化研究学界产生了重要影响。目前，国内学者对霍尔思想研究的成果主要集中在对霍尔著述的译介、传播学研究、语言学研究、文化学研究四个方面，成果如下。

1. 文献译介

第一，罗钢、刘象愚主编的《文化研究读本》（中国社会科学出版社 2000 年版）收录了霍尔几篇文章片段的中译文。包括孟登迎翻译的《文化研究：两种范式》、陈永国翻译的《文化身份与族裔散居》、王广州翻译的《编码，解码》。这几篇译文中，霍尔对观众解读电视讯息时可能出现的三种状况——"三种假想的解码立场（解码地位）"加以分析。他明确指出"优势解读（优先解读、偏好式解读）""协商解读（妥协解读）""对抗解读（对立解读、抵抗解读）"三种解码立场，并以此形成了霍尔模式，使其发展成为传播批判学派的独特受众视角。

第二，周宪、许钧主编的《文化和传播译丛》于 2003 年出版，收录了 1997 年霍尔与杜盖伊等合著的《做文化研究——索尼随身听的故事》和霍尔 1997 年编的《表征——文化表象与意指实践》。

第三，由陶东风、金元浦、高丙中主编的《先锋学术论丛 文化研究》自 2000 年开始编纂，该丛书中收录了陶东风节译的《文化研究：两种范式》（收录在第 1 辑中，由天津社会科学院出版社在 2000 年出版）。《大众文化与国家》（张晓玉译）、《种族、文化和传播：文化研究的回顾和展望》（张淳译）收录在陶东风主编的《文化研究精粹读本》（中国人民大学出版社 2006 年版）中。2001 年，由陆扬、王毅选编的《大众文化研究》（"视点丛书"第 1 辑，吴士余主编）收录了戴从容翻译的《解构"大众"笔记》。此外，还有李庆本翻译的《多元文化问题的三个层面与内在张力》（《江西社会科学》，2007 年第 3 期）。

2. 传播学研究

第一，2003 年，由石义彬所著的《单向度、超真实、内爆：批判视野中的当代西方传播思想研究》(武汉大学出版社 2003 年版)专门用一章论述了霍尔的编码/解码理论,他认为编码/解码开辟了传播学研究的新领域。

第二,2008 年 12 月,北京大学比较文学与比较文化研究所博士研究生邹赞在《中国石油大学学报(社会科学版)》上发表文章《斯图亚特·霍尔论大众文化与传媒》,认为,霍尔作为文化研究的领军人物,他的声名很大程度上缘于他对大众文化与传媒的论述。霍尔始终以马克思主义文化理论作为研究主线,在实践中通过融合阿尔都塞的意识形态理论、葛兰西的文化领导权理论来阐释政治传媒的日常。霍尔的文化理论思想拓宽了文化理论的研究疆域,尤其在大众文化界定,霍尔模式的创立,以及对媒体、政治和意识形态三者关系的思考上尤为突出。

3. 语言学研究

2009 年出版的《霍尔与文化研究》(武桂杰著),是中央编译出版社当年出版的重点学术专著。在书中,武桂杰通过对文本进行精细的理论概括,将霍尔文化理论体系中的总体特征和霍尔文化理论的具体成就进行集中阐释,并总结概括出霍尔对当代文化理论研究的影响、意义、启迪。该书从文化理论的语言学研究角度出发,将霍尔的一系列观点与语言学相结合,找到了其中能够拓展语言学研究范围的研究范式和理论支持。此外,该书更多地从传播学的角度出发,比较了霍尔的传播理论与我国当今传播学之间的差异,就如何改进我国目前的传媒研究范式的问题给出了建议,并提出了在霍尔的传媒理论中找到值得借鉴的、能够为我国传媒所应用的观点的方法。

4. 文化学研究

第一,《文化研究:西方与中国》(陶东风著),由北京师范大学出版社在2002 年出版,书中提到了霍尔的文章《文化研究及其理论遗产》,描述了文化研究经历的五次伦理学转向,肯定了霍尔的研究转向,即把对工人阶级的伦理关注转向对亚文化、性别与种族的伦理关注。

第二,《全球化:文学研究与文化研究》(王宁著),2003 年由广西师范大学出版社出版。在该著述中,他站在宏观的角度考察了当代西方文化批判理论的历史和近代的发展状况,并指出现代英美文化批判和文化研究都同时受阿尔都塞式的结构马克思主义和法兰克福学派的批判理论思潮的影响。他指出,威廉斯对文化研究领域的重要贡献是他与霍尔共同创办了左翼刊物《新左派评论》,并使之成为新的重要阵地,用以批判资本主义社会、介绍西方马克思主义、讨论经典马克思主义理论。

第三,《文化转向的由来》(萧俊明著)一书 2004 年由社会科学文献出版社出版。作者从文化研究的兴起阶段入手,着重研究文化理论的制度化和范式危机,介绍了文化研究之葛兰西转向、新葛兰西学派的理论贡献,融合了接合理论、多元文化观、通俗文化理论等,多角度阐释了霍尔在历史领域对文化研究做出的贡献。

第四,《文化研究导论》由陆扬、王毅著,复旦大学出版社 2006 年出版。该书集中论述了霍尔的《电视话语的制码解码》和《解构"大众"笔记》两篇文章。由复旦大学出版社出版、杨击著的《传播·文化·社会——英国大众传播理论透视》,通过对意识形态的再发现的深刻阐释,开启了文化传播研究的新模式,并且集中阐释了霍尔在美国实证主义传播理论方面的批判思想,对霍尔的媒介功能观——意识形态的角斗场理论进行了探究。

第五,《文化研究导论》由陆扬主编,高等教育出版社 2012 年出版。该书通过对"文化研究的缘起""文化概念的演变""文化身份""青年亚文化""文化研究的范式转换"等重点部分的论述,阐释了霍尔文化研究脉络中的角色转变和霍尔文化批判理论对当下文化理论研究所产生的重要影响。

第六,《斯图亚特·霍尔的文化理论研究》一书由邹威华著,2014 年由中国社会科学出版社出版。该书以霍尔文化理论中的问题意识为出发点,在"新左派""成人教育"理论问题的语境下,着力在理论和实践方面阐释"文化领导权""接合理论""文化表征"在霍尔文化批判理论研究中的重要地位。

综上所述,霍尔的文化批判理论对当今多元文化理论研究的贡献非常巨大。霍尔将马克思主义文化理论作为文化研究的主线,将马克思主义在文化研究中的影响力进行重塑,使马克思主义成为文化研究最主要的理论支撑。同时,霍尔坚持以历史唯物主义分析范式进行文化研究,并在微文化这一微观场域实现历史唯物主义方法论的创新。马克思主义历史唯物主义分析范式，"为实践共同体提供典型问题和解答问题的科学成就"，阐释出共同的方法、立场和观点，是一种对社会历史现象的典型阐释模式。历史唯物主义分析范式体现两种总体性特征：其一是对社会结构整体的不断变化和发展的运行规律、动力机制的阐释，是结构的总体性；其二是对社会历史发展趋势进行的总体性说明，是过程的总体性。霍尔在文化研究中，坚持运用马克思的总体性原则和思想，以总体性理念构建自己的文化理论体系。霍尔反对将文化研究理论化，认为那是将文化锁在书斋中的危险行径，而文化研究是要接近现实的，为此，他借鉴文化人类学、社会学等学科实证调查的方法，将这些方法引进到文化研究中，形成"民族志的研究"等体现英国文化研究特色的具体方法。霍尔的文化研究具有极强的问题意识，这是他对历史唯物主义方法论原则的一种深度理解和具体应用。

对霍尔思想进行研究的意义毋庸置疑，但我国学术界目前在对伯明翰学派的接受方面却存在着许多实际问题：忽视了伯明翰学派与法兰克福学派的相通之处、伯明翰学派与马克思主义哲学的相通之处；对霍尔的文化批判思想并没有给予足够的重视和深入的研究，过于强调伯明翰学派文化研究的政治学维度和多元维度，对其本源重视不足。另外，研究过程中，在学术界并没有结合马克思主义哲学进行种族思想深层比较研究的先例。本书力图通过回溯法，透过伯明翰学派，透过霍尔的思想进行对本源——马克思主义的研究。

三、本书的研究思路和基本框架

笔者在了解国内外研究思路的基础上，对霍尔文化批判理论的缘起、理论前提、理论立场和观点进行了深入挖掘、系统梳理和全面分析，进而对霍尔文化批判理论的特色、贡献、影响、启示和局限进行了评述。

（一）本书的研究思路

二十世纪以来，文化研究一直备受关注，文化研究的学术传统也成为继以法兰克福学派为核心的西方知识话语传统之后的又一重要文化批判传统,这种传统被称为伯明翰学派文化批判传统。这种学术传统首先在英国等发达的资本主义社会中出现,它把关注的目光放在第二次世界大战以后、资本主义的英国语境下,马克思主义对资本主义话语权力的批判和反思上,它在思想上坚决抵制并有力地颠覆了资本主义的文化领导权。霍尔的文化理论观点一直保持着与马克思主义的联系,显现出希望保持对马克思主义某些传统的忠诚。霍尔的文化批判理论具有强烈的针对性、实践性和批判性,高度重视在发达的资本主义社会中,工人阶级文化所扮演的重要角色和所起的积极作用,践行了对资本主义社会政治、文化的深入批判。

我们透过历史的视角来透视伯明翰学派文化批判传统的发展脉络,会看到伯明翰学派文化批判传统贯穿于伯明翰学派理论思想的演进过程中,它主要关注批判素养、阶级、历史、语言、工人阶级文化等方面。在此基础上,该学派还以亚文化,族裔散居,文化领导权,接合理论,文化的政治性、现代性,文化唯物主义等为研究主题,进一步拓展了研究内容和研究空间。这种学术传统是伯明翰学派思想中最为重要的理论遗产和理论资源,体现出文化批判研究中重要的文化特征,因而成为全世界学术领域研究的重要课题。伯明翰学派的学术传统之所以在学术界具有极强的生命力和活力,追根溯源是因为霍尔,他是该学派理论思想的集大成者。伯明翰学派的理论发展离不开霍尔,霍尔代表伯明翰学派和伯明翰大学当代文化研究中心(CCCS)[①]开启了英国文化研究的新篇章。

综上所述,本书在对伯明翰学派思想脉络整体研究的基础上,将"文化领导权"、文化表征等作为重点研究对象,确证霍尔的文化理论与马克思主义理论的内在关联,分析葛兰西对霍尔文化批判理论构建的影响,从理论和实践的维度深刻论述葛兰西文化领导权等理论思想,探究霍尔文化批判理论的发展脉络,阐释其文化研究的内核,同时,在资本主义文化批判的视野下,进一步梳理和分析霍尔的理论思想,全面探寻他的文化批判理论的变迁

---

① The Center for Contemporary Cultural Studies,缩写为 CCCS。

与演进过程,彰显出霍尔文化批判理论的当代价值和现实意义。

(二) 本书的基本框架

本书以霍尔文化批判理论中的文化领导权、接合理论、文化政治性等思想为重点,对理论发生、发展、演进的过程进行论述和思考,进一步彰显霍尔文化批判理论的发展和他对伯明翰学派、英国文化研究及整个学术界、思想界所做出的贡献。除绪论和结语外,本书正文共分为五章,在马克思主义科学观的视域下,对霍尔文化批判理论的缘起、理论前提、理论立场、基本内容进行了系统挖掘、梳理和分析,进而对霍尔文化批判理论的贡献、影响、启示和局限进行了评析。

第一章重点阐述霍尔文化批判理论的缘起,指出霍尔主要从英国马克思主义思潮中获得了理论资源,继承了马克思主义理论的研究范式,突出强调霍尔文化批判理论的主要特征,以及意识形态理论与结构主义思想。霍尔的文化批判理论缘起于英国传统文学学科,逐渐发展起来后形成了文化研究。霍尔以结构主义和流行媒体研究为主要阵地,开启了文化研究的结构主义符号学转向。霍尔文化批判理论的形成,深受伯明翰学派早期思想家霍加特、威廉斯、汤普森等人的理论思想的影响。在霍尔文化批判理论的视域下,阿尔都塞的结构主义和葛兰西的领导权主义被认定为霍尔文化研究中最重要的理论来源。霍尔通过融合葛兰西的意识形态理论和阿尔都塞的结构主义思想,形成了与众不同的文化批判理论前提。

第二章阐释的是非还原论的马克思主义。霍尔结合欧洲的新理论,从结构主义范式中找寻和探索英国文化研究的路径,并提出了"霍尔模式"理论和"接合理论"。霍尔继承了马克思主义的科学观,形成了以"霍尔模式"为代表的传播学分析范式和以"接合理论"为代表的文化分析范式。在霍尔看来,其文化研究的严肃性体现在研究"政治"方面。他创造性地采用编码的语言系统,跳出简单分析传媒表达内容的思维定式,由此发现了社会中多种多样的事件,并将它们放置于社会形态的层面上加以剖析。

第三章主要论述了霍尔是如何站在英国特有的思想语境中来定义文化

的功能与内涵的。霍尔始终以马克思主义理论为研究范式,形成了自身的文化观——文化具有实践性,文化具有政治性。霍尔明确文化是一个具有社会行为的、社会干预极其重要的场域,在此环境中,权力关系被确立或悬置。这种思想具有极其鲜明的政治色彩。霍尔认为,文化即表征,文化即意指实践,这是文化具有实践性的最直接立场。同时,霍尔运用阅读政治学理论和差异政治学理论说明了文化具有的政治性。

第四章主要论述了霍尔对英国社会文化与政治的深刻分析。在霍尔的文化观里,他把现实语境中的"亚文化风格""道德恐慌""撒切尔主义""权威平民主义"等作为理论研究的聚焦点,并从英国的现实情况、政治语境、文化研究等社会焦点问题出发,深入思考和探寻了"文化领导权"和"权威平民主义",并在此方面开拓出了独特的视域和研究重点。霍尔结合英国当代社会总体实践,对当代资本主义文化的独特之处进行了批判,将对亚文化的开放式批判细化为对种族主义的批判和对资本主义政治文化的批判,这是霍尔文化批判理论的核心议题。同时,在结合当代资本主义社会具体实践的过程中,霍尔还首次提出"撒切尔主义""权威平民主义"的概念,用以说明资本主义社会的文化领导权问题。霍尔认为,以"撒切尔主义"为代表的文化领导权正是通过对意识形态的管控实现对国家的管控,从而达到政治目的的,而在英国资本主义社会的总体实践中,"权威平民主义"是对"撒切尔主义"最好的提炼和概括,是对"撒切尔主义"成功实现文化领导权的最好体现。

第五章主要是对霍尔文化批判理论的当代价值进行评析。霍尔的文化批判理论是具有一定理论特色、特殊理论贡献、显著理论影响、多元理论启示的文化批判理论。尽管霍尔在文化研究领域做出了重要贡献,具有一定的社会影响和知名度,但结合社会总体实践来看,毋庸置疑,霍尔也同其他西方马克思主义思想家和文化理论家一样,存在着不尽如人意之处。在目前全球化的时代背景下,在文化研究的跨学科发展趋势中,霍尔文化批判理论的部分观点中,文化研究的主体不够明确。在解构马克思主义的本质主义过程中,他对同一问题缺乏一定的连贯性和持续性的关注。接合理论、编码/解码理论、结构主义范式等在实际运用当中,或多或少具有一定的局限性,存在着理论的限度,所以学术界的学者们很难用清晰的逻辑来全面概括霍尔文化批判理论的实践意义,这方面有待后人完善。

第一章　霍尔文化批判理论的缘起

英国文化马克思主义肯定了马克思主义的积极作用,并以批判的角度看待英国的现实社会问题。霍尔受英国文化马克思主义的影响,形成了独特的文化批判理论研究范式。霍尔以马克思主义理论为出发点,在以理查德·霍加特(Richard Hoggart)、雷蒙·威廉斯(Raymond Williams)及爱德华·帕尔默·汤普森(Edward Palmer Thompson)为代表的知识分子影响下,在法兰克福学派批判思想的引领下,确立了以马克思主义理论科学性为主线的研究范式。霍尔还通过融合安东尼奥·葛兰西(Cramsci Antonio)的意识形态理论和路易·阿尔都塞(Louis Althusser)的结构主义思想,形成了与众不同的文化批判理论前提。英国马克思主义、伯明翰学派,理论家葛兰西、阿尔都塞对霍尔文化批判理论思想的形成具有重要的影响和意义。

第一节　英国马克思主义和伯明翰学派的兴起

霍尔经历的英国马克思主义是在英国新左派运动形成、发展和终结的过程中逐渐形成和发展起来的,它经历了从一元到多元并存的演进过程,并通过学术研究逐步创新与完善,走向世界各地。在社会发展的进程中,英国马克思主义成为一种改造世界和创造世界的巨大物质力量。伯明翰学派的兴起更是有力地促进了历史唯物主义在世界范围内的广泛传播,使历史唯物主义得到进一步深化、创新与发展。构建在英国,马克思主义和马克思主义理论基础上的伯明翰学派,在西方马克思主义理论框架下,体现和建构着伯明翰学派文化研究的学术传统。霍尔的思想也在这个建构过程中受到影响,在以马克思主义理论为主线的文化研究范式下,霍尔形成了独具自身特色的文化批判理论观。

一、英国马克思主义的发展

马克思主义不但包含政治、学术、理论、生活等诸多方面,还包括诸多人生信仰、核心价值、社会思想与科学体系。马克思主义的创立是时代的需要和继承人类文明成果的产物。1956 年至 1964 年,在英国马克思主义被不断发展,不断接合英国实践,由此,具有英国特色的文化马克思主义最终形成。

(一)英国文化马克思主义的形成

英国的新左派运动由新左派知识分子发起。威廉斯、汤普森、霍加特、霍尔等新左派理论家和思想家,以文化为研究的主题与重点,在理论反思和现实反思的基础上,试图在英国共产党和英国工党之外,寻求一条坚持和发展马克思主义的正确道路,从而实现马克思主义时代化,推动英国社会不断向前发展,最终找到正确的方向。正是新左派运动发生、发展、终结的整个过程,促使英国文化马克思主义逐步由初具雏形到发展壮大,最终形成了"文化马克思主义"。英国文化马克思主义学派在当时的英国社会,承担起了在文化领域重建马克思主义影响力的重任,虽然该学派学者们各自关注的重点不尽相同,但是他们最终的观点和立场还是相同的。

(二)英国文化马克思主义的形成促使霍尔确立批判的文化观

在 1956 年至 1964 年期间,在英国文化马克思主义发展壮大的过程中,霍尔深受新左派知识分子及具有其他倾向性的学者们的影响,逐步关注现实社会问题,关注不断进行研究、不断批判的理论引导先驱人物。在霍加特、威廉斯和汤普森的影响下,他的思想观念发生了巨大变化,这使他最终成为英国文化批判理论的先驱者。

霍尔认为:"我曾经受马克思的影响,并且长期以来对马克思及马克思主义者批判经济、政治、社会和意识形态之间的方法论感兴趣。"①从英国的政治发展来看,英国的文化与学术传统造成了英国的马克思主义发展严重滞后于其他西方国家,所以马克思主义在英国社会、文化及政治语境中常常不被完全认同。马克思主义在英国真正产生重要影响的时期是二十世纪五十年代,产生了以霍加特、威廉斯和汤普森为代表的马克思主义文化理论研究的先驱者们,他们的文化研究被称为文化马克思主义。他们立足于英国实践,批判发达资本主义,同时对以英法为代表的空想社会主义进行了反思,继承了法兰克福学派的文化批判传统,确立了文化唯物主义的认识论范式,批判地看待历史、批判地看待英国社会实践,这样,他们才能将工人阶级文化启蒙作为文化研究的主要使命。霍尔继承了马克思主义理论的研究方法——坚持马克思主义科学观,坚持文化马克思主义。② 马克思主义科学观,是以科学严谨的探索和论证方法进行高级社会实践活动,是求实创新的思维模式和行为模式,它可以表征为系统的理论知识、决策和创意,同时,也可以表征为有效的制度、物质工具、产品。而所谓的科学观是关于人类科学活动及其结果的总观点,是哲学对科学发展规模、科学发展史与科学发展方向进行高度概括,最终构成的科学意识的核心理念。

霍尔在对马克思主义进行反思的过程中,使自我认识不断清醒,并结合英国实践活动,在众多理论资源中不断寻求适合构建自身文化批判理论的新资源,为自己的思想提供理论来源。霍尔透过葛兰西的意识形态理论来思考和批判英国的社会、政治、文化、意识形态等领域的实践情况。具体来讲,这一时期也是他研究和发展马克思主义的重要时期。同时,霍尔也在跟随英国社会、文化、政治语境的发展而不断地变换和调整自己的理论。这体现了霍尔有意秉承马克思主义的一系列基本理论、基本观点和基本方法,即马克思主义哲学、马克思主义政治经济学和科学社会主义,这使得他在反

---

① Stuart Hall. Jacques Martin. Cultural Recolutions[J]. New Satement,1997,12:24.

② Storey J. Culture Theory and Popular Culture:An Introduction[M]. London:Pearson Longman,2009:5 – 58.

思、透视社会实践和多领域的文化问题时,拥有巨大的理论空间。霍尔"介入主义"的政治策略、理论与实践相结合的研究范式,成为贯穿他几十年学术研究的主线,伴随着霍尔走过了漫长的学术研究历程。

在建构自身文化理论体系的过程中,霍尔在文化研究的"史前史"和文化研究的"演进史"视域下,为英国文化研究提供了切实可行的路径,充分借鉴、研究、批判了阿尔都塞、葛兰西、霍加特、威廉斯的理论思想。霍尔认为"身份"是一种实现话语权力的策略,"意义"是实现文化表征和意指实践的斗争场域,"文化"可以看成争夺权力的过程,这就是文化,或者说这就是意义。反观霍尔一生的学术研究和探讨,可以看到:首先,这是霍尔对文化研究政治学认识的结果;其次,这是充分借鉴各种理论并使自身研究理论化的结果;最后,这是对英国现实语境进行深刻阐释和辨析并反思的结果。霍尔赋予文化政治性、实践性和现实性,同时文化还具有科学性、批判性。这是极具学术价值的理论体系,对开启霍尔的文化批判理论具有一定价值和意义。霍尔认为,文化研究应突破教条主义的限制,要以马克思主义的发展变化的视角来界定文化,坚守马克思主义的价值观念,用马克思主义观指导文化研究。在现实中,社会存在决定社会意识的基本原理,决定斗争场域的变化,决定阶级的分析方法。以上这些都呈现在霍尔文化批判理论的内涵之中,重新塑造了霍尔的马克思主义文化观。

(三)威廉斯、汤普森对霍尔的影响

英国文化研究最重要的开创者之一、马克思主义文化评论家雷蒙·威廉斯,出生于英国威尔士边境的一个普通铁路信号员的家庭,他十四岁就参加过工党的活动,1939 年加入英国共产党。威廉斯不仅著述等身,而且涉猎广泛。威廉斯始终坚持把语言问题作为他在思想上积极探究和重点关注的问题之一。在威廉斯看来,语词是社会实践的浓缩,是历史斗争的定位,是政治智谋和统治策略的容器。威廉斯把阶级列为绘制的语言变迁模式中的一个关键词语,把文化定义为一种整体的生活方式,倡导将共同意义上的文化(生活方式)与个体意义上的文化(文学艺术等)结合起来,确立了整体

性文化观。与此同时,威廉斯对马克思主义哲学,尤其是经济基础与上层建筑模式进行研究,将文化理解为物质生产的一部分,从而在历史唯物主义的框架内进一步突出了文化的功能,最终确立了唯物主义文化观。但我们必须看到,威廉斯的文化定义之所以强调生活方式与文化的内在关联性,其重要原因是威廉斯所强调的文化,并不是少数人的精英文化,而是工人阶级的日常生活的文化。虽然只有少数人具有保持文学传统和掌握最优秀语言的能力,但是可供人们借鉴其他经验的途径还有很多,不单单是文学。除了文学之外,哲学、历史、政治、建筑等社会理论和自然科学,以及人类学都可保存传统、风俗和回忆等,都可记录经验。也就是说,文学是无法独自承担个人和社会经验的全部责任的。与文学至上论的利维斯主义不同,威廉斯特别看重普通人(特别是普通工人阶级)的日常经验与实践。在威廉斯看来,文化研究就是探讨和分析一个特定时代和地域的文化记录,以重建它的"情感结构",以及共享的价值观和世界观,文化理解必须在物质生产和物质条件的背景中,通过日常生活的表征与实践来进行,威廉斯将此称为"文化唯物主义",倡导在历史唯物主义的语境中来研究特定的物质文化和文学生产。威廉斯对文化的研究深入具体,直面社会发展中出现的问题和现象并对它们进行全面分析和深入研究,把英国保守主义阵营的观点放到工业革命之后的历史现实当中。威廉斯的《文化与社会》(*Culture and Society*)一书,不仅让我们看到1780年至二十世纪五十年代的思想家们是如何反思自己的文化与社会的,还使我们在了解了工业革命与后来社会革命的成果的同时,也进一步了解了各种各样的社会问题,更重要的是,它为我们提供了一个反思和批判的视角。在新的形势下,传统文化在大力复兴,威廉斯的创造共同文化的理论观点显得尤为重要。

威廉斯在1958年出版的《文化与社会》中,站在文化研究的视角,通过对十八世纪至十九世纪英国文学、思想史中重要人物的生动描述,以文化为主线,串联起这些思想家对于文化的认识和批判,论述了十八世纪后期,英国在社会变革期间,人们思想和情感上的激烈反应。在这一时期,威廉斯将文化现象融入当时的历史背景,展示了文化是如何发生、发展的,以及其从开始阶段到现代的演变过程,进一步探讨了工业革命以来的文化观念与现代意义。威廉斯认为:"文化不仅仅是智性和想象力的作品,从根本上说文化还是一种整体性的生活方式。"①这充分表达了威廉斯的文化观:马克思对文化在社会发展中的重要性持肯定态度,但在当时的时代背景下,马克思并没有对文化的内核做出深刻、深入的阐释,所以,发展英国的马克思主义要做好对文化的阐释。在"工人阶级消失论"甚嚣尘上之时,威廉斯通过赋予文化新的内核,有力地驳斥了以"工人阶级消失论"为代表的社会主义悲观思潮。威廉斯在对文化的认识中加入了人类学的视角,他动态地观察社会和历史的发展,认定文化的发展与社会和历史的发展密不可分——文化在社会、历史的进程中才显现出意义。威廉斯对霍尔的影响在于将马克思主义文化观融入其思想中,并将社会存在决定社会意识的观点变成了霍尔文化观的一部分,还使霍尔将文化形态的基本原理、阶级分析法、斗争场域变化也融入自己的思想中。

　　作为"整体的生活方式"的文化观念,是威廉斯为开展文化研究而从英国传统思想资源中提炼出来的理论根据,这个观念与马克思主义有着相同和共通之处,因而成为威廉斯建构马克思主义文化理论体系的重要基础。在《雷蒙·威廉斯:文学、马克思主义与文化唯物主义》一书中,英国学者希金斯深刻地指出,"文化唯物主义"既是雷蒙·威廉斯对马克思主义理论的独特理解,也包含着他对特定文学研究形式的质疑。尽管如此,希金斯也没有领会威廉斯"文化唯物主义"全面的精神实质:同马克思、恩格斯创立的唯物史观一样,"文化唯物主义"不仅是完整的理论,更是在实践中指导具体研究的方法指南。确切地说,它是威廉斯在文化研究实践中,运用"西方马克思主义"的主要理论观点(卢卡奇的"总体性"学说、葛兰西的文化领导权学说和阿尔都塞的意识形态学说)充实、完善唯物史观中的经济基础与上层建筑理论,从而进一步总结出来的关于发达资本主义时代文化现象的研究范

---

① [英]雷蒙·威廉斯.文化与社会[M].高晓玲,译.长春:吉林出版集团有限公司,2011:337.

式或方法指南。根据威廉斯在《马克思主义文化研究中的经济基础与上层建筑》等理论著作中的阐述,作为研究范式,"文化唯物主义"的前提是:在发达资本主义条件下,经济基础与上层建筑的形态比起马克思、恩格斯的时代已经发生了重大变化,作为政治上层建筑的资本主义国家和作为观念上层建筑的资本主义文化领导权获得充分发展,它们与作为经济基础的资本主义生产方式(生产力与生产关系)共同构成了一种关系总体。因此,得出的研究原则是:必须在这三者构成的关系总体中来理解发达资本主义时代的文化现象,因为现时代的文化现象都是物质性的生活方式的产物或体现。那么,在这种关系总体中,首先可以肯定,经济基础依然具有马克思、恩格斯所说的归根结底的决定作用,但不应当与马克思、恩格斯的本意相违背,并在宿命论的意义上来理解这种决定作用,其次可以肯定,在现时代的特定条件下,国家、文化领导权往往发挥客观的决定作用。因此,抽象地考问哪种力量起决定作用并无实际意义,重要的是在历史发展过程中,对具体问题进行具体分析和解决。对于作为研究范式的"文化唯物主义"而言,它的理论效力并不在于理论证明,而在于是否能够被成功地应用到具体的文化研究实践中去,并得出令人满意而又信服的结论体系。

汤普森 1924 年在英国出生,其父爱德华·约翰·汤普森(Edward John Thompson)是一位小说家和历史学家,其母西奥多西亚·杰索普(Theodosia Jessup)出生于美国的传教士家庭。汤普森小学在牛津的德拉贡学习,中学在巴思的金斯伍德学习,大学在剑桥大学圣体学院学习历史。二战爆发后,英国也燃起了战火,在这种境况下,1943 年汤普森无奈中断了学习,投身到反法西斯战争中去。战争结束后,汤普森又回到剑桥大学继续完成学业,并加入了英国共产党。1946 年,汤普森加入了英国共产党的"共产党历史学家小组",积极参加英国的战后重建,1948 年,汤普森大学毕业,到利兹大学当教师。1956 年,他与约翰·萨维尔(John Xavier)共同创办了《理性者》(Rational Person),不久这一共产党内的刊物,因党内领导观点不同,被迫停刊。1957 年他们又创办了《新理性者》(Neo Rational),在此时期,汤普森担任沃里克大学社会史研究中心主任。二十世纪七十年代,汤普森参与了欧洲和平运动,此后汤普森把大部分精力投入到这一运动当中,发表了许多讲话和文章,直至 1993 年病逝。他一生有许多著作出版,备受人们的关注,特别是《英国工人阶级的形成》(*The formation of the British working class*)这一巨著,一经问世,就在英国学术界产生了广泛的影响,同时也奠定了他在国际学术界的声望。汤普森的理论思想主要有主体意识、政治理念、历史主义、经验主义,其中的主体意识是大众性民主斗争开展的关键与核心。

与威廉斯类似的汤普森,同样坚信应当赋予文化新的内涵。但在《英国工人阶级的形成》一书中,汤普森认为文化是社会斗争产生的结果,对于把文化看作整体的生活方式的观点不予认同。也就是说,他把文化视为不同生活方式之间的斗争。汤普森透过历史的视角,进一步观察和探寻文化的变迁,同时运用大量的事实进行佐证——英国工人阶级在不断成长、壮大,而且在这一过程中,文化对于工人阶级意识形态形成起到了重要作用。汤普森将作为实践主体的现实个人的活动,与社会历史结合起来研究,认为文化研究是以主体实践活动经验为价值和意义的,也就是说,作为实践主体的现实个人的活动,对社会历史具有重要影响。汤普森的这一观点,以历史唯物主义为指导,确立了霍尔文化唯物主义的研究范式,使霍尔在坚持基本原则的基础上形成了文化批判观。

总体上来讲,威廉斯、汤普森对于英国马克思主义文化研究范式的转型起到了关键作用,也对霍尔的研究方法、研究思路、研究风格起到了启迪和引导作用,使霍尔的文化研究从理论走向实践,从学者走向大众,从宏观视域走向微观视域。

二、伯明翰学派的兴起

伯明翰学派建立在英国马克思主义的基础上,具有正统的马克思主义理论的重要学术传统。伯明翰学派的文化研究领域广泛,融合多学科、多文化研究,具有重要影响,同时,也为霍尔的理论思想形成奠定了理论基础。

(一)伯明翰学派概况

伯明翰学派是由聚集在伯明翰大学当代文化研究中心(CCCS)的知识

分子组成的,伯明翰学派是建立在马克思主义文化理论基础之上,具有正统马克思主义理论的学派,在西方马克思主义的理论指导下,体现了完全不同于"传统马克思主义"的文化马克思主义传统。所以,许多文化学者虽然在学术上同属于马克思主义,但在实际当中他们属于不同的学术流派,也就是说,伯明翰学派根本没有一个比较完整和固定的模式。

伯明翰学派主要由曾经在伯明翰大学当代文化研究中心学习、工作过的理查德·霍加特、霍尔、理查德·约翰逊、乔治·拉伦、托尼·杰弗逊、保罗·威利斯、迪克·赫布迪奇、安吉拉·麦克罗比、保罗·吉洛伊、劳伦斯·格罗斯伯格、戴维·莫利、安·格雷等知识分子组成,另外还包括一些虽然没有在伯明翰大学学习和工作过,但与伯明翰学派有着非常密切的联系的知识分子,如格雷厄姆·默多克、约翰·菲斯克、托尼·本尼特、西蒙·弗里斯等。实际上,伯明翰学派并没有一个统一而又完整的纲领和具体的指导思想,也并非是严格而又完善的学术团体,在文化研究方面并没有创建一门传统意义上的学科。西蒙·杜恩(Simon During)在《文化研究读本》(*The Cultural Studies Reader*)中指出:"文化研究是正在不断流行起来的研究领域,但是它不是与其他学科相似的学院式学科,它既不拥有明确界定的方法论,也没有清楚划定的研究领域。"①在具体实践中,我们可以看到,伯明翰学派的研究领域包括社会学、哲学、政治经济学、文化人类学、文学理论、大众传媒研究、媒体理论等方面。在不同社会发展环境中来看,伯明翰学派并不是单纯研究文化现象,而是把特定的文化现象放在阶级、种族、性别、意识形态等社会现象、政治背景视角下进行研究和探讨,所以,结合马克思主义理论,在适应现实的政治语境下进行思考是其理论特色。

英国是全世界文化研究的发源地,而英国的文化研究则起源于伯明翰大学(Birminghan University)。1964 年,理查德·霍加特在伯明翰大学英语系任教授期间,得到了英国企鹅出版社的支持和赞助,在伯明翰大学成立了当代文化研究中心,成为当代文化研究中心的首任主任。1968 年,霍加特

---

① Lin Chun. The British New Left[M]. Edinburgh: Edinburgh University Press,1993:1 - 2.

离任,赴巴黎承担联合国教科文组织的工作,霍尔开始担任当代文化研究中心主任,直至1979年离开。霍尔在这里从事了十几年的研究工作,为文化研究和当代文化研究中心的发展做出了突出贡献。

(二)伯明翰学派主要的文化批判传统

从二十世纪后半叶开始,文化研究就成为全球学术界学者持续关注的话题,使得文化研究不断升温。因此,文化研究传统就成为继以法兰克福学派为核心的西方知识话语传统之后的又一重要的文化批判传统,又被称为伯明翰学派的文化批判传统。伯明翰学派的文化研究密切关注第二次世界大战后马克思主义在英国资本主义语境下,对资本主义话语权力的批判和反思,坚决抵制和颠覆资本主义的文化领导权,具有强烈的实践性、针对性和批判性。同时,它极为重视大众文化在英国资本主义社会环境中所扮演的重要角色和所发挥的积极作用,并不断地用马克思主义的政治、经济、文化的立场观点在实践中对资本主义社会的政治、文化进行考量和批判。它高度重视政治的介入性和现实的语境性,它是一种来自社会、文化现实的话语批判。伯明翰学派的文化研究有着深厚的学术传统和广泛的学术渊源,它的文化研究与文化批判传统主要体现在以下几个方面:

第一,伯明翰学派文化研究方法具有语境化、政治介入性、特定性的特点。研究者针对英国的社会环境,关注不断变化的社会历史发展,提出"批判素养""葛兰西转向"等尖锐的文化理论问题,对我们诠释伯明翰学派的文化特征、研究主题、研究方法、学术传统和学术生态等提供了思考的路径和认知空间。

第二,伯明翰学派注重文化马克思主义、大众文化理论研究的学术传统。伴随着伯明翰学派思想在英国的崛起,"文化马克思主义"作为一种学术思潮,在二十世纪六十年代末的英国被认同并得到广泛传播。法兰克福学派的霍克海默和阿多诺对大众文化的观点持"批判到底"的态度,因此不可将其与法兰克福学派的"媒介控制"思想相混淆。伯明翰学派认为国家强制机关是建立在大众媒介文化之上的。大众媒介文化是用来捍卫统治阶级意识形态、传递统治阶级意志的工具。大众媒介文化通过社会公共空间的视角,重点研究大众媒介的受众对象的主体性和能动性,从而开创了大众媒介研究中的受众研究。

第三,伯明翰学派文化研究具有跨门类、跨学科,批判地看待问题,关注工人阶级的边缘性、青年亚文化研究的学术传统。伯明翰学派的文化研究强调把社会学、人类学、历史学、哲学等诸多学科融会贯通,注重对民族志、实践、个案的研究探讨,从而实现文化与其他学科和门类的有机结合。例如,伯明翰学派的创始人理查德·霍加特熟悉工人家庭的生活状况,他的《文化知识的用途》(*The use of cultural knowledge is complete*)等作品非常关注工人阶级文化,显现出政治批判性及重视边缘文化的独特视角。

英国伯明翰学派文化研究重点是亚文化研究,特别是对二十世纪五十年代以来的亚文化现象,如光头青年、朋克、摩登派、嬉皮士、无赖青年等的研究。实践证明,伯明翰学派的亚文化研究颇具特色,在道德恐慌、亚文化的起因、风格与媒体、风格的形成和大众文化的关系、风格的功能、风格的收编等方面都提出了许多与众不同的看法和观点,形成了富有广泛影响力的亚文化理论体系。同时,伯明翰学派把亚文化视为"巨型文本"和"拟语言",对其风格的抵抗功能和被收编的命运进行全新的解读。以霍尔为代表的当代文化研究中心的知识分子,对二十世纪五十年代以来的青年亚文化(包括光头青年、嬉皮士、小流氓、无赖青年、摩登派、牙买加小混混等)进行了深刻分析和研究,把青年亚文化纳入种族文化研究的领域,对青年亚文化兴起的源头、风格的界定、道德的恐慌、风格与意识反抗、亚文化与大众文化的关系等方面的研究独树一帜,颇有见地,其理论观点在实践中的运用成效显著。

在伯明翰学派的思想当中,以上这些学术传统是极为重要的理论遗产,同时也体现出该学派文化研究批判中重要的文化特征,对这些学术传统的梳理,为我们透视和研究伯明翰学派所呈现的文化、政治、经济现象,提供了理论支撑和思考视域。

（三）伯明翰学派对霍尔的影响

在 1964 年创建了当代文化研究中心以后，霍加特关注工人阶级的现实活动，他坚持的马克思主义文化研究范式和民族志视域相结合的研究方法，一直贯穿于霍尔的文化批判理论研究中。很多学者对于霍尔的文化研究具有一致的评价：开放和变化，认为霍尔的文化理论一直随着社会的发展而变化，不拘泥于"某一时刻"，但是马克思主义文化研究传统一直是霍尔文化研究不变的主线。

与此同时，霍尔将跨门类、跨学科的研究方法应用到文化研究中，通过人类学视角、历史学视角等多元视角开展研究。霍尔深受早期伯明翰学派的新型文化研究方法的影响，不再限定于实践批判和文本阅读，将文化与社会、学者与大众联系在一起，将跨门类、跨学科结合到研究实践中，关注工人阶级的边缘性、青年亚文化研究。霍尔在对二十世纪五十年代以来的青年亚文化（包括光头青年、嬉皮士、小流氓、无赖青年、摩登派、牙买加小混混等）进行分析时，接合多元社会现象，进行跨学科、跨门类研究，他把青年亚文化首次归纳到种族文化研究的范畴当中，对青年亚文化的缘起、风格、道德的恐慌、风格与意识反抗、亚文化与大众文化的关系等方面，从人类学视角、历史学视角等多元化视角进行研究整理和分析，他的理论观点在实际运用中取得了显著的成效。霍尔文化批判理论思想体现出的主要特点是：

第一，族裔散居文化的理论视角的特点。霍尔把"英国性"从狭隘的认知中解放出来，对族裔散居、身份、差异性、后殖民和族性等问题给予了特别积极的关注，这就决定了他在文化研究中所持有的不同的价值取向和思想意识，这是伯明翰学派的先驱者霍加特、威廉斯及汤普森等不曾涉猎的研究视域。

第二，文化研究中的跨学科意识的特点。霍尔本身是学文学专业的，在研究英国文化的过程中，他努力借鉴哲学、政治经济学、社会学、艺术学、人类学、历史学、文学、政治学及传播学等若干学科的理论资源。除此之外，霍尔还不断地从政治运动、文化运动、艺术实验室和社区工作中博采众长，不断丰富、完善文化理论的内涵实质,为伯明翰学派的跨学科研究做出了积极的贡献。

第三,学术交流的开放性和集体创作的特点。费斯克认为:"假如我们概括霍尔对文化研究的贡献,那就是开放。"①霍尔并不把自己固守在一定的领域进行文化研究。为了引起广大学者的广泛关注和高度重视,他经常在英国 BBC 主持一些有关加勒比海的话题的节目,并进行深入的研讨,体现了文化研究的开放性。在霍尔看来,CCCS 的广大学者是在自由而又宽松的学术氛围中实践着文化研究的宗旨的。而且,霍尔有别于伯明翰学派的其他研究者,他的影响并不是源于哪本书,而是体现在他所做的序言、访谈、会议发言等之中,他开创了伯明翰学派"集体创作"的先河,在英国为思考社会、文化和政治等问题做出了重要贡献。约翰·道克尔曾评论:"霍尔是伯明翰 70 年代的顶尖人物,他的名声不是基于他自己的哪一本书,而是在于文章和文集的序言,它们交织在热火朝天的争论中间,引导伯明翰工程走过了五花八门的理论地雷阵。就像许多人一样,我发现这类文章鼓舞人心,富有挑战性,在多姿多彩的伯明翰著述中,是我们的阅读首选。"②

第四,文化研究的政治介入性的特点。霍尔十分关注文化研究的政治性,他把学院的学术研究与社会、政治、文化研究等相结合,把意识形态从经济基础上成功地释放出来,凸显文化等要素在建构上层建筑层面的能动性和主体性。约翰·斯道雷坚持认为:"尽管霍尔希望在伯明翰当代文化研究中心能够产生有机知识分子,但他同样也记得必须坚持其知识分子工作的地位:'我们在中心内部所做的——个体地或者是集体地——是观念(方面的工作),这些观念是与政治相关的……'"③

第五,理论与实践相结合的特点。霍尔将马克思主义和结构主义等理

---

① John Fiske. Open The Way: Some Remarks on The Fertility of Stuart Halls' Contribution to Critical Theory[J]. Stuart Hall: Critical Dialogues in Cultural Studies. Routledge, 1996:212.

② [英]约翰·道克尔. 一种正统观念的开花[C]//大众文化研究. 上海:上海三联书店, 2001:36.

③ 陶东风. 文化研究精粹读本[M]. 北京:中国人民大学出版社,2006:93.

论借鉴到英国学术界,使文化研究的视野发生了重大改变。霍尔结合发生在英国社会的亚文化、种族和撒切尔主义等问题,站在"他者"的角度,从理论与实践的视域来考察和分析内在的结构机制和动因,为学者们对当时英国社会的文化与政治等问题的思考,提供了具有可操作性和合理性的途径。

实践证明,葛兰西的马克思主义文化理论对伯明翰学派及霍尔的文化研究产生了极大、极广泛的影响。霍加特同样运用了大量英国工人阶级的现实个案,作为他观点的佐证。在他的著作《文化知识的用途》一书中,他以个案的形式回顾英国工人阶级的独特群体文化,结合民族志的研究方法,展现了英国大众文化对英国工人阶级传统文化的瓦解,批判之情溢于言表。霍尔在霍加特和葛兰西理论思想的影响下,开启了从宏观视域向微观视域转变的研究思路。

总而言之,伯明翰学派文化批判的传统,奠定了霍尔的文化批判理论研究思路,尤其是对霍尔所著的《媒介话语中的编码/解码》(*In The Media Encoding and Decoding*)一书具有指导意义,对霍尔日后著名的文化传播理论——编码/解码理论的形成具有重要的影响。大众文化一直将对抗和抑制的矛盾运动、统治阶级与被统治阶级的斗争与协商、领导权和反领导权纳入其研究范围。这就充分证明,伯明翰学派注重理论与现实问题的融合,擅长以文化视角观察、应对和解决复杂的社会现实问题。

第二节　葛兰西的意识形态理论对霍尔的影响

文化马克思主义理论的研究范式是霍尔一以贯之的思想研究主线,但也曾一度让文化研究陷入了僵化的模式——意识形态与国家机器之间的关系没有被阐释,文化与物质力量的转化能否实现没有被阐释。那么,这时葛兰西的意识形态理论为当时处于僵局状态的文化研究带来了启发,对霍尔的研究方向产生了重要影响。

一、意识形态理论的基本内容

葛兰西是在列宁之后的社会主义思想家,他具有深邃的西方文化修养,对西欧社会主义运动的情况特别了解,试图在反对机会主义的斗争中来探寻符合西欧发达国家实际情况的无产阶级革命道路。因为他的思想和策略同当时的列宁相比有一定的差异,所以他被称为"欧洲共产主义"思想的奠基人、"西方马克思主义"的开创者。葛兰西作为早期西方马克思主义的重要理论家,在理论上不断创新发展,并直接参与当时的共产主义运动和无产阶级革命实践。他不仅是二十世纪初共产国际内著名的理论家,还是伟大的思想家、革命家、政治家,同时,也是意大利共产党的创始人和领袖之一,在西方学界,被誉为研究意识形态理论和上层建筑理论的专家。

葛兰西于 1891 年 1 月出生在意大利撒丁岛,1937 年 4 月在罗马逝世。葛兰西 1911 年在都灵大学学习历史、哲学和语言学,1913 年加入意大利社会党,1919 年同其他人一起创办社会党周刊《新秩序》(*New Order*)。1920年 4 月,他领导都灵工人进行政治罢工。1921 年,葛兰西任《新秩序》杂志社社长,同年 1 月参与创建意大利共产党,被选为中央委员。1923 年,他被派出席在莫斯科举行的共产国际代表大会,会上当选共产国际执行委员会委员。1923 年 6 月,他担任意共中央总书记,并兼任《团结报》(*Unite Alittihad*)报社社长。1924 年,他当选意大利国会议员,领导意共国会党团工作。1926 年 1 月在意共三次代表大会上,他提出建立反法西斯统一战线的主张,得到多数人的支持。1926 年 11 月,他被捕入狱,1927 年 6 月被判处二十年四个月五天的有期徒刑。葛兰西在狱中进行了不屈不挠的斗争,研究马克思主义理论,并写了许多笔记和信件,二战后这些手稿被陆续出版,其中包括著名的《狱中札记》和《实践哲学》。葛兰西具有丰富的社会主义思想和国际共产主义运动的思想,他的思想对二十世纪西欧和中欧一些国家的共产党和工人党所领导的社会主义与共产主义运动,有着重大而又深远的影响。他提出"历史一元论""有机知识分子""领导权""阵地战""市民社会"等新概念和理论,并用这些概念和理论来建构具有中西欧特色的社会主义思想体系,他的思想理论在整个欧洲乃至全球社会主义思想史上都具有十分重要的价值。

在欧洲无产阶级革命的背景下,葛兰西的意识形态理论应运而生,在早期西方马克思主义理论家格奥尔格·卢卡奇(George Lukacs)等人的影响下,葛兰西对市民社会等概念进行了重新定义,葛兰西建立了意识形态的理论核心——文化领导权的夺取。

(一)意识形态理论概念

意识形态(idéologie)是指由社会中的统治阶级对所有社会成员提出的一组观念,是与一定的社会经济和政治直接相联系的观念与概念的总和。葛兰西认为,意识形态这一概念是属于感觉论的一个方面,人们最初把它视为观念的科学,后来随着研究的不断深入,它又逐渐演进为观念的体系。葛兰西在实践中,主要是描述性地使用意识形态这一概念,也就是对人们所持有的思想观念或信仰体系进行形象的描述。葛兰西将意识形态问题从两个层面加以论述:一是他对把意识形态看作虚假的意识持有否定的观点;二是他认为意识形态是一种在法律、文艺、经济行为和所有个体及集体生活中含蓄显现出来的世界观,其中又体现常识、哲学、宗教、民间等方面的传统。这种世界观的意识形态往往与实践活动紧密相连,人们在观念上进入意识形态领域的途径就是社会实践的过程,因为人们获得自己的世界观的路径正是在意识形态的教育中成长起来的,而后人们又在已获得的自己的世界观支配下进行社会实践活动。此外,这种意识形态体现的并不是单一个人的成见——"任意的意识形态",而是共同生活中一定的社会团体在观念上的表达——"有机的意识形态",作为主体的知识分子,制造并传播了这些有机的意识形态。葛兰西在具体实践当中,从两个重要层面把意识形态进行了划分:首先是作为常识层面的世界观,它构成了大众实践的反思意识,这种意识作为日常实践的文化背景,也与日常实践融为一体,这是形成的反思的意识形态。其次是作为思想体系层面的世界观,思想体系的意识形态是对日常世界观的批判,这种批判使日常世界观成为融贯一致的统一体意识形态,并将其提升到思想的最高层面——哲学就是这种意识形态的表现。在这种复杂的关系当中,葛兰西认为将自发哲学进一步提升到自觉哲学的高度至关重要,这将使常识中积极、健康、向上的东西得以充分发挥,与观念体系融为一体,获得意识形态上的统一性,有效规避常识中的兽性。所以,意识形态领导权的构建必须将自觉理论和常识进行统一,必须将知识分子与大众进行结合。

(二)市民社会

市民社会即物质利益社会,一般指资产阶级社会,有时指资产阶级社会的经济关系。马克思认为市民社会应属于经济基础的范畴。葛兰西却确定上层建筑来源于市民社会——民间的社会组织的集合体,以及政治社会或国家。市民社会和政治社会在实践中执行"领导权职能"时目标一致,国家机器或者司法、政府来执行统治或命令。市民社会与政治社会具有高度的一致性。也就是说,葛兰西主要强调市民社会与政治社会的一致性。在葛兰西看来,政治社会代表暴力也离不开暴力,作为专政的工具,它被用来控制人民大众,政治社会与既定的经济关系保持一致,其执行机构是军队、法庭等,市民社会则代表舆论,通过民间组织起作用,这些组织主要包括政党、工会、学校等,另外还包括舆论宣传媒介和各种文化团体等。我们按马克思的观点来理解,经济基础决定上层建筑,上层建筑对经济基础起反作用,而葛兰西对把两者的关系解读成决定与被决定的关系持有否定的态度,他坚持强调的是上层建筑这一层面,尤其是市民社会对经济基础的作用,这一观点是葛兰西对西方社会上层建筑结构的独特解读。葛兰西从理论上对传统经济基础与上层建筑的关系进行了重构,将具有管理功能的市民社会成分提升到上层建筑国家之中,与马克思、恩格斯所坚持的"观念的上层建筑"的意识形态相互结合,构成了"意识形态复合体",实施国家意识形态领导权,使市民社会具有国家领导权意义上的自主性。在西方社会的资本主义国家,上层建筑层面的市民社会(意识形态和文化方面)发挥着比政治社会更加重要而又广泛的作用。

葛兰西认为,市民社会国家是一种新型的伦理国家,实施的是一种"世俗国家的自主、教化和道德"①,它并不是简单的观念系统,而是有组织架构和运行机制的人类实践活动的一部分。"正是由于葛兰西,才实现了从作为'思想体系'的意识形态到作为被体验的、惯常的社会实践的意识形态的关键性转变"②,这是阿多诺对葛兰西的思想观点给予的高度评价。

(三) 作为物质载体的意识形态

葛兰西的意识形态理论认为,作为物质载体是意识形态的属性之一。葛兰西认为意识形态是以宣传媒介、工会、党派、各种教会、各类学校等组织和团体为物质载体的,此观点对阿尔都塞的意识形态是国家机器的观点产生了重大影响。意识形态论题是二十世纪西方思想史的核心问题之一,也是贯穿西方马克思主义发展历程的一条重要线索。作为西方马克思主义开创者的葛兰西,他的意识形态理论确立了一种不同于马克思和恩格斯,而更多地从否定性功能角度界定的意识形态,它也不同于法兰克福学派从政治控制角度考察意识形态的理论路径,而开创了一种在文化意义上考察意识形态的肯定性功能的全新理论传统。葛兰西的意识形态理论,代表着二十世纪以来西方大众文化研究的主流,具有十分重要的价值和意义。

(四) 领导权

领导是在一定的组织和群体内,领导者为实现组织预定的目标而运用权力和自身的影响力,来影响被领导者的一种行为或行为过程。关于领导权的问题,葛兰西在他的意识形态和上层建筑理论的基础上,又特别进行了强调。他从探寻适合西方社会主义革命道路的目的出发,通过对当代发达资本主义国家社会结构进行分析,认为在具体实践中,存在文化上的领导权和政治上的领导权。文化上的领导权是对市民社会而言,政治上的领导权

---

① [意]安东尼奥·葛兰西.狱中札记[M].曹雷雨,等,译.北京:中国社会科学出版社,2000:217.

② [斯洛文尼亚]齐泽克,[德]阿多诺.图绘意识形态[M].方杰,译.南京:南京大学出版社,2002:258.

是对政治社会而言,两种形式的领导权都被在经济方面占主导地位的社会集团所掌控。葛兰西认为,在实践中,在文化和意识形态领域争夺领导权和合法地位,是西方无产阶级的艰巨任务。同时,为了取得文化领导权,还应采取阵地战的方法。葛兰西指出,西方发达国家拥有文化领导权的市民社会,成为统治阶级整个防御系统中最坚固的堡垒。因此,传统的暴力革命运动战已不能解决全部问题。也就是说,无产阶级要在市民社会中获得普遍的文化领导权,必须经历漫长的奋斗历程,并且要具备重要因素,来构建以无产阶级的文化领导权为主导的新型市民社会。它的核心要素是新的有机知识分子的形成,而加强政党组织能力的培养将有力促进知识分子的形成和民众的文化启蒙。葛兰西把无产阶级在上层建筑中夺取文化领导权作为当时革命的首要任务。葛兰西在各种意义上使用意识形态理论,他对传统框架中的经济基础与上层建筑的关系进行反思与考量。葛兰西的意识形态领导权在某种程度上,更多地倾向于大众利益和因善于妥协而构成的更具有包容性的"集体意志",以此来实施领导权,采取有别于传统阶级斗争的形式,团结和影响其他社会力量,在现实中建构全民族的反法西斯主义和资本主义的统一战线的"集体意志"和"历史性结合体",并对意识形态的作用进行重新定位和审视。这些探索对西方马克思主义的文化研究产生了更加深远的影响,并且为文化研究的政治批判和意识形态批判提供了新的视角和理论武器。

二、意识形态理论开启霍尔的文化领导权新视域

霍尔作为文化研究的代名词,在学术界始终具有不可替代的理论地位。他的意识形态理论,在哲学范畴和马克思主义理论视域中并没有呈现出活跃的状态。造成这种现象的原因:一是霍尔的意识形态理论与文化研究、后马克思主义联系密切,涉猎的范围和领域广博,具有很强的复杂性;二是霍尔一直坚持不认同思想理论体系化。但是,无论情况多么复杂,我们都不应该忽略霍尔意识形态理论这一丰富的文化理论遗产,而且可以在时间的推移中寻找它演变的线索,并描绘出一幅脉络清晰的意识形态理论发展的蓝

图。那么,随着时代的变迁,霍尔的意识形态理论的发展演进过程受到时代背景和社会理论等诸多因素的影响,也在不断发展变化。众所周知,在早期,霍尔的意识形态理论融合了阿尔都塞的理论思想,受到葛兰西思想的影响。这一时期的霍尔正处在新兴消费时代背景下、文化传媒崛起之时,他形成了蕴含文化研究元素的大众意识形态观。在此之后,随着以撒切尔夫人为代表的新右派掌控英国政权,霍尔把关注的目光重点投向现实政治社会,积极借鉴"接合""话语"等具有鲜明后现代意味的文化理论,并继续继承葛兰西的思想遗产,批判具有"阶级还原主义"和"经济决定论"倾向的意识形态理论,进一步发展了意识形态理论。

与此同时,霍尔对意识形态理论的研究和探讨,已经从针对"真假"的问题,转向如何作用于社会的问题方面,从"召唤主体"转移到"构成主体"的问题上。也就是说,霍尔的意识形态理论,是伴随社会发展出现的场景而进行的开放思考。霍尔的意识形态理论充分体现了坚持科学的理论观点,再次诠释了作为公共知识分子的有机性。

在《文化研究的用途》一书中,安吉拉·麦克罗比将霍尔的文化批判理论用作开篇,对霍尔的政治、媒介、意识形态思想进行了重点阐释,肯定了霍尔将文化的政治性与传播学相结合的分析理论。第一,霍尔融合了阿尔都塞的意识形态理论和葛兰西的文化领导权理论。依据阿尔都塞的理论,意识形态理论被媒体当作恢复、维持现存的阶级关系的理论武器。霍尔认为,该动机并不存在,而且即便存在,也总是具有极大的可能性被新的目标和动机所颠覆。所以,决定与被决定的关系在媒体与政治之间不是固定不变的。在现实中,资本主义国家之间、各派之间的纷争,统统将传媒作为角逐场域,各种权力争斗和意识形态斗争都在这个角斗场上演。第二,霍尔通过《监控危机》中对"民间恶魔"所造成的"道德恐慌"现象的论述,以及对撒切尔主义的剖析和批判,认为大众文化将主流意识形态通过大众媒介转换成为大众语言,实现规训、意识形态占领的目的。霍尔在批判的过程中,始终关注文化政治学,并提出了"权威平民主义"①的术语。霍尔深刻意识到,资本主义传媒将意识形态文化化、生活化,通过争取平民的认同感而实现文化领导权。

相同的身世,相同的政治诉求,使霍尔对葛兰西的思想和理论著作情有独钟。普罗克特认为:"第一,霍尔赞同葛兰西,是源于基础与上层建筑之间复杂的统一体,反驳庸俗马克思主义经济还原主义,并期待无产阶级时刻一定到来。霍尔偏爱葛兰西的历史视角和结合民族(大众)的具体特点开展分析的方式。第二,葛兰西的复杂统一体理论扼制了庸俗马克思主义的特权阶层,把能动性放在权力关系中去观照,他很少指涉阶级支配,而偏爱用统治集团或历史集团去建构权力关系……第三,葛兰西捍卫了马克思分析中文化层面的重要性。他认为对文化的解读要放在特定历史社会的实践、表征、语言、习惯及常识中。他把文化看成是建构民族领导权的基本场域。"②霍尔在葛兰西思想的影响下,不断思考英国社会中的政治及文化问题,并使理论结合实践,实现理论服务实践。霍尔认为葛兰西的思想可以用来丰富政治想象力,转变思维方式、风格,同时,葛兰西使我们以一种全新的方式去解读马克思主义,借助马克思留给我们的遗产去诠释二十世纪下半叶的社会现实。显而易见,霍尔借鉴葛兰西理论,对当时英国社会实践中的文化、政治、意识形态等领域的问题进行批判和实践,形成了自身的理论观点。众所周知,在二十世纪六七十年代,葛兰西的著作和思想才引起英国知识分子的关注,但霍尔在五十年代就已开始运用葛兰西的领导权理论,对英国社会实践中的问题进行分析了。这是霍尔构建文化理论研究的最初时期。在这一时期,也就是新左派时期的 1958 年,霍尔在《大学与左派辩论》上发表文章,对战后工人阶级对待消费文化的态度变化进行了深刻分析,体现出霍尔对"传统马克思主义"理论中的经济决定论持批判的观点,同时,这篇文章也

---

① 英文为 authoritarian populism 一词,也有人译作"权威民粹主义",本书采用"权威平民主义"的译法。

② Chris Rojek. Stuart Hall[M]. Polity:Cambirige,2003:109 – 111.

体现了霍尔文化理论中文化领导权最初的理论状态。

　　总之,霍尔总是从政治和意识形态的角度探讨大众传媒研究,他创造了一个文化和政治传播研究的范式,霍尔始终坚持把传媒放在效果和意义方面进行意识形态范畴研究,所以他为政治文化的进一步创新和发展提供了帮助。

第三节　阿尔都塞的结构主义对霍尔的影响

　　阿尔都塞的结构主义马克思主义,从马克思著作和思想的科学性出发,积极借鉴和寻找理论的依据和科学方法,更加全面地阐释了马克思主义。霍尔在文化批判理论的研究中借鉴了阿尔都塞的结构主义理论和思想,形成了霍尔的结构主义符号学,在符号学的基础上形成了独具特色的霍尔模式——编码/解码理论。

一、阿尔都塞的结构主义马克思主义的方法论

　　阿尔都塞 1937 年进入里昂知名中学 Lycée du Parc 读书,成绩优异,毕业后被录取到法国最高学府——巴黎高等师范学院学习。然而,第二次世界大战的爆发使阿尔都塞成为德国的战俘。在战俘营期间,阿尔都塞认识了共产主义。二战后的 1945 年,他重返巴黎高等师范学院,在哲学家巴歇拉尔的指导下研究哲学,1948 年获哲学博士学位,留校从教,并于同年加入法国共产党,1962 年升为教授,1975 年通过答辩,又被庇卡底大学(Université de Picardie)授予文学博士学位,1980 年因患精神病而退休疗养。

　　阿尔都塞于 1948 年加入法国共产党后,坚定信仰马克思主义和共产主义,从二十世纪六十年代开始,他在结构主义思潮的影响下,灵活运用结构主义的方法进一步诠释马克思的理论观点,对历史主义、人道主义、经验主义进行了有力的批判。他于 1959 年发表了《孟德斯鸠:政治和历史》(*Montespuieu:Politics and History*),1965 年发表了《保卫马克思》(*Defending Marx*)和《阅读〈资本论〉》(*Reading Capital*),1969 年发表了《列宁与哲学》(*Lenin* and Philosophy），1974 年发表了《自我批评材料》（Self Critical Material），1975 年发表了《立场》（Position）等著作和文集。在《保卫马克思》和《阅读〈资本论〉》中，阿尔都塞明确提出了结构主义马克思主义的理论思想，他的这一理论观点，在当时的法国乃至国际社会产生了巨大影响。

结构主义马克思主义是西方马克思主义的重要流派之一，同存在主义马克思主义一样，也是马克思主义同西方的某种哲学流派相结合的产物。结构主义这一哲学流派是来源于语言学，同时涉及文学、心理学、历史学和人类学等学科的结构方法论，在二十世纪五六十年代法国的哲学学科中，它占有相当重要的地位，是最有影响的哲学方法论之一。在结构方法论的形成过程中，语言学家索绪尔、人类学家列维·斯特劳斯（Levi Strauss）起到了极其重要的作用。

强调马克思的成熟著作及其思想的科学性是阿尔都塞结构主义的原则，为此阿尔都塞努力在当时法国国内流行的哲学范畴中寻找理论上的依据和思想武器，以便更加全面地阐释马克思主义，体现马克思主义的科学性。阿尔都塞结构主义马克思主义的基本理论和方法论，集中体现在"依据症候的阅读"法上，他同巴里巴尔合著的《阅读〈资本论〉》于 1968 年再版，当时受到人们的普遍重视。阿尔都塞在书中系统阐述了阅读的独特方法，即"依据症候的阅读"法，用结构主义的观点重新解读了马克思主义。

（一）文本双重结构

阿尔都塞指出，对马克思主义的不同解读，首先从对马克思文本的不同阅读方式开始，而阅读方式的不同又与文本的结构特点密切相关。阿尔都塞根据结构主义关于结构的层次性的理论，提出了文本的双重结构和对文本的双重阅读的思想。一是，在阿尔都塞的思想当中，任何由文字构成的作品，都有表层和深层的双重结构。表层结构是通过表面的文字结构、语言逻辑关系等具体表达出来的结构，而深层结构则是内在的，是掩盖深层次的思维结构。也就是说，在实践中，两种结构是相互联系的。二是，对于文本的阅读也存在两种不同的方式。通常是指，人们看书只能获得文字的意思，而要真正掌握文章的深层结构,就必须运用"依据症候的阅读"法。这一阅读方法是阿尔都塞借鉴精神分析学的结果,他强调要用这种"依据症候的阅读"法对马克思文本进行深层阅读,进一步挖掘文字背后深层次的理论结构、深刻含义和问题的本质。

(二)思想的总问题与深层结构

"依据症候的阅读"法的核心是通过文中疏漏、沉默、忽略、缺失等症候把握文章深层次的结构。首先,为了深刻理解对文本深层结构进行解读的重要性,阿尔都塞借鉴雅克·马丁(Jacques Martin)的"总问题"①的概念,把深层结构定义为理论的总问题。阿尔都塞认为,能够使相关的思想得以创建的理论结构,是决定思想本质和性质的问题的框架。每种思想意识的内在组织成分、它所包含的各种特点的理论问题的性质,都是由理论的总问题这一深层次结构所制约和决定的。总问题是组成成分的前提,在具体实践中,只有从总问题出发,组成元素才能在特定的文章里被思考和运用。其次,阿尔都塞表示:"理论总问题的重要性不仅体现在对思想的特征和本质的决定意义上,而且还体现在理论家提出问题的方式拒斥其他问题产生的整体结构。"②总的来看,理论家们形成文字的过程,只是他们经过思考而成的部分思想观点的具体表达,而不是对他们思想的全部呈现。他们之所以能够提出具有重要性的问题,那都是由深层次的理论总问题所决定的。阿尔都塞在《阅读〈资本论〉》中深刻分析了理论的总问题领域是如何限定或决定理论家的视域的,在他看来,任何一个既定的总问题都能使问题框架内的对象或问题成为可见的,而被该问题框架排斥在外的对象和问题则是不可见的。也就是说,任何理论和作品都有可见的对象和问题,但有时也存在不可见的现象和问题。阿尔都塞认为:"古典著作本身告诉了我们它所沉默的东西:它的沉默是它特有的话。"③

---

① [法]阿尔都塞.保卫马克思[M].顾良,译.北京:商务印书馆,1984:13.
② 衣俊卿.西方马克思主义概论[M].北京:北京大学出版社,2008:306.
③ [法]路易·阿尔都塞,艾蒂安·巴里巴尔.读《资本论》[M].李其庆,冯文光,译.北京:中央编译出版社,2001:13.

（三）多元决定的辩证关系

按照阿尔都塞的理解，马克思哲学理论具体表现为多元决定的辩证关系，他强调，事物的结构和矛盾结构的复杂性、多元性，是融汇于马克思思想之中的核心思想，并体现在实践理论、矛盾理论和历史理论之中。其一，实践的观点。阿尔都塞认为，有结构的、复杂矛盾的多元决定性，是事物发展的动力，并体现在社会活动和人的实践当中，所以，这一思想是构成马克思主义唯物辩证法的核心理论。阿尔都塞依据结构主义的矛盾理论，深入分析人的实践活动，并把实践理解为由生产、政治、意识形态、理论实践等各种实践的多元决定因素构成的复杂统一体。其二，矛盾的观点。阿尔都塞认为，马克思对于黑格尔的变革体现在理论总问题的转换上，也就是体现了矛盾结构的转换。马克思同黑格尔一样，认为矛盾对于推动事物的发展具有重要作用。但马克思和黑格尔所论述的矛盾具有本质的差别，这也决定了两者之间辩证法的根本差异和不同。阿尔都塞认为，马克思和黑格尔的不同不在于强调矛盾是物质性的还是观念性的，而在于两者所理解的不同矛盾的两种性质，具体来说就是马克思的结构的、复杂的、非还原的矛盾和黑格尔的单一的、简单的、可还原的矛盾。其三，历史的观点。社会历史理论是阿尔都塞的多元决定的矛盾观在社会历史领域的具体体现，也就是说历史辩证法的核心就是矛盾的多元决定思想。他还进一步认为，多元决定的矛盾观不是抽象的理论，而是直接体现在社会历史运动之中的。因此，如果这种多元决定矛盾不在社会历史运动中揭示出来，那么，马克思主义的多元决定的唯物辩证法就是不健全和不完善的。阿尔都塞站在这个角度考量，在《保卫马克思》和《阅读〈资本论〉》中，他投入很多精力来进一步阐释社会历史活动中的多元决定的矛盾运动过程。

二、结构主义开启霍尔符号学新视域

阿尔都塞的思想经过第一代英国新左派的推介，进入英国知识分子的关注范围内时，正是伯明翰文化研究中心的理论鼎盛时期。阿尔都塞的思想被接受和融合得很好,使文化研究脱离传统文本、脱离教条马克思主义,向马克思主义迈进。阿尔都塞结构主义马克思主义方法论的核心,是运用"依据症候的阅读"法来解释文本深层的理论结构。霍尔的思想也深受阿尔都塞思想的影响,开启了符号学的新视域。

(一)对结构主义符号学的认识和运用

霍尔从著作中借鉴和吸纳结构主义符号学方法,并将其应用于文化研究的过程中。霍尔之所以青睐结构主义符号学方法,是因为这种理论方法对于霍尔所进行的文化研究来讲具有十分重要的意义。"借用了索绪尔之后语言学模式的列维·斯特劳斯,以其结构主义思想为'人类文化科学'提供了一种使之更为科学而严谨的全新范式。同时,更加经典的马克思主义主题在阿尔都塞的著作中获得了复苏,并被其通过语言学范式而'阅读'和建构。"①霍尔认为,他们以各自的结构主义方法,分别取代了经济决定论。结构主义理论方法论集中体现了主导地位,因此在运用它时,人们能够通过社会之间的辩证关系,了解社会矛盾的各个要素之间的辩证关系,可以更好地避免步入经济还原论的误区。结构主义方法论能够将社会现实中的复杂问题有效地抽象化,推演和归纳复杂的关系、结构,得出正确的结论。在很大程度上,结构主义同马克思主义的观点有许多相同之处:"结构主义对抽象化必要性的承认,体现在将其视为被挪用了'真实关系'的思想工具上,同时,结构主义还承认,在马克思的作品中,有一种对抽象的不同层面之间所存在的持续性复杂运动的呈示。"②这一方法论为霍尔文化批判理论向葛兰西转向奠定了坚实的基础。

霍尔对结构主义符号学的运用,具体体现在分析电视节目制作和运作的过程中。霍尔站在符号学的角度,对制作过程进行周密的分析和全面的阐释。霍尔将电视节目的内容和形式进行二元划分。在西方学术界,把内

---

①　Stuart Hall. Cultural Studies. Two Paradigms, in Culturae, Power and History; a Rerder in Contemporary Social Theory, edited by Nicholas B. Dirks, Geoff Eley, Sherry B, Ortner[C]. New Jersey: Princeton University, 1994:529.

②　Stuart Hall. Cultural Studies; Two Paradigms[C]. New Jersey: Princeton University,1994:532.

容和形式的辩证关系视为西方美学史和哲学方面讨论的焦点问题,霍尔有论:"政治事件及其发展动态被主题化,成为电视节目的主题时,就被称为内容。形式……被应用于节目不同环节的诸多话语元素的接合。"①"形式"是表现手段,用来表现政治事件主题"内容",霍尔将"形式"与"内容"运用到节目的实践当中,而且电视节目的"形式"决定其"内容",具有决定性作用。节目话语的建立,是为了实现媒体结构对话术、内容的支配。这种支配结构是霍尔的结构主义符号学的重要观点。媒体节目形式是支配结构中的深层结构,表层结构是话术,表层结构被深层结构控制,于是媒体成为大众舆论的管控者。但在有些情景下,内容和形式的地位会发生变化,因此,两者之间的关系有时会呈现出互为前提的辩证关系。差异理论也体现了霍尔的结构主义思想。在具体实践中,差异是结构主义符号学的内核,当系统与系统内部各组成部分之间互相区别并产生差异时,符号意义才能形成。霍尔认为差异性对于符号学的价值是"差异的重要性明确其为意义的基础,任何意义都无法摆脱差异而单独存在"②。

(二)后结构主义的观点

阿尔都塞的结构主义马克思主义中的结构理论,是西方马克思主义的重要理论之一。霍尔肯定结构主义在文化研究中的优势,也认同结构主义理论的局限性。1973年创作的《编码/解码》,集中体现了霍尔对马克思主义理论的独到见解,认为马克思主义批判理论在文化研究理论中意义重大,但是在对社会结构的考察中,必须保持变化的态度,而且这种对社会结构考察的维度,是结构主义传统所摒弃的历史性范畴。霍尔有着鲜明的马克思主义思想,他一贯坚持的历史唯物主义文化批判观与结构主义、符号学的"共时性"方法不同。因此,霍尔以结构主义符号学清除历史因素的特质为重点来进行批判。霍尔认为,符号意义的生成始终与历史的动态具有一致

---

① Stuart Hall. Lan Connell abd Lidia Curti, The Unity of Current Affairs Television, CCCS Selected Working Paper s Volume. London, Cambridge, 1976:9.

② Stuart Hall. Representation Cultural Representations and Signifying Practices[C]. London: SAGE Publications in Association with The Open University, 1997:234.

性,它始终处于生成、变化的状态之中。对于文化研究来讲,就必须要探寻一种能够充分考虑到符号意义动态特质的符号学方法。结构主义符号学封闭式的研究方法存在着不可置疑的缺欠,霍尔同其他研究者一样将符号学的运用向后结构主义转向。霍尔在对拉克劳的"接合理论"的运用中充分体现了后结构主义的思想观点。同时,霍尔也借助"接合理论"阐释对经济还原论的质疑。通过对符号学观念的改变,霍尔实现了由马克思主义者向后马克思主义者的转向。

霍尔认为,结构主义在文化研究领域可以促进文化理论研究,但是霍尔也对"结构主义是一种对后来发生的所有事情进行着色和影响的干预形式"①表示认同。霍尔接受了结构主义的观点后,研究重点开始从意义(meaning,人类活动)转向意指(signification,语言的运作)。"编码/解码"(encoding/decoding)这一模式,是霍尔媒介话语概念的理论来源和基础,他曾经指出:"这反映了结构主义与符号学开始对文化研究产生影响,编码/解码模式也对马克思主义的经济基础与上层建筑模式持怀疑态度,对于诸如将意识形态、语言和文化视作第二属性的,即将其视为被社会经济过程决定的而非自主设定的概念表示不满。"②霍尔将媒介的意义和信息视为借助话语横组合链中的符号操作在语言规则中形成的符号工具,他认同语言系统先于并决定着现实的观念,因此,霍尔认为话语不是对现实的透明呈现,而是通过符码运用来对知识进行的再构建。

霍尔在列维·斯特劳斯和巴特的影响下,研究了"使得意义成为可能的符码"③,从而分辨出将世界进行有效分类的潜在深层结构。这种将意指看作原始材料分配意义的知识构建的观点,在霍尔的文化研究中被充分借鉴。

---

① Stuart Hall. Cultural Studies and the Center:Some Problematics and Problems[C]// Stuart Hall, et al. Culture, Media, Language:Working Papers in Cultural Studies(1972 – 1979). London:Hutchinson, 1980:29.

② Lan Angus, et al. Reflections upon the Encoding/Decoding Model:An lnterview with Stuart Hall [C]// Jon Cruz and Justin Lewis,ed. Viewing, Reading, Listering:Audiences and Cultural Reception. Boulder:Westview Press, 1994:254.

③ Roland Barthes. Mythologies[M]. London:Jonathan Cape,1972:176.

他认为结构主义方法论的价值在于构建了"非还原主义"的文化理论,可以此研究符号和表征系统,通过研究符号和表征系统,"强调文化的具体性和不可还原性"①。在霍尔看来,"结构主义迫使我们不得不去真正反思这种作为实践的文化:思考意指的物质条件及其必要"②。这里出现的"实践"和"意指的物质条件"的语言现象,充分证明在霍尔进行文化研究与批判的过程中,阿尔都塞的理论思想观点对他产生了深刻的影响。因为,在文化研究领域,最初将马克思主义同结构主义相结合的是阿尔都塞。

阿尔都塞的理论为霍尔确立文化研究的全新视角提供了理论支撑,使文化研究脱离传统文本、脱离教条马克思主义向马克思主义迈进。阿尔都塞的意识形态功能论为霍尔研究文化斗争策略提供了方法论。阿尔都塞的意识形态认识方式促使霍尔文化分析视角的多元化。霍尔应用阿尔都塞的结构马克思主义对文化研究范式进行了创新,不论是文化研究的分析方式,还是对文化研究的多视角解读,都通过对文化现象的分析,使文化与意识形态逐步融合。霍尔不仅分析了媒介中的意识形态,还分析了作为个案出现的"撒切尔主义",并将分析重点放在了"赞同"策略上,而不是经济或者改革,这种转向是批判的、多元的、"马克思主义"的。

---

① Stuart Hall. Cultural Studies and the Center: Some Problematics and Problems[C]// Stuart Hall, et al. Culture, Media, Language: Working Papers in Cultural Studies(1972 – 1979). London: Hutchinson, 1980:30.

② Stuart Hall. Cultural Studies and the Center: Some Problematics and Problems[C]// Stuart Hall, et al. Culture, Media, Language: Working Papers in Cultural Studies(1972 – 1979). London: Hutchinson, 1980:31.

第二章　非还原论的马克思主义

非还原论的马克思主义表现在霍尔的接合理论上。接合理论是一种重要的研究方法,又是一种文化批判理论。霍尔的接合理论结合了话语、经济、结构、阶级等多种因素的理论分析范式,在方法论和认识论上进一步拓展了文化研究的理论视域。同时,接合理论弥补了编码/解码理论对历史条件制约下的编码问题和社会结构的忽略,力图对受众解码的复杂活动做出动态的说明,它是协调政治经济学与文化研究的强力的创新和发展。

第一节　接合理论:非还原论的文化分析范式

接合理论是霍尔文化批判理论体系中重要的研究方法,同时又是极富洞见的文化批判理论。霍尔对接合理论的阐释和运用,开创了文化研究的新阶段。

一、非必然对应论

在《阿尔都塞与后结构主义论争》一文中,霍尔针对保罗·赫斯特(Paul Hirst)等由"传统马克思主义"的"必然的对应"(necessary correspondence)到"必然没有对应"(necessarily no correspondence)的转向指出,这必然没有对应体现了话语理论的本质观念,进一步来讲,就是没有任何东西与他者相连。而霍尔所强调的,是我们所认为的必然没有对应这种构建方式,代表了第三立场的观点。对这种观点的阐释,说明霍尔在否定了机械论的决定论的观点后,并没有否认和完全放弃决定论的观点。也就是说,霍尔的这种考量在某种程度上来讲,是对阿尔都塞多元决定论借鉴和运用的结果。

霍尔在《文化研究:两个范式》(1980 年)一文中,特别强调了阿尔都塞的决定论,在《阿尔都塞与后结构主义论争》一文中,又强调了阿尔都塞的实践和结构两者之间的接合——在任何环境中的决定性结构,都可以被认为是先前实践的结果。现在的结构是建立在原有结构的基础上的,而同时也为后续结构的建构奠定了基础、"给定条件"、必然的起点。霍尔又说,我们创造了历史,但并不是在我们创造的先前条件基础上创造出来的。实际上,实践就是结构被再次创造的过程,这充分表征出霍尔非机械论的限定论的观点。

在实践中,接合是关于决定这一概念的认识,不像相互作用或共生观念。这种决定阐述了特定的因果关系,但又不像因果性观点和简单的决定观念。接合是一个复杂的过程,不仅原因体现效果,而且效果反过来也影响原因。它们在相互连接的语境中共同呈现出来,不能分离。在实践中主要强调接合的实践性、历史性,是霍尔的一贯主张,他以此规避接合的不规范的流动。人们通常认为的接合,实际上就是解接合与再接合之间争斗演变的过程,或者进一步来讲,就是葛兰西式的领导权与反领导权的斗争。

实践证明,霍尔接合的最终目的是形成统一,尽管这个统一不会稳定不变,是暂时的统一,但是如果没有这样一个统一体的理论框架,那么,人类就无法全面认识世界。实际上,从另外一个角度来理解接合,也是霍尔对运动和暂停两者之间辩证关系的进一步认识。霍尔曾经强调,潜在的话语是无尽意义的符号。在暂停的过程中也存在着意义,人们从中全面认知了意义。这种暂停是在接合的作用下,形成暂时的统一体,由此人们才能够认识世界。在这个意义上,对于后现代主义的"碎片",霍尔持反对的态度,因为碎片处于漂移的状态,是不能进行接合的。霍尔在接受访谈时表示,"强调多样化而不是碎片化,他不想去欢迎碎片化,虽然没有一个文化在总体上是一体化的,而不是裂成碎片的"①,因为新的文化形式是从多样化中形成的。因此,接合是多样化的,但它是差异展示出来的多样化,并不是简单意义上的碎片化,这就与拉克劳、墨菲和后现代的观点有所区别。在这里,霍尔进一步强调了统一的重要性。"差异中的统一"体现为:由差异开始,通过接合—解接合—再接合—统一而完成演进过程,这就是霍尔接合理论的根本特征。这一过程中,最重要的是如何去理解差异和怎样达到统一,换句话说,这一过程就是统一的演变过程,这才是霍尔最看重的部分。

二、接合理论

在文化理论研究中,霍尔构建了接合理论体系。接合理论从理论的演进和文化内涵而言,是与文化领导权理论一脉相承的。接合理论与文化领导权理论是继承与发展的关系,它们相互影响,成为霍尔文化理论体系中最重要的构成元素之一,也正是接合理论与文化领导权理论使霍尔的文化理论形成一个有机的统一体。

接合理论(Theory of articulation)起源于对"传统马克思主义"阶级还原论和经济还原论的批判,由马克思主义的代表人物恩特斯·拉克劳(Ernesto Laclau,1935—)率先创立,并由霍尔运用到文化研究领域。接合理论结合了话语、经济、结构、阶级等多种因素的理论分析范式,在方法论和认识论上进一步拓展了文化研究的理论视域。同时接合理论弥补了编码/解码理论对历史条件制约下的编码问题和社会结构的忽略,力图对受众解码的复杂活动做出动态的说明,因而,它是协调政治经济学与文化研究的一种强力的创新和发展。

霍尔的"接合理论"在实践中是一种重要的研究方法,同时也是具有十分重要的价值和作用的文化批判理论。劳伦斯·格罗斯伯格在评价霍尔"接合理论"的重要性时说:"接合理论可以被看作文化研究从传播研究模

---

① Gary A. Olson,Lynn Worsham,ed. Race,Rhetoric,and the Postcolonial[M]. New York:State of New York,1999:213.

式(生产—文本—消费:编码—解码)走向一种情境理论(context)。"①迪克·赫伯迪格则认为:"接合这一术语是两个差异范式或问题之间一个关键的联系概念。它在结构主义、文化主义范式之间架起了一座桥梁。"②约翰·费斯克(John Fiske)评论说:"霍尔的接合理论把社会经济关系、历史条件,并语言整合在一起,开启了文化研究最丰富的发展线索。"③霍尔的"接合理论"是继文化主义范式之后,融合结构主义与后现代立场,并协调社会结构和话语间关系的一种理论策略。在实践中,假如我们将语境化、情境化理解成为文化研究活动转向的关键的话,那么,接合理论则是实现语境化的重要方法和途径。在霍尔看来,"接合理论"并不是一种固定的理论研究范式,而是一个动态变化的演进过程,"接合理论"在认识论和方法论上都进一步拓展了文化研究的视域和理论空间。

二十世纪六十年代以来,霍尔被葛兰西的文化领导权理论所吸引,在不断借鉴葛兰西文化理论中的精华的同时,他也在不断地探索和思考符合时代要求和社会发展的理论体系。正是他文化研究中的葛兰西转向,进一步促进了"接合理论"的形成。作为一个理论体系的接合理论,在其研究和发展的过程中,在文化研究的理论化和后殖民文学研究的发展方面,显现出了重要的价值、意义和作用。

(一)"接合理论"的意涵

费斯克等学者认为:"在文化研究中,被咬合的不是一辆卡车的两个部分,而是大规模的社会力量……它们以某种特殊的构造或形构……在某个特殊的时刻即所谓时机被咬合在一起,从而为任何特定的实践、文本或事件提供结构性的决定因素……咬合所描述的也不仅仅是力量的合并,而是力

---

① Lawrence Grossberg. Cultural Studies and /in the New Wedds[C]// Critical Studies in Mass Culture Communication, 1984,10:1 – 22.

② Dick Hebdige. Posimodernism, and the Other Side[C]//David Morley, Kuan-Hsing Chen(ed.). Stuart Hall:Critical Dialogues in Cultural Studies. London:Routledge,1996:196.

③ John Fiske. Opening Hallway: Some Remarks an the Fertility of Stuart Hall's Contribution to Critical Theory [C]//David Morley, Kuan-Hsing Chen (ed.). Stuart Hall Critical Dialogues in Cultural Studies. London: Routledge, 1996:213.

量间的等级关系。力量并非简单地连接或接合在一起,它们是'按支配性关系构建的'。"①这一阐释揭示了接合理论内涵中的双重性特征,但没有揭示接合理论的本质问题。因此,对于接合理论,必须深入探究其思想演变的过程,再从霍尔的文化理论中去认识与考量,而后才能全面掌握接合理论丰富的内涵与实质,才能进一步理解和把握葛兰西主义的主要特征在霍尔及伯明翰学派思想中的重要性。霍尔认为:"我所使用的接合理论,源于恩特斯·拉克劳《马克思主义理论中的政治和意识形态》一书。他主要论述,各种意识形态要素的政治内涵,并无必然的归属。因此,研究关注的重点应该放在意识形态和社会力量之间的、意识形态内不同要素之间的、不同的实践关系上,以及在这些实践关系所组成的社会活动中,不同的社会集团之间的、偶然的、非必然的连接问题上。他以接合概念同'夹杂在马克思主义中的必然论和还原论逻辑决裂'。"②这是霍尔对拉克劳的理论思想给予的中肯而有高度的评价,同时,霍尔指出了"接合理论"的非必然性、偶然性的本质性特征。

霍尔在1980年所著的《支配结构中的种族,接合与社会》一文中,揭示接合理论的部分内涵,"这种联合或接合形成的统一,始终且必然是一种复杂的结构,在这样的结构中,事物像通过相似性那样通过其差异性联系起来。这要求必须显现出不同特征连接起来的机制,因为必然的对应或表达上的相类似都不可以当成是给定的。这也意味着,由于联合是一个结构,而不是一种任意的串联,所以联合的各个组成部分之间存在着各种被结构的关系,即统治与从属的关系"③。

1985年,霍尔在《意指、表征和意识形态:阿尔都塞与后结构主义论争》中,对接合理论进行了进一步说明,并对接合理论有了新的认识和理解。

---

① [美]约翰·费斯克,等.关键概念:传播与文化研究辞典[M].李彬,译注.北京:新华出版社,2004:16.

② Lawrence Grossderg. On Post-modernism and Articulation: An Interview with Hall[C]//David Morley, Kuan-Hsing Chen(ed.). Stuart Hall: Critical Dialogues in Cultural Studies. London: Routledge, 1992:142.

③ Stuart Hall. Signification, Representayion, Ideology: Althusser and the Post-structuralist Debates[C]//Critical Studies in Mass Communication 2, 1985,2:112.

"对于接合这一术语,我认为它是一种连接或环扣,在任何情况下,它都不必一定作为一项法则或一种生活的事实被预先给定,但是它需要有特定的存在条件才能够出现……它不是永恒的,而是被持续不断地更新的,它会在某些环境下消失或被颠覆,从而导致旧的连接被消解,而新的联系——再接合——被巩固。接合的重要性还在于,不同实践之间的接合并不意味着它们会变得相同或一个会消解到另外一个当中。每一个都保持着其特定的决定性和条件。然而,一旦接合被创造出来,那么这两个实践就会一同起作用,不是作为一个即刻的认同,而是作为统一性中的特定性。"①然而,上述论述也是停留在简单的对理论抽象的体现,并没有对接合理论深刻的内涵、理论特征,以及接合理论演变的过程加以深层次的论述。

1986 年,霍尔在美国发表演说时,对接合理论做出了深刻而又全面的理论阐释,他指出:"我一直使用接合(articulation)一词,但是我并不知道我赋予它的意义是否完全为人所理解。该术语有双重内涵,因为接合的意思是指发音(to utter)、说出来(to speak forth)、清晰表达出来,它承载着语言过程和表达等含义。但是我们也指称它为一部铰接式的卡车,一部有车头(驾驶室)与后半部(拖车),然而两部分无须必然彼此相互连接的卡车。这两个部分相互连接,但是要通过一个特定的环扣连接起来,然而也可拆开这个环扣。因此,一个接合就是在一定条件下使两个不同的要素形成一个统一体的一种连接形式。该环扣并非一直都是必然的、被决定的、绝对的,以及本质的……接合理论质问的是意识形态是如何发现其主体的,而不是主体如何认定属于意识形态的必然且不可避免的想法;接合使我们去思考一个意识形态如何被赋予人民,使他们能开始对自己的历史境况有所意识或理解,而不是把这些理解形式还原为社会——经济、阶级位置,或者社会地位。"②

---

① Stuart Hall. Signification, Representayion, Ideology: Althusser and the Post-structuralist Debates [C]//Critical Studies in Mass Communication 2, 1985, 2:112.

② Lawrence Grossderg. On Postmodernism and Articulation: An Interview with Stuart Hall [C]// David Morley, Kuan-Hsing Chen ed. Stuart Hall: Critical Dialogues in Cultural Studies. London: Routledge, 1996:141 - 142.

在演讲中,霍尔在变化的视角下思考社会意识形态问题。在实践中,他清除了经济决定论和阶级决定论的偏颇意识,以更加辩证、动态和灵活的视角,去全面探寻社会实践中不同领域表征出来的各种不同的"意义"。而且,这种意义是不断变化的,为我们不断深入思考和研究英国当时文化研究语境中的各种表征和伯明翰学派文化马克思主义理论、后殖民文学及文化理论,提供了广阔的理论空间和研究视域,这是霍尔对伯明翰学派的文化理论研究所做出的杰出贡献。

(二)接合理论的特征

第一,接合是一种极为重要的文化研究方法,又是一种极富洞察力的文化批判理论,霍尔的"接合理论"开创了文化理论研究的一个新阶段。所谓"接合",就是在具体实践中,不同要素互相连接并形成一个同一(unity),而要素之间的接合是暂时的,不是静态的,是非持久的。因此,我们研究霍尔的"接合理论",要重点关注"接合理论"的暂时性、动态性、非持久性、非必然性、未完成性等显著特征,并对各种要素内及它们之间的各种差异性和异质性去做全面的审视和认知。这种观点是对庸俗、机械的决定论与还原论的彻底否定。这种复杂的社会矛盾,不能被看成是单纯的经济基础与上层建筑之间的矛盾,我们从理论的视域去判断和分析,"接合理论"作为凸显社会形构的一种方式,不会跌入"还原论"和"本质主义"的陷阱之中。

第二,在"接合理论"中,我们所强调的接合、解接合、再接合的变化方式,实际上体现出来的是有机的、动态的统一体,在接合与被接合这种双重动态的辩证关系之中存在着各个因素。所以,在它们整个的演进与发展的过程中,我们可以看到,这样的连接形式是暂时的、松散的、不固定的存在方式。而且任何要素之间的相互接合都没有必然的,或者固定的本质,一切都在运动、发展变化之中,它们之间是流动变化的关系。

第三,接合理论具有丰富的内涵,它同时具备表达和接合的双重意义,即发生—表达—表述等过程,这种逻辑方式的存在是霍尔最钟情于接合理论的重要原因之一。在具体实践中,文化文本等固定意义是在不断变化的,意义所体现的就是表达与接合的结果。表达与接合两者之间的辩证关系是:"意义总是在被结合到特定的语境、特定的历史时空中才能得到表达,这样,表达总是被接合到语境,也受到语境的限定。"①美国学者劳伦斯·格罗伯格对霍尔的接合理论中的差异中的同一论述表示赞同,他认为:"接合就是在差异性中产生同一性,在碎片中产生统一,在实践中产生结构。接合将这一实践同那个效果联系起来,将这一文本和那个意义联系起来,将这一意义同那个现实联系起来,将这一经验和那些政治联系起来,而这些连接本身被结合进更大的结构中。"②这一论述反映了劳伦斯·格罗伯格所揭示的霍尔接合理论的本质和实质内涵,这充分证明,霍尔的"接合理论"中的差异中的同一,为学术界广大学者研究社会实践中不同意识形态下的权力关系和思考现实社会提供了宽泛的文化研究视域。

我们从理论内涵的角度来分析和考量,"接合理论"超越了领导权与抵抗的对立关系,摆脱了"本质论"和"还原论"所面临的种种困境,使"接合理论"中的差异和差异中的同一的辩证关系得以实现,更加进一步突出了意义的多样性、多变性和语境的特征,为深度透视霍尔的"撒切尔主义""权威平民主义""文化表征""他者"等方面的研究和探讨,提供了切实的理论资源和有力的理论支撑。

(三)接合方法论拓宽了霍尔文化研究的视野

"接合"这一词语在墨菲和拉克劳的政治哲学中,是一个非常重要的概念,是后马克思主义方法论的集中体现。拉克劳认为,必然接合的整体并不是社会,而是作为一个差异被接合起来的偶然关系的集合。墨菲和拉克劳坚持强调,事物之间偶然的联系所体现的就是"接合",当然,根据现代政治的特点,也可以将其表述为接合政治。霍尔对于后马克思主义的接合给予重点关注,他不仅仅对接合概念进行了全新的阐释,还为"接合"创建了具体

---

① 陶东风.西方文化研究的新近发展[J]. 当代文坛,2007(1).

② Lawrence Grossberg. We Gotta Get Out of This Place: Popular Conservatism and Post-modernism Culture[C]. New York and London: Routledge,1992:54.

的时空条件。霍尔成功地将"接合理论"运用于文化研究的理论和实践,使其成为进入后现代主义时代后的文化研究的重要方法论之一。在霍尔看来,接合在现实中"承载有语言的意义、表达的意义,接合可以使两个不同部分在一定条件下形成统一体,这是一种对于所有实践并不一定必要、确定、绝对和本质的连接。所谓的话语统一体,确实是不同要素的接合,统一体表达语言和社会力量之间的关系,它可以处在一定历史条件下,但语言和社会力量不一定必须被连接"①。霍尔认为,接合表达了偶然性,这是马克思主义方法论的一大创新,但是它完全否定了必然性的做法,这是与马克思主义格格不入的。后马克思主义的接合没有具体明晰什么要素之间可以接合,在什么情况下可以接合。霍尔坚持认为,需要将马克思主义的共时性与历时性的分析法引入接合之中,特别关注和重视具体位置分析与历史情境分析,成为霍尔"接合理论"的重要理论特色。所以,在文化研究中,接合成为霍尔阐释文化的重要方法,使差异、身份、他者、多元成为霍尔文化研究的关注对象,进一步推动了文化研究的国际化进程。

在霍尔文化研究理论体系的构成中,后马克思主义理论思潮成为新的理论资源,进而推动了他对文化研究的不断创新。但在实践中,霍尔对后马克思主义的思想观点并不完全认同,而是对后马克思主义的思想理论持有明确而又清醒的认识,并在某种程度上同后马克思主义理论保持一定的距离。霍尔对后马克思主义对偶然性的特别关注与重视给予肯定,但又反对它对必然性逻辑的彻底否定;霍尔对后马克思主义放弃本质主义表示赞同,但又对它彻底解构本质的行为进行抵制;霍尔对后马克思主义话语政治的出场逻辑表示认同,但又对其"一切皆是话语"的思维逻辑表示质疑;霍尔学习、借鉴并采纳了后马克思主义接合方法论,但又超越后马克思主义。霍尔注重揭示两种事物何以接合,如何才能够接合背后的深层历史发展逻辑,使

① Lawrence Grossderg. On Postmodernity and Articulation: An Interview with Stuart Hall [C]// David Morley, Kuan-Hsing Chen(ed.). Stuart Hall: Critical Dialogues in Cultural Studies. London: Routledge,1996:141.

文化理论研究形成了马克思主义的接合观。总而言之,后马克思主义理论为霍尔的文化研究带来了启发和灵感,不断激发了霍尔文化研究对社会历史理论的深度思考和问题意识。

(四)接合理论对文化研究的意义

霍尔的接合理论是继编码/解码理论之后,又一个对文化与传播研究做出重要贡献的理论。对于霍尔对接合理论的贡献,詹妮弗·达里尔·斯莱克就评论说:"第一,霍尔拒绝把文化还原为阶级、生产方式、结构的诱惑,也反对把文化化约为经验的趋向。第二,他凸显了话语与其他社会力量接合的重要性,但是却没有越过把任何事情都归结为话语的边界。第三,他对接合理论的策略特征的贡献,把文化研究干预现实的特点推到了最突出的位置。第四,他对接合理论的研究,是最持久的,也是最可接近的。"①在文化研究中,"接合理论"秉持了一贯的介入现实与开放性的特点,但"接合理论"在文化研究中并没有在理论之间进行简单的组合和拼贴,而是将理论不断地发展与扬弃,对于文化研究具有认识论和方法论上的重要意义。

第一,接合理论在认识论的层面提供了认识社会复杂性的一种全新视域,"一种接合理论既是一种理解方式,即理解意识形态的组成成分何以在一定条件下通过一种话语聚合在一起;同时也是询问方式,即询问意识形态的组成成分何以在特定的事态下接合成或没有接合成某一政治主体"②。现实中的社会,是一个多元冲突而又复杂多变的统一体。在社会历史的发展视域中,社会实践体现着自身的特殊性。其中,文化的实践是一种表意实践,社会接合产生其意义,在代码和表征的关系之中存在其意义。而存在于社会实践中的"接合理论",是一种非本质主义的能动行为理论,这种理论对于认识特定的权力结构、实践与言说,如何发生对应关系具有重要的指导

---

① Jennifer Daryl Slack. The Theory and Method of Articulation in Cultural Studies[C]//David Morley, Kuan-Hsing Chen(ed.). Stuart Hall: Critical Dialogues in Cultural Studies. London: Routledge, 1996:121.

② [英]斯图亚特·霍尔. 接合理论与后马克思主义:斯图亚特·霍尔访谈[C]//周凡,李惠斌.后马克思主义.北京:中央编译出版社,2007:196.

意义。

第二,"接合理论"在方法论的层面,为文化研究提供了反本质主义和反还原论的立场。霍尔所强调的话语的统一,在实践当中就是各种要素之间的相互接合,然后这些要素以不同的存在形式再次形成接合,因为这些要素并没有必然的归属。它们是不同的被接合的话语与社会力量之间的联合环节所形成的统一,也就是说,在某种特定历史条件的影响下,一种话语可能同某一社会力量连接,但其结果并不是必然连接。在文化主义范式看来,社会结构的统一是预先确定的,并以不同层次的政治经济关系、文化实践,以及社会经验的相互对应来体现。被表现的总体是"社会"这个层面,其中每一种实践形式都能够被还原为一种共同的起源。而结构主义对身份是预先设定的这一观点持有否定的立场,认为身份是在差异系统中的位置所形成的产物或结果。霍尔则认为,话语的不同接合就形成了社会的总体性,接合在实际当中,指涉许许多多复杂的社会历史实践,这些实践中充满了矛盾、冲突与差异,最终或许会体现出多重接合的形式。

在霍尔的"接合理论"中,意识形态、话语、领导权都是极其重要的元素。在霍尔看来,在具体实践中,话语最重要的功能是起到组织社会关系的作用,所以在话语的作用下,社会就会进行运作。语言的作用不仅仅如此,语言还可以建构意识形态,领导权就是一种常识的构建过程。"意识形态是那些为我们提供框架的图像、概念和前提,通过它们,人们对社会存在的某些方面进行再现、阐释、理解,并赋予意义。"①从这一阐释来看,霍尔认为马克思主义关于意识形态的描述值得肯定,霍尔认为意识形态是各种要素的接合体。不仅作为主体的支配阶级有自己的意识形态,而且支配阶级以外的个体受到意识形态的影响也会产生自主意识,因此受支配的阶级也存在自己的意识形态。意识形态实践具有能指的双重接合的特性:首先是主体位置和社会实践的再现,其次是意指的隐含意义。所以,这表明接合理论体现

---

① Jorge Larrain. Stuart Hall and the Marxist Concept of Ideology[C]//David Morley and Kuan-Hsing Chen(ed.). Stuart Hall: Critical Dialogues in Cultural Studies. London: Routledge, 1996:49.

的是一种语境理论,"接合理论"即是特定的社会和具体的结构历史时刻,同时还是多元解释理论,接合是不同主体之间的接合和不同阶级之间的接合。

霍尔的"接合理论"是对社会现实的一种政治介入理论。在霍尔看来,"所谓接合就是进行自我建构的社会力量与其意识形态或世界观念(它使这种建构过程,成为一种可理解的形式)之间的非必然的联系,正是这种接合把新的社会位置、新的政治危机、新的社会与政治主题带到了新的舞台"①。接合实践因其接合对象和条件的不同而有所差异,新的接合在具体实践中或许会产生新的社会力量,新的政治斗争就会在新的社会力量中再次产生,进而将会进一步改变和影响既有的社会秩序。

由此可见,"接合理论"在实践中阐释了多重接合的复杂意涵和多元决定的辩证关系。霍尔在接合理论中,将历史、阶级、经济、文化及结构的因素综合到一个框架内,这些具体因素都具有多重接合的发展趋势,从而超越了文化主义范式那种把文化视为人与生产经验的整体的生活方式,文化主义范式强调文化的来源是人的经验和实践活动,即把文化视为一种简单的生活方式。文化主义范式体现的是文化在社会发展中所起的重要作用,同时也把文化定义为一种特殊的生活方式,因而把文化从狭隘的、传统的精英文化的范畴中分离出来,为大众文化的发展研究开辟了新的空间。文化主义范式的优势就在于关注"人民的""大众的""日常生活"和工人阶级的"经验和情感"等问题。霍尔在结构主义范式中强调"经验"不应该成为任何事物的基础,因为现实生活中的人们只能在文化范畴、框架和分类中通过它们去"生活"、去体验自身的生活条件。然而,在现实中,这些范畴并不存在于经验之中,而人们的经验反映的却是它们的"结果"。结构主义范式强调意识形态和语言在人们的实践中起到决定性的作用,认为"人非但不是文化的创造者,反而是意识形态的产物"②,即文化是这个整体结构的产物,结构最

---

① [英]安·格雷.文化研究:民族志方法与生活文化[M].许梦云,译.重庆:重庆大学出版社,2009:41-42.

② Jessica Munns, Gita Rajan. A Cultural Studies Reader: History, Theory, Practice[M]. London & New York: Longman, 1995: 240.

终限制和决定文化。无论是结构主义范式，还是文化主义范式，在意识形态中的"上层建筑"的效果、具体性、构成性前提的相近领域都超越了"基础"与"上层建筑"的指涉关系，都呈现出一些共性问题。

总而言之，我们从意识形态、实践、话语与接合的各要素之间的辩证关系中可以看到，接合理论中的有条件的限定论或非必然对应的关系，与葛兰西的文化领导权理论和差异中的同一的理论从本质上来看是相同的。因为文化领导权中"反阶级还原论""反经济还原论""反本质主义"与"历史集团"或"权力集团"中的各个组成元素，都显现出差异中的同一。所以，"接合理论"和文化领导权构成了一个有机的整体而存在，进一步体现了霍尔在文化理论上的继承、创新与发展。

三、接合理论与文化领导权问题

霍尔在二十世纪六七十年代对于英国文化研究实践经验的积累，使他在七十年代末，在文化领导权的基础上，形成了关于意识形态成为国家机器的发展趋势和运行机制的理论。这是霍尔后来提出"撒切尔主义"批判的前提。二十世纪六十年代中期以后，霍尔进行了大量研究，在英国社会实践的基础上，对英国意识形态国家机器实施文化领导权的微观机制进行了阐释，同时也对文化领导权进行了批判。同时，在这一阶段，霍尔将文化理论研究的视角从个案转向社会关系整体，从微观研究转向宏观研究，从而为自身思想理论的升华创造了条件并奠定了基础。

（一）霍尔的文化领导权问题

霍尔认为，占有支配地位的文化秩序，试图在它的范围之内规范（frame）所有相互抵触的对于世界的解释。它提供了思想和行动的视野，在这一视野之内，各种矛盾被想办法克服、被挪用（被体验）、被遮蔽（装扮为一种可以让所有冲突方团结一致的国家利益），或者被控制（让这些矛盾得到缓和，以符合统治阶级的利益）。一种占据领导权的秩序预先规定的不是具体的思想内容，而是一些界限，在这些界限之内，各种思想和冲突会发生改变并得到化解。领导权往往依靠武力和强制,"但是在当今实行议会制度的传统地区,领导权的正常行使则呈现出将武力和赞同(consent)相结合的特征……没有武力过度支配赞同的现象"①。领导权就这样为统治阶级权力的合法化提供了基准线和基座结构。

在霍尔看来,领导权通过意识形态来运作,但它并不是由一些错误(虚假)的思想、概念或定义构成的。它主要是通过把从属阶级嵌入那些核心制度和结构当中来展开运作,而那些核心制度和结构的支撑者是占支配地位的秩序权力和社会权威。最重要的是,在这些结构和关系当中,从属阶级体味着它的从属关系。这种从属关系通常是可以确保的,原因就在于统治秩序成功地削弱了、破坏了、取代了或收编了从属阶级提出的那些替代性的防御和抵抗机制。葛兰西非常正确地指出,那种断言人们在意识形态层面可以观察到根本冲突的论点,并不具有心理学的或道德学的性质,而具有结构的和认识论的性质。

在实际当中,领导权很少能通过一个阶级、阶层来维持,它通常需要统治阶级各分支结成的同盟——历史集团,因为"历史集团"融合了"各个阶级",结合了各个阶级的各种不同的利益,为民众代言,反映各种诉求。从"历史集团"的特性上来看,它体现各个利益集团的一致性、差异性、动态性、结合性和暂时性,形成"差异中的同一"和"同一中的差异"。霍尔认为,"领导权的内容,在某种程度上恰恰要取决于是哪些阶级分支构成了这个'占支配地位的集团',哪些利益因此必须受到重视"②。领导权不单单是阶级统治的,某种程度上,它需要从属阶级的赞同,反过来,这种赞同必须通过努力才能赢得和促成。所以,社会权威的支配地位不仅体现在政府当中,而且体现在市民社会当中,体现在文化和意识形态当中。当统治阶级不只是在统治或指挥,而且是在领导的时候,领导权就生效了。也就是说,在这一

①　[英]斯图亚特·霍尔,托尼·杰斐逊.通过仪式抵抗:战后英国的青年亚文化[M].孟登迎,胡疆锋,王蕙,译.北京:中国青年出版社,2015:114.
②　[英]斯图亚特·霍尔,托尼·杰斐逊.通过仪式抵抗:战后英国的青年亚文化[M].孟登迎,胡疆锋,王蕙,译.北京:中国青年出版社,2015:115.

过程中,政府是一支主要的引导力量,它通过对从属阶级的生活进行规范来完成引导。这些统治机器再生产了阶级关系,因此,也再生产了阶级从属关系(家庭、学校、教堂和文化机构,也包括法律、警察、军队和法庭)。因此,霍尔指出:"对于一个特定阶级的持续统治而言,领导权不是一个永远通用的、'既定的'事物。它必须被赢得,被努力争取,被再生产,被保持。正如葛兰西所说的,领导权是一种'动态的均衡'(moving equilibrium),包含着'赞成或反对这种或那种倾向的力量所构成的各种关系'。它涉及各竞争阶级之间所产生的均衡状态的性质:达成妥协来维持均衡它;用权力关系来维持它;采取一些解决方案来维持它。"①领导权的特征和内容,只能通过对具体历史时刻出现的各种具体情境的考察来确立。对于"永久的阶级领导权"或"永久的收编"这类主张不予支持。

在霍尔看来,领导权的作用,就是要确保在社会阶级关系中,每一个阶级都能以其现有的支配－从属形式被不断地再生产出来。霍尔认为,工人阶级永远不会整体进入领导权的统治秩序当中。

(二)文化领导权的应用:大众文化与文化领导权

大众文化由大众(popular)与文化(culture)构成,但并非简单相加与拼凑,大众文化的内涵具有复杂性。霍尔指出:"两个概念放在一起,困难就会大得惊人。"②霍尔倾其一生研究大众文化。大众文化在霍尔的文化理论建构中是非常重要的元素,被他视为角斗场,这彰显出霍尔对大众文化的批判性。霍尔认为,大众文化最开始是作为资本主义国家主导意识形态的对立面产生的,它的出现极大地削弱了主导意识形态的控制权,改变了人们对主导意识形态的遵从,大众文化受到人们认可,对主导意识形态起到了制约的作用。

伯明翰学派把坚决否定精英文化作为自身存在的重大使命之一,积极

---

① [英]斯图亚特·霍尔,托尼·杰斐逊.通过仪式抵抗:战后英国的青年亚文化[M].孟登迎,胡疆锋,王蕙,译.北京:中国青年出版社,2015:116.

② Stuart Hall. Notes on Deconstucting "the Popular"[C]//R. Samued(ed.). People's History and Socialist Theory. London:Routledge. 1981:227.

认同和坚持大众文化,让处于被支配阶级地位的工人阶级阐释本阶级的思想意愿,这是以霍尔为代表的伯明翰学派的文化学者们一贯倡导和坚持的立场、观点的集中体现。所以,在伯明翰学派的文化理论建构中,大众文化是一个非常重要的组成部分。在霍尔的文化理论体系中,大众文化也始终是他坚守的重要阵地之一,在对待大众文化的问题上,霍尔与伯明翰学派奠基人有所不同的是,他把大众文化看成是一种斗争方式和斗争场域,这充分体现出他对大众文化的思考和探索精神。斯道雷曾指出:"把葛兰西的'领导权'概念引入二十世纪七十年代的英国文化研究,从两个方面引发人们对通俗文化的重新思考。首先,引发对通俗文化政治学的重新思考……其次,文化研究引入领导权概念产生了对通俗文化概念自身的重新思考。"这一阐释说明,在文化领导权的产生与再生产方面,大众文化是文化领导权的主战场。同时,在思考大众文化时,一是将大众文化视为资本主义文化工业强加的文化,二是将大众文化视为工人阶级自身的文化诉求,两者有机结合,体现出"折中平衡"。所以,大众文化涵盖社会实践的各方面,是各种力量的矛盾混合体,呈现妥协与对抗的动态力量平衡。

霍尔将大众文化的研究放在英国当时的语境中去思考,从领导权的角度去阐释大众文化及其功能。在 1979 年,霍尔虽然已经从伯明翰大学离开,前往开放大学工作,但是,霍尔的文化理论研究并未因此而中断,他的文化理论研究仍然具有前后的一致性和连贯性。二十世纪六十年代,霍尔所著述的《通俗艺术》和《无阶级的意识》代表的是他文化理论研究中文化领导权理论的初步形成阶段,虽然是初步形成阶段,但霍尔已经开始应用领导权理论去建构他的文化理论体系。而霍尔在二十世纪七十年代到九十年代的著述所代表的则是他在理论上建构文化领导权的重要时期,这一时期的重要著述有:1981 年所著的《结构"大众"笔记》、1992 年所著的《黑人大众文化中的"黑"意味着什么?》及 1993 年所著的《纪念阿伦·怀特:转型的隐喻》等,其中,《结构"大众"笔记》被视为最具有代表性的著作,对学术界的学者们研究文化领导权和大众文化具有重要的理论价值和指导意义。

霍尔在《结构"大众"笔记》中深刻阐释了大众文化所蕴含的内涵实质。

霍尔提出了更加辩证、更为合理、更为学者所认同的大众文化观。霍尔认为："大众文化定义中最基本的是大众文化与支配文化之间持续紧张（影响和对抗）的关系，这是围绕文化的辩证法建立起来的文化概念。它把文化形式和文化活动的领域看成是持久变动的，然后考察把这一领域不断地建构为统治和附属两部分的那种关系。考察统治和附属关系被接合（articulated）的过程，它把它们看成一个过程，通过该过程，某些东西得到积极的认可，从而把另外一些东西拉下宝座。处于中心的是力量间变化的、不均衡的关系，它界定文化领域——也就是说，文化斗争问题及其诸多形式。大众的主要聚焦点是文化和领导权之间的关系问题。"①霍尔对大众文化的阐释与解构是他思考的结果。一是掌握了研究的本质性根源，将大众文化视为对立阶级的持续紧张的关系。对统治阶级而言，被统治阶级就成为大众文化斗争、对抗影响中的"他者"。无论文化形式，还是意义，都呈现对抗的趋势，由对抗和不稳定的要素构成。二是关注受众范围和对象，将其限定在特定阶级与社会物质条件中。这是大众的形式和活动的反映，规避了无限扩张的弊端。三是为了各自不同的文化、政治及利益诉求，统治阶级和被统治阶级会展开一场持久的战争，大众文化就会成为战略高地，斗争艰巨、持久。四是体现出大众文化建构文化领导权的辩证观。"他者"的建构对应受"他者"影响的其他建构。五是在特定历史条件下，统治阶级与被统治阶级在对各自集团利益的追逐中，呈现出各自内部与对立阶级之间关系变化的复杂性，而大众文化在这样的抵抗与反抵抗、斗争与反斗争的过程中，彰显出一种变化的、不稳定的、动态的、未完成的、历史过程性的、被"接合"的特性。六是大众文化的多样性，包括抵抗、歪曲、协商、复原（recuperation）、收编（incorporation）等状态，这些呈现为多维的复杂性状态，最终形成领导权与反领导权之间力量的平衡，二者之间达到力量的妥协的目的。

霍尔坚持强调"普通人并不是文化傻瓜"（ordinary people are not cultural

① Stuart Hall. Notes on Deconstucting "the Popular" [C]//R. Samued(ed.). People's History and Socialist Theory. London: Routledge, 1981:235.

dopes)这种观点,同理论家威廉斯提出的"文化是普通平凡的"之观点是相同的,而且又是一脉相承的。在实践当中,大众文化是统治阶级与被统治阶级两者之间存在的一处没有硝烟的战场,我们要在不同的阶级之间来关注和诠释大众文化,来充分体现出抵抗与反抵抗之间的辩证关系。在霍尔看来,这虽然不是他所期待的定义,但是它可以为我们追问文化关系的复杂性、文化权力的现实性及大众文化的本质特征,提供一定的理论思考。

上述分析证明,霍尔将对大众文化的研究从文化与社会、文化与文明、文化主义范式、结构主义范式及法兰克福学派中分离出来,把大众文化看成统治阶级赢得领导权、巩固领导权所进行的实践的斗争场域。

大众文化有着丰富的内涵,同时有诸多极为复杂的要素在影响和制约着对大众文化的阐释。在内涵的深层领域,"阶级"力量具有极其重要的影响作用。对于大众与阶级关系之间的联系,霍尔认为:"术语'大众'与术语'阶级'有非常复杂的关系……我所说的一切如果不与阶级的视角和阶级斗争联系在一起的话,将没有任何意义。不过同样清楚的是,在阶级和特定文化形式或实践之间,不存在一对一的关系,'阶级'和'大众'这两个术语深深地联系在一起,但是它们并非完全可以互换……大众指的是那些构成'大众阶级'的阶级和力量之间的联盟,受压迫者的文化、被排除在外的阶级,这是'大众'这个概念指涉我们的领域。"①霍尔对大众和阶级的复杂关系的论述,摆脱了阶级与阶级之间的对立的状态。

在霍尔审视文化领导权理论之时,其文化理论从启蒙时期的对传统的阶级与阶级之间、统治阶级与被统治阶级之间,以及统治阶级与从属阶级之间的区分,发展到对人民与权力集团之间的区分,这一变化突显了霍尔对待该问题思考方式的改变和提升。霍尔用更有张力的"权力集团"去指涉更为具体的历史集团的利益。"这一权力集团由一种相对统一、相对稳定的社会力量——经济的、立法的、道德的、美学的——联合组成;另一方面,民众是

---

① Stuart Hall. Notes on Deconstucting "the Popular" [C] //R. Samued(ed.). People's History and Socialist Theory. London: Routledge, 1981:238.

在从属者的组成中不断形成和再形成的相异和分散的一组社会性忠诚。这种对立还可以看作是同质（因为权力集团试图对社会差异加以控制、建构并使其最小化，以使它们为其利益服务）与异质（因为民众的组成决不妥协地要保持他们的社会差异观念，这也是一种利益的差异）的对立。"①这一论述，是对霍尔大众文化所称的权力集团和民众两者之间对立状态中构建的话语平台的进一步论述，显现出霍尔文化领导权理论在霍尔文化研究理论体系中的不断发展。

与此同时，霍尔对苏联马克思主义者与语言学家沃罗希诺夫（V. N. Volosinov）的"多声部"（multi-accentuality）理论进行了阐释，霍尔应用"多声部"理论去阐释大众文化和文化领导权理论复杂的辩证关系。霍尔指出，二十世纪七八十年代，虽然许多年轻人佩戴的各种饰品上镶有纳粹符号的图案，但这无法证明，也不能代表他们就是法西斯主义者，只不过年轻人觉得这是一种时尚。"在赋予大众文化'一种社会主义声音'时成功或失败，依靠的不是阶级对阶级的斗争，而是权力集团对人民的斗争。"②这是霍尔清晰的判断。

由此可见，在分析考量"人民与权力集团"的关系时，内容极为复杂的"人民"，从概念的内涵来解读，就容易混淆，引起疑义。二十世纪八十年代，在撒切尔夫人执政期间，她的讲话中经常会出现"我们必须限制工会的权力，因为这是人民所期望的"，此时她所强调的"人民"是一个模糊的概念，她在运用动态的表征方式，来解读人民这一概念。霍尔曾经指出："把阶级和个人塑造成为大众力量的能力，这是政治和文化斗争的本质，即把对立的阶级和隔离——被文化，也被其他因素隔离——的人群变成一个大众——民主的文化力量。"③正是这种文化领导权的力量，拓展了大众文化的研究领域，赋予大众文化更为厚重的政治建构与政治介入的可能性。

---

①　[美]约翰·菲斯克.解读大众文化[M].杨全强，译.南京：南京大学出版社，2001：8.

②　James Procter. Stuart Hall [M]. London：Routledge，2004：29.

③　Stuart Hall. Notes on Deconstucting "the Popular" [C]//R. Samued(ed.). People's History and Socialist Theory. London：Routledge，1981：239.

在西方社会的文化理论研究领域,霍尔最为欣赏的是西方马克思主义的代表人物葛兰西的理论思想,特别是"文化领导权"的理论。霍尔不断学习、吸纳并整合"文化领导权"这一重要理论,使"文化领导权"的理论成为霍尔文化理论研究中有机的重要组成部分。霍尔在 1979 年提出了"撒切尔主义",并开展对"撒切尔主义"的研究和批判。其实,"撒切尔主义"就是霍尔"文化领导权及意识形态理论"中的一个组成元素。霍尔的"撒切尔主义",主要借鉴和运用了葛兰西的文化领导权理论,即领导权、斗争、范围、时段和平民的重要性。霍尔认为"撒切尔主义"兴起于二战后英国的社会危机时刻,它在解构当时社会现状的基础上,运用"权威平民主义"的政治策略,最终形成独特的治国方针和行动纲领,在实践中,它千方百计争取得到文化领导权,从而达到管控和统治国家的目的。马克思的文化领导权思想,最终由于其阶级斗争理论而不复存在。葛兰西的文化领导权理论,对市民社会给予充分的关注,对于协商、融合给予高度的认同。那么,对于威廉斯而言,他对于文化领导权的研究的特点是具有双向性的,就是将文化领导权引入更为深层的现实文化层面,又将自身的文化研究通过文化领导权转向政治场域。而霍尔则认为,经历二战后的英国社会,种族问题突出,文化研究的重心不应再放在阶级问题上。社会的分化和身份认同的重叠与交叉,使得阶级之间的领导权问题,变成群体之间的接合问题,所以,阶级问题也就转换成为群体问题。当时,文化研究阵营之间也存在激烈的矛盾冲突,这主要表现为对文化概念的争议。威廉斯认为文化是一种整体的生活方式,安德森认为威廉斯忽略了阶级斗争在文化构建过程中的主导作用,他提出文化是一种整体的斗争方式。霍尔则认为,社会正由阶级化发展、演变为无阶级化,在无阶级的社会中所形成的整体文化,只能是一种接合的结果。

霍尔的大众文化观使英国文化研究展现出无限活力,挑战了大众文化是政治发展和社会经济的结果的片面观念,赋予了大众文化政治内涵,即它是意义的斗争场域。由于具有对抗性和颠覆性的作用,大众文化从被精英们不屑一顾的地位,跃上了属于自己的社会现实的高雅殿堂,成为英国马克思主义研究的对象。毋庸置疑的是,新技术的推广和应用拓展了大众文化的传播空间和范围,进一步促进了大众接近文化的民主性,这在某种程度上消除了各个民族之间、各个国家之间的文化壁垒。

第二节 霍尔模式:非还原论的文化传播模式

在实践中,还原论的方式很难得到彻底应用,因为在实际当中,事物的状态复杂多变。霍尔模式在创新发展中,通过"接合理论"弥补了这一传统方式的不足,最终使媒介传播的意义得以实现。

一、还原论的文化传播模式

众所周知,还原论的主要观点就是主张把高级运动形式还原为低级运动形式,认为现实生活中的每一种现象,都可被看成是更低级的运动,更基本的现象的集合体或组成物,可以用低级运动形式的规律,代替高级运动形式的规律。还原论的方法论是坚持将研究对象恢复原始状态,化复杂为简单。但是这种方式很难在实践中得到彻底应用,因为在实践中,事物的状态复杂多变。霍尔模式在创新发展中,通过"接合理论"弥补了这一传统方式的不足,使媒介传播的意义得以实现。霍尔模式理论重点关注的是在信息传递交流过程中信息的生产、流通,以及受众接收的方式,这为大众媒介传播研究提供了符号学范式。

(一)霍尔摒弃传统的媒介模式

霍尔对美国行为主义模式的批判在于"接收不是自由存在的,信息在传播链的另一端是完全透明的"[①]。霍尔认为,这种观点代表的是直线性传播模式,这样的传播模式是将发送者的创设信息、固定信息,直接而且透明地传送给接收者,接收者无法接收到自己需要的信息。在霍尔看来,受众面对

---

① Stuart Hall. Reflections upon the Encoding/Decodling Model:An Interview with Stuart Hall [C]// J. Cruz,J. Lewis(ed.). View, Reading, Listening:Audiences and Cultural Reception. Boulder:Westview Press,1993:254.

传播中的信息,应当按照自己的意愿自行取舍意义,在现实生活当中,信息意义也会因受众地位和角色的不同而有所不同。

从本质上来透视"霍尔模式",可以看到,该模式其实就是关注受众在整个传播过程中的地位和能动性,把受众从传播的静态、透明和一成不变的状态中分离出来,突出受众接收意义的动态性、多义性。"霍尔模式"挑战了大众传播模式的三个要素:首先,信息不是被发送者所决定的;其次,信息也绝非透明的;再次,在某种程度上,受众更不是被动的接收者。这种阐释体现了问题的根本实质。"霍尔模式"最重要的一点,是在媒介交际过程中认识到了意义的存在和信息与受众在整个交际环节中的重要性,这是透视"霍尔模式"的关键所在。霍尔在《编码/解码》一文中指出:"如果不赋予'意义',就不会有'消费'。如果在实践中,意义没有被阐释清楚,就不会有任何作用。"①霍尔认为,在信息传播过程中,应该放弃传统的传播模式,把受众放在生产、流通、分配、消费等环节中,实现传播中处于支配地位的复杂结构的建构。在此,霍尔借鉴了马克思主义经济学生产关系中的流通的诉求,去取代传播的线性模式,实现了受众对意义理解的全面解放。

按照这样的逻辑,发送者即为生产者,接收者即为消费者。在信息制作过程中,生产网络、制度结构,以及实践组成的关系和技术结构,都是制作信息所需的。在生产阶段中同时有话语方面的存在,它也完全是由意义和思想来架构的。生产建构了信息,在某种意义上,流通就由此开始。在该流通体系中,话语并非一个封闭的系统,而是由话语所提出的议题、事件、处理方案、观众形象和形式的界定等构成的,最后话语在分配、消费、再生产和信息接收问题上表征出多样性、循环性和复杂性。在更宽泛的意义上来说,媒介信息的消费或接收本身,也是信息生产过程的一个循环环节,而后者是处于主导地位的,因为它是信息实现的出发点,所以信息的生产和接收不是同一的,而是相互关联的,它们同在作为一个整体的交流过程的社会关系所形成的总体性中,是相互区分的环节。

---

① James Procter. Stuart Hall[M]. London:Routledge,2004:59.

从传统的传播交际的观念来看,编码和解码的过程是完全透明的,两者所传递与呈现的意义是相同的。霍尔就是要颠覆这样的认知架构和思考模式,所以,在霍尔看来,传播过程中之所以出现对信息、话语的曲解和误读,其原因是不对称性所缺乏的相异性。就信息传播的初始来看,它体现的是支配阶级或主流意识形态的观念与立场,就信息传播的终端而言,受众、观众或解码者、接收者,是一个相对自主的、能够选择和取舍的群体。霍尔将更为关注的目光投向终端和解码者在信息传播过程中的角色、立场和地位。他发现,受众更加主动,并呈现出动态性特征,而不是被动接受支配意识形态意义,因此,"霍尔模式"特别重视对解码阶段进行阐释和研究。

(二)霍尔倡导解码立场优先的观点

我们从霍尔对其所设想的三种不同解码立场的阐释和分析来考量,因为立场不同,所以主体位置的形成也会有所不同,受众就在这样的位置之间不断游移滑动。因此,他们是位置性的,而不是社会实际中的实体。这种解释并不是否认人的实体性身份和阶级、意识形态倾向等,而是凸显和说明受众主体具有的多样性。

在实践中,在透视"霍尔模式"中的受众时,会发现他们可能有不同的解码立场。首先,要把他们视为连续的整体加以考量,受众在接收或拒绝编制的符码时,不是呈现静态的形式,而是体现动态的张力。其次,三种不同的编码立场,指涉的并非受众个人的解读或误读,而是有关特定社会集团的意识形态的立场。再次,"霍尔模式"的解码立场,在当时只是一种理论上的假设,表现为只是一种符号学意义上的研究,并没有在实践中进行运用。最后,霍尔的解码立场,体现为伯明翰当代文化中心媒介分析的符号学和文化领导权理论的特定接合,体现为结构主义范式和葛兰西文化领导权理论在"霍尔模式"中的成功架构,因此,以上两者被视为"霍尔模式"中最重要的理论思想武器,体现了编码、解码之间,解码者与意义之间的领导权和反领导权动态的协调关系。

对于霍尔而言,他认为:"内涵与符码之间并不对等,任何社会、文化都有不同程度的封闭,都倾向于强制推行自身社会、文化和政治领域中的分类。由此它们就构成了一个支配文化秩序(dominant cultural order),尽管这个秩序既不是意义单一的,也不是无可争辩的。'支配话语结构'(structure of discourses in dominance),就成为该问题的一个关键点。社会生活的不同领域似乎被描绘为各个话语场域,被等级分明地组合进支配或优先意义(dominant or preferred meanings)。"①在实际中,多义性表现为支配阶级的文化、意识形态和政治诉求,表征为主导集团"优先解读"和"优先意义"。在霍尔看来,他所重点观照的"优先解读"和"优先意义"的观点,是放在传播领域去强化主导集团在意识形态上所拥有的话语权力和所占有的支配地位的。因为,就编码本身而言,它并不是全部开放的,在实际当中,经过编码的文本总会体现一定的意识形态框架和支配集团的利益,总会引导受众按照编码者预设的某种方式去进行认知和解读,编码者试图以此赢得对受众的文化领导权。这体现了在"霍尔模式"理论中文化领导权的建构,正是"优先解读"和"优先意义"所蕴含的内涵实质,使文化领导权在"霍尔模式"理论中得以建构。霍尔指出,在"优先意义"的场域中,镶嵌着整个社会秩序,包括制度、政治、意识形态等的秩序,它们显现着各种各样的、不同的意义结构,但是它们又不是封闭的交际过程。霍尔把支配意识形态的编码方式与受众的解码方式有机地结合起来,这体现为编码与解码的动态的、矛盾的统一,他把结构主义理论与葛兰西的文化领导权理论有机地结合在一起,为媒介传播中的民族志研究开启了新的路径。

二、霍尔模式

在二十世纪五十年代,美国经验学派的实证主义与行为主义的研究范式,被当时学术界的学者们广泛关注和认同。对此,霍尔同威廉斯一样,更注重对传播体制的分析研究和解读,对于资本主义社会的运行形态及社会

---

① Stuart Hall. "Encoding/Decoding," Culture, Media, Language[C]// Stuart Hall, Dorothy Hobson, Anthdrew Lowe, Paul Willis. London: Hutchinson, 1980:134.

形态和传播之间的关系,也持有批判观点,认为应把大众传播放在更加广阔和宽泛的空间中进行研究和探讨才比较符合实际,并主张对大众传播的研究不是一个单纯的实验室模型,要与社会理论、文化研究、政治研究相结合。正是在这样的历史背景下,霍尔创建了"编码/解码"模式,也被称为"霍尔模式"(Hall model)。

(一)霍尔模式的形成

在文化研究领域,解码模式并不是由霍尔首先创建的,而是由社会学家法兰克·帕金(Parkin,又译"巴尔金")提出的,被称为帕金模式(Parkin model)。帕金在《阶级不平等与政治秩序》(*Class Inequality and Political Order*)中认为,就西方社会而言,"意义体系"或意识形态架构在不同社会阶级的人群中存在着。可以呈现出三种不同的意义体系:第一,主控和主流的价值体系,这个道德架构透过等差设计,强化了现存的不平等状态,其社会来源是主要的制度性秩序。第二,绝对服从的价值体系,其道德架构鼓励人们以协调的方式,回应不平等与地位低下的事实,其社会来源或产生这种体系的环境是地方劳工阶级社区。第三,激烈而激进的价值体系,其道德架构倡议以对立的姿态诠释阶级不平等的状态,其社会来源是劳工阶级的大众政党。上述评判标准根据的是不同社会来源和对"阶级不平等的不同道德诠释",这就是帕金的社会学模式,简称"帕金模式"。

霍尔在法兰克·帕金的影响下,在借鉴帕金模式的基础上,构建了"霍尔模式"。霍尔将社会学中的"帕金模式"借鉴到了传播学领域,称其为"霍尔模式",其实就是霍尔的"传播学"模式。霍尔认为"帕金模式"具有延伸的能力,在实践中可以解释不同阶级的媒介信息的解码。霍尔将帕金的理论运用到媒介信息传播上,认为信息的发送者(编码者)和接收者(解码者)两方所运用的符码,是支配、从属及激进三种体现形态的反应基础。

霍尔认为:"从严格的历史意义上来讲,正是列维·斯特劳斯和早期的符号学取得了最初的突破。尽管马克思主义结构主义替代了符号学,但是他们继承并将继续继承列维·斯特劳斯丰厚的理论遗产。正是列维·斯特劳斯的结构主义借鉴了索绪尔以后的语言学范式,为'人文文化学科'(human sciences of culture)提供了一种科学的、富有活力的全新前景。"①列维·斯特劳斯对文化这一术语进行了持续不断的研究和创新,并在文化理论界做出了重要的贡献。在霍尔看来,列维·斯特劳斯将文化概括为思想范畴、框架和语言,"通过它们划分出不同社会的生存条件——首先(由于他是一位人类学家)划分出人类与自然界之间的关系。其次,他认为行为方式和实践——思想范畴和精神框架通过它们产生并转化——大都处于其中并与其中运作的语言本身的方式相类似——语言则是'文化'至关重要的媒介。他将其中独特的方式和运作看成'意义的生产':它们首先是意指实践(signifying practice)。再次……他在很大程度上放弃了意指与非意指之间的关系——采用别的术语,即'文化'与'非文化'的关系,目的是集中研究意指性实践内部制造意义的范畴方式的内在关系"②。因为这种认识把决定论、整体论问题大体上搁置了,决定论的因果逻辑被抛弃,有利于结构主义的因果论——组织的逻辑、内部关系的逻辑、在结构之内阐释部分的逻辑。在对以上理论进行阐释的过程中,霍尔借鉴阿尔都塞的意识形态理论,引入"传播话语"。霍尔引入的"传播话语"显示了重要价值,"传播话语"在研究"受众"(霍尔最初针对的是"电视观众")解码时是非常重要的环节。霍尔在将社会学的著作整合为传播理论时,避免了简单的"社会学主义化",这就是"帕金模式"转化为"霍尔模式"的学科意义,所以,霍尔对"帕金模式"的借鉴在现实中具有十分重要的意义。

1973 年 9 月,霍尔的编码/解码理论首次以文稿形式出现在《电视话语的编码/解码》里。当时莱斯特大学大众传媒研究中心及委员会组织了一次欧洲学术研究座谈会,大会主题是"批判性阅读电视语言的训练",霍尔作为伯明翰当代文化研究中心主任做了大会发言。当时的学术界正在关注媒体

---

① Stuart Hall. Cultural Studies: Two Paradingms[C]//R. Schieafer(ed.). Comtemporary Literary Criticism: Literary and Cultural Studies. New York and London: Longman, 1994:617.

② Stuart Hall. Cultural Studies: Two Paradingms[C]//R. Schieafer(ed.). Comtemporary Literary Criticism: Literary and Cultural Studies. New York and London: Longman,1994:618.

文本分析和大众传播能力,霍尔的大会发言立即在学术界引起极大反响。可以说,在二十世纪七十年代的文化研究领域,霍尔的大会发言具有开创了新纪元的推动作用和影响力。自此之后,霍尔的"编码/解码"理论便引领了英国乃至国际学术界最具权威的学术思潮。后来的实践也证明,霍尔的这篇文章在媒体文化理论研究领域中具备里程碑的作用。同年,英国伯明翰当代文化研究中心将霍尔的这篇文章按照原来的题目和内容,收录到伯明翰当代文化研究中心的媒体研究第七辑中。1980年,这篇文章被象征着伯明翰集体研究结晶的理论著作《文化、媒体语言》收录,在英国出版发行。这篇文章在学术界多次被收录到各种文化研究著作中,而且被翻译成多种语言加以引用。这篇文章的题目后来更改为《编码/解码》,以书籍的形式面世,在出版之前,霍尔对其内容进行了反复多次的删减和增加,使其在内容和观点上更加精练和深刻,在理论阐述和应用上得到进一步完善,使《编码/解码》中的理论更具适应性和指导性。从此,在学术界,霍尔的理论研究地位得以确立。

(二)霍尔模式的基本内涵

《编码/解码》中的理论显示了与在它之前的媒体研究中两大思想理论的汇合与决裂。大众传播(mass communication)的传统根植于美国社会科学,而利维斯主义式的文化与文明(culture and civilization)传统则来自英国文学研究,甚至可以说来自于霍尔早期曾经置身其中的左派利维斯主义式的研究。在霍尔1973年发表的《编码/解码》这篇文章中,他使用的术语包括媒体的"传播"(communication)、"信息"(message)和"内容"(content),这些都显现出利维斯主义式的痕迹,但他的目的已经不再是培养大众对高雅文化的识别能力,相反,对这些术语的使用更加显露出霍尔新形成的结构主义语言学和符号学所产生的影响。[①] 在实践中,"信息"可以被视为符号的

---

① Stuart Hall. "Encoding/Decoding," Cultural, Media, Language[C]//Stuart Hall, Dorothy Hobson, Anthdrew Lowe, Paul Willis London: Hutchinson, 1980:128 – 138. Script: "Message: sign vehicles of a specific Kind organized, like any form of communication or language, through the operation of codes within the syntagmatic chain of a discourse'; they are 'descursive forms'".

传递手段,就像任何传播和语言的模式一样,在话语体系中运行各种符码,而符码又是散漫无序、没有规则的。在二十世纪四十年代,美国大众传播研究形成的主要模式可以总结为信息源—信息—接收者(source-message-receiver),霍尔运用这一模式,从根本上重新塑造了这一术语,使所有的元素作为相互关联的一个体系而呈现出社会意义。

在霍尔的"话语实践"(discursive practice)①中,当把三维的世界转换成二元的表征层面时,是无法意指所有的相关概念的。霍尔举例说,在电影画面里的动物——狗,它可以狂吠咆哮,但它无法实施咬人的行动。现实存在于语言之外,但是它重视不断地经由语言来仲裁:我们想了解和想要表达的任何事情,都必须通过话语来进行。话语知识在语言中不是透明的本真表征形象,而是与真实条件和状态相关的"语言关联"(articulation of language)。没有"零度语言"(degree zero in language)、自然主义和现实中的"保真度"(fidelity)等象征性的概念,那些描述只不过是语言对现实某种程度上的结果、影响和关联,这就是话语实践的结果。

当然,某些代码也许广泛地分布于某个特殊语言群体或文化氛围中,或者早就存在,似乎不可以被重新建构,而表现为符号与意义的直接对应和自然生成。从这个意义上来看,简单的视觉符号,似乎具有"接近普遍性"(near-universality)的特征。尽管有相关的研究表明,那些看似自然简单的符号也具有文化的特征,然而,这并非表明符码的意义没有被打断,相反,代码在此却深刻地"被归化"(naturalized),被归化的代码显示出来的不是语言的透明度和自然属性,而是代码被使用的深度、适应性和它的"接近普遍性"。由此,毋庸置疑的自然认知便生成了,其公式如下:

有意义的话语程序—解码—意义结构 1—知识框架—生产关系结构—技术支持,技术支持—生产关系结构—知识框架—意义结构 2—编码—有意义的话语程序。

---

① Stuart Hall. "Encoding/Decoding," Cultural, Media, Language[C]// Stuart Hall, Dorothy Hobson, Anthdrew Lowe, Paul Willis London: Hutchinson,1980:128 – 138.

霍尔提出的这个编码/解码新模式,与传统的大众传播研究中所呈现的"信息源—信息—接收者"的线性模式不同,它使阐释的意义更加丰富多样。意义结构1和意义结构2的意义不同,它们之间没有直接的线性传递关系,也没有对称的符码解读,更没有交流中对应的理解和误差,它们依赖于符码的编码者、生产者和使用者所处的情形和地位而定。可以确定的是,符码的意义在传播的过程中,永远会被中断或扭曲,进而导致意义不完整的传达。接收程序的不同取决于符码接收者的社会背景、文化关系、地位和利益等的结构差异。所以,在媒体传播和文化传播中形成了文化领导权。受众往往不能完全按照解说者或作者原来的意义去解读,受众面对的是系统的被扭曲的传播。霍尔认为:"在每一个环节上,各种广播结构必须在有意义的话语形式下产生编码信息,生产制度、社会关系作为产品才得以在语言的话语规则制约下运转。"①总之,这个存在意义的话语,必须被意义解码,从而产生一定的效果并发生有力的影响,最终产生出非常复杂的感知、认知、情感、意识形态和行为结果。这个结构利用符码生产信息,信息又通过符码传递到社会实践中。

(三)霍尔的三种假想解码立场

"霍尔模式"的理论结构,在具体实践中,成为媒体信息解码的经典模式。

第一,主导–领导权的立场。就是不问原因,不寻出处,在符码内解读,直接接收主导意识形态话语,"直接从电视新闻、广播或时事节目中获取内涵的意义,并根据用以将信息编码的参照符码把信息解码"②,持有完全接收的立场。霍尔认为:"它只是用不明显的方式在主流的方向下,再生产领

---

① Stuart Hall. "Encoding/Decoding," Cultural, Media, Language[C]//Stuart Hall, Dorothy Hobson, Anthdrew Lowe, Paul Willis London: Hutchinson, 1980:130.

② [英]斯图亚特·霍尔. 编码、解码[C]//罗钢,刘象愚. 文化研究读本. 北京:中国社会科学出版社,2000:360.

导权的定义。意识形态的再生产在此也就毫无意识地、不经意地发生了。"①因此，主导－领导权立场就是观众解码的立场与制作者的编码立场或专业符码立场完全一致。

第二，协商的立场。应用协商性符号解读，即反映受众社会地位的主流意识形态，被译为"协商意义解读"。这是许多受众所持有的解码立场，既在某种程度上不表示完全认同，同时又不表示完全否定。霍尔认为："在协调的看法内解码包含着相容因素与对抗因素的混合……同时，保留权力以更加协调地使这种主导界定适合于'局部条件'、适合于它本身团体的地位。"②这一阐释说明：一方面受众承认支配意识形态的权威，但另一方面也强调自身的特殊原因，两方面存在着充满矛盾的协商过程，是一种可调和的立场。如工人们赞同增加工资会直接导致市场上的通货膨胀，但是，他们还是会走上街头，参加为了增加工资而举行的罢工游行活动。

第三，对抗的立场。受众以完全不同的方式，对意义进行抵抗性的理解，即反对主导意识形态，对其采取具有批判意识性的解读，被译为"抵抗意义解读"或"抵制意义解读"，是一种不可调和的立场。

在实践中，主导意识形态话语在主导媒体文本中，处于优先或首选的解读地位，但是，这并不代表所有的受众都会自动地做出这种选择。因为解码人的社会地位状况，会激励解码人对同一媒体文本采取不同的态度来解读。在霍尔看来，受众有可能完全理解话语赋予的字面意义和内涵意义的曲折变化，但却以一种完全相反的方式去解码信息。也就是说，受众能够看出传媒话语的编码，但选择解码立场时却根据自身的背景、阅历和经验，解读出与编码者完全不同的若干意义。

霍尔的编码/解码理论进一步显示出更加具有深远意义的、与利维斯主义的决裂。霍尔将大众传播过程看成是一种结构，并以马克思主义政治经

---

① [英]斯图亚特·霍尔.编码、解码[C]//罗钢，刘象愚.文化研究读本.北京：中国社会科学出版社，2000：360.

② [英]斯图亚特·霍尔.编码、解码[C]//罗钢，刘象愚.文化研究读本.北京：中国社会科学出版社，2000：364.

济学理论的生产、流通、分配、消费及再生产这样的流程为参照。在霍尔的理论模式中，三种媒体运转形式，每一形式的过程都相对独立，但是它们对三个相对自治的阶段而言，在社会、经济不平等的状态下，又被认为是广泛意义上的同一过程。不论是一首歌、一本书，还是一张图片，在作为一个文本被使用者使用时，使用者都不是简单地接受原作者镶入的意义，而是进行积极的思考与解读，根据文本使用者的文化背景，对文本的最终意义进行或协商，或接受，或拒绝，或抵制的解读。霍尔进一步发展媒体话语模式，他认为意义存在于文本生产者（编码者）和使用者（解码者）之间，霍尔称它为"理解的注脚"①，将其意义和社会构造主义②联系在一起。毫无疑问，霍尔的这一观点是一种新的观众解读方法的观点，并且带有鲜明的理论意义和政治意义，揭示了媒体语言的建构和有可能遇到的抵制，因此，在实际当中，把话语解码大致划分为推介意义、协商意义和对抗意义。

（四）深刻剖析传播过程及其功能的实现

在媒介研究领域，存在着诸多的学术派别，霍尔作为媒介文化的意识形态批评流派的代表人物，被写入文化研究的历史中。霍尔把意识形态作为观察、分析媒介文化现象的重要视角，因为意识形态已经不仅作为社会存在的反映物而存在，最重要的是，它越来越具有参与并改变社会现实的能力。媒介研究离不开意识形态批判，但前提是，对媒介做意识形态的分析时，对意识形态如何作用于媒介、功能如何实现也要加以考证。

霍尔对媒介文化研究的突出贡献，在于借鉴了马克思主义政治经济学的分析范式，通过分析媒介文化产品的生成过程，对媒介文化作为意识形态国家机器的本质，做了深刻揭示。二十世纪六十年代，传播政治经济学派的主张在英国广为流行，"以默克多和戈尔丁为代表的学者从生产、分配、交换、消费以及政治控制领域，剖析媒介及其传播行为的性质，强调政治经济

---

① Stuart Hall. "Encoding/Decoding，" Cultural，Media，Language［C］//Stuart Hall, Dorothy Hobson, Anthdrew Lowe, Paul Willis London：Hutchinson，1980：128 – 138.

② Stuart Hall. "Encoding/Decoding，" Cultural，Media，Language［C］//Stuart Hall, Dorothy Hobson, Anthdrew Lowe, Paul Willis London：Hutchinson，1980：128 – 138.

力量对于媒体的支配"①。默克多始终强调,媒介只有被安放在资本主义经济体系之中,才会在实践中对意识形态做出定位。霍尔在借鉴传播政治经济学派理论的基础上,运用政治经济学的分析范式,对于文化产品进行动态意识上的思考和剖析。这一思想体现在霍尔1973年撰写的《编码/解码》中,由此,霍尔在媒介文化研究领域受到广泛关注并产生了一定的影响。

在这一问题上,霍尔的主要观点为:

第一,把传播描述为生产、分配、交换、消费四个环节的统一,摒弃将传播等同于流通的简单分析范式。在社会生活中,媒介的作用不断扩大,针对媒介本身到底有无意义的问题,学者们形成了许多不同的观点和立场:一种是认为意义不在媒介本身体现,是统治阶级赋予了其意识形态功能。最典型的是传播政治经济学派和法兰克福学派持这种主张。另一种观点则主张,意义在媒介本身体现,对现实有着自身的解读方式,并日益向社会生活渗透,已成为西方社会具有相对自治性的"第三种权力"。霍尔认为,马克思对资本循环过程的分析带来了无限的启发,完全可以应用于媒介传播的分析。媒介传播在某种程度上也可以划分为生产、分配、交换和消费四个环节,并且每一环节都是不可或缺的组成部分,各有自身的独特存在规律和相对自治性。"没有一个环节能够保证下一个环节,每一个都是对形式渠道的打破和中断,而有效生产的流动就是依形式渠道的连续而定的。"②因而,对于传播的研究必须立足于对四个环节的分析并将其整合起来,才能获得对于传播本身的客观认识。也正是在对四个环节的深入分析中,霍尔看到,媒介在生产阶段运用自身独特的职业符码进行编码,生产出带有自身倾向性的理论主张,并借助精英学者们的论证,将其分配到不同的话语系统,力图引导大众对文化产品进行有倾向性的阅读。霍尔的见解是客观的,符合当代资本主义国家媒介发展的现实,这一点显然已经超越了法兰克福学派和传播政治经济学派的批判性主张。但同时,霍尔对于两派对媒介文化的意

---

① 刘建明.媒介批评通论[M].北京:中国人民大学出版社,2012:83.
② 罗钢,刘象愚.文化研究读本[C].北京:中国社会科学出版社,2000:352.

· 80 ·

识形态功能的分析也表示认同。

第二，重视分析传播的消费过程及意识形态效果，对传播进行权力视角的解读。英国文化研究学派早于二十世纪五十年代左右，就开始关注受众在媒介研究中的重要地位。威廉斯、汤普森、霍加特作为媒介文化受众模式的开创者，对受众的心理结构、情感结构等进行了较早的分析。霍尔在媒介文化研究中，继承和借鉴了这一方法，在政治经济学范式下，将受众比喻为消费者。他们的消费过程也就是媒介主导意义被解码的过程。消费者所处的话语位置不同，决定了他们不同的解读模式。霍尔将其描述为主导－领导权的地位、协调的符号或地位、对抗式的地位这三种可能出现的立场和观点。因为，媒介的主导意义受到消费者不同地位的制约。特别是当消费者处于对抗式地位时，它对于内容的理解，也将融化于对其主导意识的消解中。一旦话语斗争中加入对媒介文化产品的消费，话语斗争就变成了争夺意义的政治场所，传播者就必须无奈而又无条件地接受意义被人为地、系统地扭曲的结果。从消费视角分析这一过程，传播俨然成为权力争夺的场域。一方面，媒介权力通过形式多样的渠道和方法，向社会生活无限渗透，建构起对日常生活的软权力；另一方面，作为消费者的社会大众被日益分层、分类，他们凭借自身独特的话语体系，表现出或赞同，或协商，或抵抗的态度，释放出对媒介软权力的制约。

霍尔的媒介文化理论，丰富了马克思主义的媒介文化理论，不仅在内容上增添了关于媒介研究的新亮点，而且成为运用马克思主义的观点和方法，科学分析媒介文化理论的典范。同时，霍尔的研究开拓了文化研究又一新的领域，促成了文化研究和传播研究在新的社会发展时期的有机结合，进一步推动了文化的跨学科、跨领域的理论研究。霍尔的研究成果被学术界学者定性为文化的政治学理论，因为，霍尔始终坚持认为文化研究必须走出书斋，去关注社会生活、关注现实，从关注文化的意义之间，走向关注社会现实之间。霍尔对媒介文化的关注，便是这一信念在实践中的体现。在对大众媒介的分析中，霍尔始终在追问何谓媒介文化的政治性，并通过剖析媒介生产消费过程，阐释出媒介文化的本质就是"权力争夺场域"，同时指出，研究表明,媒介不是反映现实,而是建构现实的本质。霍尔的这一观点被称为意识形态研究中的"再发现"①。这相较于以往西方马克思主义者将媒介等同于统治阶级的意识形态工具的论断,显然是一个超越,同时,也为文化研究指明了方向,那就是,转向对现实政治的关注和研究,重视研究和拷问文化主张背后的深层意涵——现实策略与政治诉求,这对于马克思主义文化研究的创新与发展,无疑会起到思想启蒙和推动作用。

三、霍尔模式对于文化批判理论的方法论意义

二十世纪七十年代,霍尔创作的《媒介话语中的编码与解码》一文发表,引起学术界的广泛关注,在传播领域掀起认识论的新思潮。此文章的观点和立场有力地颠覆了美国传统主义的实证主义文化传播模式,进一步改变了实证主义研究对信息传递者与受众关系的线性理解形式,转为重点关注对受众主动性的研究,这种新型研究范式,推动了受众研究的不断向前发展,对学术界的传播学研究产生了极为深远的影响。"霍尔模式"也因此成为文化研究、传播学学科中经典的论述。在当今媒介形式多样化的新境遇中,不管信息传播的方式如何演化变换,"霍尔模式"都依然显现着它客观、合理的意义。因此,全面理解霍尔的编码/解码理论,并通过纷繁复杂的大众文化文本,解读传播者与接收者之间的错位与误读现象,发掘大众与传媒冲突、对抗、妥协中所隐含的深层次矛盾,对于加强当代中国的大众文化建设有着重要的现实意义。

英国文化研究学家约翰·斯多雷(John Storey)把《编码/解码》视为文化研究的又一里程碑,标志着文化研究又迈上了一个新的台阶。约翰·斯多雷认为:"如果我们要寻找一个文化研究从利维斯左派、悲观的马克思主义、美国传媒模式,以及文化主义与结构主义中脱颖而出的奠基时刻,那恐

---

① 约翰·恩古耶·厄尼.媒介研究和文化研究:共生趋向[C]//托比·米勒.文化研究指南.王晓路,史冬冬,译.南京:南京大学出版社,2009:157.

怕就是霍尔的《编码/解码》发表之时。"①普罗克特对霍尔的《编码/解码》评价说:"霍尔著述中最广为流传的、最具争议的《编码/解码》对二十世纪七十年代至八十年代的文化研究走向产生了巨大影响,成为该领域最为重要的关键词。传统上讲,这篇文章被看成是霍尔和 CCCS 研究走向结构主义的转折点,使我们更好地反思伯明翰学派的理论发展。"②

"霍尔模式"实质上是关切受众在整个传播过程中的地位和功能性,它把受众从传统的静态、透明和一成不变的状态中剥离出来,体现出受众意义的多变性、动态性、多义性。"霍尔模式挑战了大众传媒模式的三个要素。第一,意义不是简单的、固定的,或者被发送者所决定的;第二,信息绝非透明的;第三,受众也不是意义的被动接受者。"③在实际当中,关注"霍尔模式"最为重要的是,在媒介交际过程中认识信息、意义和受众在整个过程中的重要性。这是"霍尔模式"透明的关键之处。在霍尔看来,传播模式中的编码阶段"如果不赋予意义,就不会有消费。如果在实践中,意义没有被阐释清楚,就不会有任何作用。这种方法的价值在于,虽然每一个环节在阐释中对于作为整体的流通都是必要的,但是没有一个环节能完全保证下一个环节,尽管它要依据下一个环节才能阐发清楚"④。因此,这种可供解码的意义,就能够起到引导他人、产生影响的积极作用,同时解码过程中也伴随着极为复杂的情感、认知、感知、意识形态行为的结果,这对于受众来讲具有非常积极的意义。这种观点所依据的是霍尔文化领导权和接合理论中"非必然对应关系"或"有条件的限定论"的思想观点,所以呈现的意义为动态、接合的状态。在实践中,信息的产生和接收不是同一的,而是相互联系的,它们在一个整体的交流过程中,在社会关系形成的总体性中,是各自相区别的环节。也就是说,在"霍尔模式"中的信息内涵早期出现时,权力框架就已

---

① John Storey. Cultural Studies and the Study of Popular Culture[C]. Edinburgh University Press, 1996:9.

② James Procter. Stuart Hall[M]. London: Routledge, 2004:57

③ James Procter. Stuart Hall[M]. London: Routledge, 2004:59.

④ Stuart Hall. "Encoding/Decoding," Cultural, Media, Language[C]. Stuart Hall, Dorothy Hobson, Anthhrew Lowe, Paul Willis. London: Hutchinson,1980:128 – 129.

经蕴含在主流意识形态之中了。在编码阶段,信息的生产者和传播者占有具有支配地位的意识形态形式,对信息的编码起主导支配的作用,并已预设了他们的编码蕴含意义的优先权,这就关系到文化领导权和话语权的问题。在霍尔看来,应重点关注受众解码过程中的文化内涵。霍尔提出的这种编码/解码的新结构模式,使阐释的意义更加多样性。

总之,霍尔的编码/解码理论的精髓,主要是在特定环境下的某些话语体系中,将传媒的生产、流通、消费这三个过程具体呈现出来。霍尔创立的编码/解码的传播模式对大众媒介文化研究有着突出的贡献。一方面,"霍尔模式"突破了传统的"信息源—信息—接收者"的传播路径,在坚持马克思主义媒介理论的基础上进行研究,形成符号学的概念模式;另一方面,霍尔的三个解码的立场为其他学者的媒介研究提供了理论依托,也为今后的受众分析建构了新的研究框架。

第三章 霍尔的文化观

霍尔的文化批判理论立场建立在他独特的文化观的理论基础之上,将文化的根本属性——实践性、政治性挖掘了出来。在霍尔看来,文化就是表征和意指实践,文化的重要特性在于其政治性、多元性。霍尔在这个基础上构建了作为表征和意指实践的文化研究总体思路。霍尔通过差异政治学和阅读政治学开启了文化的政治学视域。

第一节 作为表征和意指实践的文化

在文化研究领域,"表征"作为当代文化研究中的重点词语,被学者们广泛应用和实践,在此基础上又形成了许多相关的文化研究理论。霍尔从马克思主义生产循环观出发,进一步探寻文化循环的模式,并将"表征"看作文化循环的主要环节,对其进行全面而又深刻的论述,使"表征"通过符号的意指性实践来产生意义,从而构成个体对世界的意义系统,并且使同文化中的个体元素及不同文化中的个体元素之间达成意义的交流与互动,从而构建了意义世界。

一、文化即表征

霍尔把文化视为能动性很强的表征实践,表征又为霍尔在更深意义上理解文化提供了可贵的视角。

(一)霍尔对文化的定义

霍尔认为:"文化是一种有区别力的独特形态,通过它,生活的这种物质组织和社会组织得以表达自身……文化是一个群体的社会关系被建构、被形塑的方式：但也是体验、理解和阐释这些关系形态的途径。"①在文化不断变化这一语境下，主体很难通过预想做出某种判断，主体间也难以各得其所，所以各主体始终处于不断协商的过程中。霍尔强调文化不是放任自流，也不是静止不动的。霍尔认为文化是斗争的场域，他主张学习和社会变革之间的互动。霍尔始终坚持，在文化领域，学者们需要通过不断的实践来深化文化的政治性，参与文化表征策略、权力技术及制度形式。

在霍尔看来，文化是具有主观能动性的，它使人们能够阅读和批判世界，至少从主体和可能性的立场上可以这样去做。文化的表征、制度和空间在现阶段是时代变化的本质，体现出文化所具有的教育功能。首先，从另一个维度来看，文化可以作为新技术、新制度出现，也可以被称为生产和实践的联合体。文化可以实体化，在空间和时间的维度下，它"可以传递的意义、信息和图像的范围、规模和种类"②不断扩大。其次，文化领域的信息不断变化，知识可被视为产品的原始状态，也就是说，文化既不是商品，也不是文本，而是"生产和权力斗争的场域"③，是"权力在现代世界中的关键阵地与武器"④。文化具有实体力量与知识论力量，要特别强调它作为改变身份与展现权力的场所的教育本质。那么，在这一语境中，通过学习不仅可以获得文化，可以获得文化主体资格，同时学习也是出于社会变革观本身的需要。当语境、社会实践和其他场域同文化进行结合时，这种特定的语境的意义就会凸显出来。

---

① [英]斯图亚特·霍尔，托尼·杰斐逊. 通过仪式抵抗：战后英国的青年亚文化[M]. 北京：中国青年出版社，2015：79.

② Paul du Gay, Stuart Hall, Linda Janes, Hugh Mackay, and Keith Negus. Doing Cultural Studies: The Story of the Sony Walkman[C]. Thousand Oaks: Sage, 1997:23.

③ Lawrence Grossberg. "Cultural studies: what's in a name?"[C]//Bringing It All Back Home: Essays on Cultural Studies. Durham: Duke University Press, 1997:248.

④ Lawrence Grossberg. "Toward a genealogy of the stae of cultural studies"[C]//Cary Nelson and Dilip Parameshwar Gaonkar, ed. Disciplinarity and Dissent in Cultural Studies. New York: Routledge, 1996:142.

(二)文化表征

在文化研究领域,"表征"(representation)是文化研究的关键所在,同时以"表征"为内核形成了许多外延理论体系。霍尔对"表征"的论述是最具有代表性的,他站在马克思主义的观点和立场来进行全面分析和思考,将"表征"作为文化循环的主要环节进行解读和论述。霍尔强调指出,文化循环产生的存在模式是这样进行的:"表征"的意义通过符号的意指性实践来生产,从而使个体对于世界的意义系统得以构成,并且使得同文化中的个体及不同文化中的个体之间达成意义的交流与互动。在这一语境下,"表征"不仅仅构建了意义世界,而且更重要的是,也构建了我们的文化世界。

1.表征的内涵

早在柏拉图和亚里士多德两人的论述中就已经出现了"表征"(representation)一词。在汉语语境中,representation 被翻译为"表征""表现""表象""表达""表述""再现"等,在同西方社会的后殖民文学和族裔散居文化身份等理论相联系时,被译为"表征"。"表征"是西方文化理论和后殖民文学中最有影响力的关键词之一,所涵盖的意义辐射到了人文科学领域以至整个社会,蕴含着丰富的哲学内涵和文化内涵。因为"表征"并非单指反映现实世界,同时它也是一种文化建构的形式。"表征"是西方文学理论和文化研究概念与语言之间的相互联系,它的外延和内涵都体现在表征所呈现的意义之中。霍尔把"表征"定义为:"表征是某一文化的众成员间意义产生和交换过程中的一个必要组成部分。"①在霍尔提出"文化即表征和意指实践"后,"表征"的含义被扩展到整个社会和人文科学领域。霍尔在《表征——文化表征与意指实践》一书中,对文化表征理论进行了系统的阐述:表征是通过语言产生意义。它有两个相关的意义。其一是指表征某物即描述或摹状它,通过描绘或想象而在头脑中想起它;在我们头脑和感官中将此物的一个相似物品摆在我们的面前。其二是指象征、代表、做什么的标本或

---

① [英]斯图尔特·霍尔.表征——文化表征与意指实践[M].徐亮,陆兴华,译.北京:商务印书馆,2013:19.

替代。① 霍尔认为"表征"离不开意义,跟语言也有紧密联系。霍尔强调,"表征"建立在语言的基础上,对各种概念的意义进行生产。在霍尔提出"文化即表征和意指实践"后,其表征理论为实践中的文化研究开辟了新的视野和空间。

霍尔的接合理论视域是其表征理论的来源,为其确立理论立场提供了视角。这主要体现为:"表征"与"接合"均来源于马克思主义理论,融合了葛兰西意识形态理论、语言学、结构主义、文化人类学等多种理论。"表征"理论的核心问题也就是马克思主义理论的核心问题。所以,在权力话语的社会历史框架内,从某种程度上来讲,"表征"与"接合"都是一种政治内容,同时也包含着所有的文化意象。

2. 表征的形式

霍尔还指出,表征与意识形态有着密切的联系。表征有反映论、意向性和构成主义三种体现方式。一是意义被视为存在于现实世界的人、客体、观念或事件中,语言如镜子般反映真实的意义;二是通达意义的表征途径,陈述了截然相反的理由,认为作者通过语言把他的独特意义强加于世人,词语的含义是作者认为它们应当具有的含义;三是认识到语言的社会、公众特性,"它承认,物自身和语言的个别使用者均不能确定语言的意义。事物并没有意义,我们构成了意义,使用的是各种表征系统,即各种概念和符号。因而这种理论被称作通向语言中的意义的结构主义或构成主义途径"②。意义赋予我们对自身认同的使命,这就与文化如何在各种群体中显现并保持同一性,以及在各种群体之间显现和保持差异等诸多问题密切相关。意义在所参与的各项活动的相互作用中,不断地被生产出来并相互交流。在实践中,复杂的技术和程序、各种传媒的作用使意义不断产生出来,当我们用各种文化物表现自己的主张和观点,围绕这些物编织故事、进行叙事之时,

---

① [英]斯图尔特·霍尔.表征——文化表征与意指实践[M].徐亮,陆兴华,译.北京:商务印书馆,2013:20.

② [英]斯图尔特·霍尔.表征——文化表征与意指实践[M].徐亮,陆兴华,译.北京:商务印书馆,2013:35.

意义便由此产生。意义还组织和规范我们的行为和实践活动,因此,意义有助于建立与完善使社会生活秩序化并得以管控的各种惯例、标准和规则。这也从一个侧面说明了,文化其实是由各种各样的意义构成的。

对于构成主义,霍尔认为有两种途径:符号学(语言学)和"话语"。前者主要植根于索绪尔语言学到罗兰·巴特"神话"的语言学及符号学传统。从符号的角度阐释文化和表征,是一种"诗学"。后者则是从福柯的"话语"理论出发,探讨了知识与权力的关系,认为话语建构了意义及有效的主体位置,而无所不在的弥散的权力是隐藏在意义背后的动力和深层原因。这是对"表征"的后果和影响的考察,是一种"政治学",而政治学也是社会文化中不可或缺的组成部分。

3.表征的建构功能

表征具有对语言、文化和符号进行编码、解码的具体功能,人的思想、经验世界被符号语言加以重现,可以用来更好地阐释文化的内涵。霍尔指出:"在文化中的意义过程的核心,存在着两个相关的'表征系统'。"[1]随着社会的发展与进步,人们对"表征"的理解和认识也在不断提高,并且将关注的重点放在权力与文本的连接上。"表征"理论之所以重要,成为文化研究和文学理论、文学文本研究的聚焦点,其根本原因就在于"表征"的功能。

"表征"的重要性体现在它的建构功能上。霍尔认为:"通过在各种事物(人、物、事、抽象观念等等)与我们的概念系统、概念图之间建构一系列相似性或一系列等价物,第一个系统使我们能赋予世界以意义。第二个系统依靠的是在我们的概念图与一系列符号之间建构一系列相似性,这些符号被安排和组织到代表或表征那些概念的各种语言中。各种'事物'、概念和符号间的关系是语言中意义产生的实质之所在。而将这三个要素联结起来的过程就是我们称为'表征'的东西。"[2]这说明,在文化和用以表述文化的

---

① [英]斯图尔特·霍尔.表征——文化表征与意指实践[M].徐亮,陆兴华,译.北京:商务印书馆,2013:25.

② [英]斯图尔特·霍尔.表征——文化表征与意指实践[M].徐亮,陆兴华,译.北京:商务印书馆,2013:25.

语言中,意义并不存在于客体、人或事物上,词语也不能表现意义,意义产生于表征系统的建构中。

4.表征与意识形态的关系

"表征"的特点之一是将观念系统重现,"表征"是对身份认同的表现(presentation),或建构一种有误的再现(misrepresentation)。在这一语境下,表现或建构都脱离不开意识形态、权力、话语和主体性,而文化表征最能体现复杂的意识形态关系。支配阶级拥有支配权力,垄断生产体制,拥有对大众审美情趣加以物化导向的社会机构关系,在某一历史视域下,可以通过符码的形式决定文化表征的内容和形式,对自己和他者进行自由的表征。这种现象就造成支配阶级可以通过文化表征遮蔽某些现象,或错误引导,使人蓄意误读。支配阶级还可以隐藏意识形态目的,模糊社会种族、族群、社会身份和后殖民语境中的文化表征差异及其内在的矛盾。

(三)语言作为表征的焦点

语言在表征过程中十分重要。霍尔强调:"隶属同一文化的人们必须共享广义上相同的一种概念图,他们也必须共享解释语言符号的同一个方法,因为只有用这一方法,意义才能在人们之间有效地交流。"①在具体实践中,视觉符号和形象所指称的事物具有高度相似性时的表征依然是符号,因而必须解释符号所含有的意义。为了诠释意义,必须进入语言系统和概念系统这两个复杂的表征系统,确保以相同的方式来阅读符号,传递准确的意义。霍尔在文化研究的过程中,把语言、意义、表征列为关键要素,是因为"归属了一种文化就是大致上归属于同一个概念和语言的世界,就是去了解各种概念和观点是如何转换成不同的语言的,以及语言何以能被理解为涉及或指称世界的"②。所以,在同一语境下透视、理解和诠释世界,该语境下的语言便成为用来表征人和事物特性的重要途径之一。意义是被表征系统

---

① [英]斯图尔特·霍尔.表征——文化表征与意指实践[M].徐亮,陆兴华,译.北京:商务印书馆,2013:26.

② [英]斯图尔特·霍尔.表征——文化表征与意指实践[M].徐亮,陆兴华,译.北京:商务印书馆,2013:30.

所构建出来的,在词语、人、事物和客体当中找不到意义的含义。事实上,要使意义在不同的语言和文化内部稳定下来,就需要用信码确定符号和概念之间的关系,以同一语境中共享的语言系统为基础,以掌控各方复杂转化关系的信码为根据,方可使意义在不同的语言和文化内部逐步稳定下来。

霍尔认为,在具体实践中,语言通过表征来进行运作,各类语言都是表征的系统,所有的实践活动都像语言一样运作。这并不是因为它们是被写或被说的对象,而是因为它们都使用了某些因素来表征自己的观点,来表达和传递某种思想、观念、概念、感受和感悟等信息。各种语言的表现方式,如表情、词语、声音等都是物质和自然世界的组成部分,这些组成部分对于语言的重要性不在于它是什么,而在于它做什么,在于它的功能,它们构成传递意义和意指。它们本身并没有任何清晰的意义可言,只是承载意义的载体和媒介,"因为它们作为代表或表征(也就是象征)我们想要传达的意义的各种符号来起作用"①。语言在这里是意指实践,任何一个表征系统,只要是依照这种方式来发挥它的功能与作用,那么,就可以被认定为根据语言的表征原则来运作的。

(四)话语作为表征意识形态的方式

霍尔认为语言是表征的重要工具。霍尔从语言出发,论证了语言、话语与权力的关系——语言构成的话语与权力和意识形态密切相关,它们总是交织在一起。一种话语的形成,必将会对其他的表述方式起到限制、排除等作用,并生产出各种各样的知识来。

综上所述,在表征中,运用各种不同语言的符号,同他人交流不同的意义。在实践中,语言通过符号去代表、象征或指称现实中的各种人、事和物。同时,它们也能指称各种幻想的世界和幻想的事物,或者说指称具有明显的意义,但是不属于物质世界组成部分的各种抽象观念。比较现实世界和语言,我们会发现两者之间不存在简单的模仿、反映或其他对等相称的关系。

① [英]斯图尔特·霍尔.表征——文化表征与意指实践[M].徐亮,陆兴华,译.北京:商务印书馆,2013:7.

在自然界中,语言不可能如镜子般运作,把精确或不精确反映在语言之镜中。在语言语境下,意义是在语言范围内、在各种表征系统中,直接或间接产生出来的,是通过表征的实践和运作构建出来的。

二、文化即意指实践

长期以来,马克思在研究资本主义制度时一直采用宏观的方法,这就造成了误解,很多学者在研究的时候也只考虑宏观的研究方法。但其实实践一直是马克思主义倡导的研究方法,马克思主义是"批判的武器",还要进行"武器的批判"。尤其在文化研究方面,离开了社会和历史的主体实践活动,将无法解释世界和改变世界。

意指实践是动态的表征,是表征的重要功能之一,也是表征、再表征、反表征的有机统一体。"表征"的意义是意指实践代表或描述的"现实"世界中的另一对象或实践的过程,这一过程,也就是表征的意义,是一种文化构建。再说,表征隐含的是对选择、表达、构建和塑造过程的主动作为,是主动赋予意义,而不是传输一个原本存在的意义,这是意义的实践和生产的过程。因此,意指实践是产生意义,使事物具有意义的实践产物,它是随着文化、社会,以及语境要素不断主动变化的,并不是沉默被动的,是意义在现实世界中的构建问题,是文化的深刻体现。

意义赋予我们对自身的认同,这就与文化如何在各种群体中显现并保持同一性密不可分,还与文化如何在各种群体之间显现和保持差异密切相关。意义不断地在参与各项活动,并且在各项活动的相互作用中被生产出来,然后意义得以交流。意义也通过复杂的技术和传媒产生出来。当我们用各种文化物表现自己的主张和观点时,围绕这些文化物编织故事、进行叙事之时,意义便由此产生。意义还组织和规范我们的行为与实践活动,因此,意义有助于建立和完善各种惯例、标准和规则,使社会生活秩序化,使社会生活得到管控。这也从一个侧面说明了,文化其实是由各种各样的意义组成的。因此,表征过程、方式或形成的概念系统,常常与权力、意识形态、社会性别、种族、主流与边缘、支配与被支配等重要问题相关联,形成复杂的社会实践。因此,表征的文化内涵也就是文化表征,它所蕴含的意指实践也就通过文化表征彰显出来。意义通过意指实践建构的功能,与社会学、知识学、文化和权力密不可分。在实践中,哪种表征会成为霸权性的或主导性的,最终取决于特定历史时期的一系列社会力量所起的作用。

我们思考不同文化是如何对世界进行分类的,以至于对意义和表征有何影响不太关注。英国人对霜和雪做了区分并进行实践,"而不得不生活在一个非常困难、更极端和充满敌意的天气中的伊努伊特人(爱斯基摩人),明显拥有更多的关于雪和下雪天气的词语"①。实践中,有关雪的用语——伊努伊特语言,出自斯科特极地研究院,"相对于英国人而言,伊努伊特人拥有一个关于气候的复杂类别的概念系统"②。我们知道文艺作品《史密拉小姐对雪的感受》中"对急流中的粒状冰"进行了生动而又细腻的描写,"被揉捏到一起成为一团浆汤,叫作粥状冰","只消一小时,它就会冻成固态的一大片"。他们的语言系统隐含着的构造天气概念的方法是不同的。经验依赖语言和概念表征世界,如果意义在本质上不是某个固定的事物的结果,而是文化的、社会的和语言的既往惯例的结果,那意义就不能被最终固定。当然,语言必须有某种固定的意义表征,否则人们在现实生活中就不能互相理解。在不同的语言之间,语言的信码是在不断变化着的,有许多的文化并不适合于被广泛接受的、普通的、各种概念的词语,各种词语的应用被不断创新发展,也就是说,"意义并不内在于事物中。它是被构造的,被产生的。它是指意实践,即一种产生意义、使事物具有意义的实践的产物"③。意义是被表征的实践和具体操作所产生出来的,它是通过意指实践(即意义的产生过程)才得以构建的。因此,在实践中,分析和考量文化的一种方式是以这些共享的概念、共享的语言系统和各种符码为依据,也就是把表征的阐释置

---

① [英]斯图尔特·霍尔.表征——文化表征与意指实践[M].徐亮,陆兴华,译.北京:商务印书馆,2013:31.

② [英]斯图尔特·霍尔.表征——文化表征与意指实践[M].徐亮,陆兴华,译.北京:商务印书馆,2013:31.

③ [英]斯图尔特·霍尔.表征——文化表征与意指实践[M].徐亮,陆兴华,译.北京:商务印书馆,2013:33.

于"文化"的维度和视野中去观照和探讨,最终使表征所蕴含的意义显现出来。这种认识是使表征所体现出来的概念、符号、语言和意义等内容形成一个完整的结合体,并把它们视为一个动态的统一体,具有文化建构和意指实践的功能,同时具有没有完成的文化特性和文化属性。因为,文化表征呈献给现实世界最为重要的核心即为"意义",所以,"意义"是实现文化表征和意指实践的一个重要斗争场域。

第二节　文化的政治性

在马克思主义理论科学观视域下,霍尔在对文化的政治性进行研究的时候,并没有像其他学者一样,仅仅使用经济学的视角阐释文化现象和文化行为的发生,而是侧重以文化的政治性为视角,阐释文化的进程和本质。霍尔认为,文化策略和手段可以通过大众阅读来实现——阅读政治学。文化之所以能够不断进步,是因为差异带来了文化生产的动力。与众不同又异中有同,文化的多元性也使得许许多多差异类别下的社会问题派生出政治问题,即文化是政治变化的基础。上述思想演变成了霍尔的差异政治学。

一、霍尔的阅读政治学理论

二十世纪六十年代创建的伯明翰大学当代文化研究中心,在研究中结合符号学和结构主义的理论,使文化马克思主义重新关注大众阅读。在此基础上,霍尔把新兴的大众传媒文化作为研究的文本,不断挖掘大众阅读的内核——大众阅读是可以实现政治的文化策略。在某种程度上,大众阅读能够影响主导集团的意识形态,实现读者(大众)、文本(大众文化)与世界(意识形态、文化领导权)之间在社会历史发展进程中的相互促进、共同进步,从而不断实现由单纯的文化向政治实践的跨越。

(一)语言与意义

在二十世纪六十年代初,霍尔就意识到文化所发生的巨大变革,"你不能再像原来那样,在考虑完经济、物质之后,再加上文化的脆皮。你不得不把文化看作人类日常生活的模式,文化是人类发展的中介和历史性进程"①。通常,我们对艺术和生活有不同的反应。现实处于不断的变化和形成之中,现实的社会不仅仅是由政治、经济等元素构成的,它也是一个对自身不断发展进行交流和认知的过程。艺术作品与现实生活之间存有明显的差异,纯粹的审美关系到伦理的价值。在社会发展进程中的某个时期,人们道德意识淡薄、世风每况愈下,这种可怕的社会恶果不是自然产生的。这足以说明文艺作品在社会环境中的影响不可被忽略和小视。艺术作品中的"道德声明是通过话语表达出来,也就是说,嵌入到艺术表演风格中的"②。无论是哪种形式的文艺作品,其风格都携带着意义,"没有中立和伪装的主题"③,因为价值观的呈现,注定要同文艺作品的风格相关联,并深深地蕴藏在作品的结构当中,而不是浮现在情节和选题上。人们在相互交流时往往会强化这种预设的意义,而极少起到改变它的作用。由此,各种经历、观点、价值以各种方式传递出来。

霍尔认为,现实是存在于表征实践之中的,文化又是一个表征的体系。任何事物的意义都处于表征之内,表征可以构建事件的本身。表征进入事件并成为事件的一部分,使事件具有了意义。在现实中,如何把"真实意义"表征体现出来很重要。意识形态想要固定形象和语言的意义,使意义能够"看起来"自然或固定不变,可实际上,意义总是处于不断的变化之中。

在实践中,形象会有不同的意义,形象无法保证会按照最初被创建时的方式运行和发展。信息的传递——知识,总是与权力联系在一起。其实,表征要比其表面的表现更复杂,表征是对现实社会的反射和再表征。因为表征意味着呈现、映像和描述。而当再次描述和呈现时,这个过程是否准确的问题就是我们文化研究的对象所在,不是为了寻找"真实意义",而是为了挖

---

① Stuart Hall, Paddy Whannel. The Popular Arts[M]. Boston:Beacon Press,1964:28.
② Stuart Hall, Paddy Whannel. The Popular Arts[M]. Boston:Beacon Press,1964:30.
③ Stuart Hall, Paddy Whannel. The Popular Arts[M]. Boston:Beacon Press, 1964:32.

掘在事件发生的过程中,其意义是怎么产生的。霍尔认为,学术工作可以用来帮助重新控制那些不易被普通人掌控的、失控的和主导世界的形象。"使用者"(user)在使用一个文本——无论是一本书、一张图片,还是其他作品时,不是简单地接受原作者嵌入的意义,而是去积极地解读。对文本的接受、协商,或者抵制和拒绝,霍尔称其为"理解的注脚"(the margin of unders-tanding),这是一个全新的关于大众解读的方法和观点。

(二)媒体与意识形态

关于意识形态的实践化阅读政治学的理论建构,使大众的阅读行为可以实现政治效果。霍尔把媒体的符号与意识形态联系在一起,特别是把媒体话语与种族偏见紧密联系,符号学在这里体现的持久的历史意义,明确了意义的非自然化特征和其具有的鲜明的社会化特征。在实践和文化的语境中,符码不是自然生成的,其意义一直在不断发生变化。

霍尔在 1980 年伯明翰当代文化研究中心论文集中的《文化,媒体与语言》一文中强调,媒体的模式不再是直接的影响,自大众交流研究产生以来,"范式的中断"(paradigm break)成为媒体的一种表现形式。现实中,媒体起到了一种更加宽泛的意识形态作用,以前受众被认为是被动的受众,如今却具有更加积极的概念,因为"观众在处理编码、文本和解码的过程中愈加表现出主动性"[①]。受众积极解读的观点,曾经被"过度简单化"(over-simplis-tic)。然而,受众不是完全自主的个体,也不是同等水平的大众,而是由社会化的个体所演进形成的群体。受众的解读取决于"共享的文化因素和实践模式",文化因素的形成反过来又受控于个体在社会结构中的地位。在媒体传播信息的过程中,存在着发送者与接收者信息不对称的现象,这种断裂或中断是由社会权力结构所决定的,是由英国社会的文化成因和不同阶级所带来的不同解码方式造成的。所以,文本的意义是不能够被直接阅读出来的,而只有在特定的环境和特定的条件下,在某些话语体系下才能被阐释出

---

① Stuart Hall. Introduction to Media Studies at the Center, Culture, Media, Language[C]. ed. Stu-art Hall, Dorothy Hobson, Anthdrew Lowe and Paul Willis, London: Hutchinson,1980:117 – 118.

来。也就是说,没有任何话语与社会阶层无关。这就充分地说明,社会文化力量及其分化力超越了社会阶层或阶级本身,社会中的每个人都可能进入若干个话语体系,在某种程度上,有些话语会相互关联、相互补充,而有些话语"却互相矛盾、彼此抵触"①,之所以如此,是因为话语深藏在社会结构内的文化差异。

在现实中,社会结构和阶层的不同带来了文化的差异,在各种不同文化指引的境遇下,大众对于信息的诠释和解读在不同程度上就会受到一定的限制。同时,在不同大众解读信息的过程中,符号和资源物质的差距也会对他们产生不同影响。霍尔指出:"我曾想摆脱那些观点的起源出处,我们已身处历史中,因此,话语也是散漫无序的。"②要真正准确地阅读全部内容,就必须深入探寻和进一步挖掘编码者是怎样选题、实践和进入话语体系的。因此,霍尔认为,赋予世界意义的人和受众,他们之间的实体力量并不具有相同等的水平。霍尔认为:"首选的阅读只是显示了你是否驾驭了媒体,只有拥有它、书写它,才说明在某种程度上可以塑造它。"③

在实践中,霍尔特别关注与重视阶级种族的问题。对种族和阶级在被压抑状态下产生的各种意识形态的批判,使文化多元的环境与氛围逐步形成。在这样的现实境遇中,霍尔对文化如何再生产出性别歧视、边缘群体、种族主义、生活方式等各种偏见进行了阐释。多元文化社会强化了不同文化的价值和不同文化群体的存在价值,展示出不同群体被主流文化忽视的经历和沉默的声音,让边缘群体受压抑的声音得到释放,并彰显它们自身的重要性和合法性,从而使它们在现实中体现出人们自我解读的选择和抵制

① Dauid Morley. Reconceptualizing the Audience[C]//CCCS Stencilled Paper No. 9. The Nationwide Audience. London:British Film lnstitute,1980,p. 162.

② Stuart Hall. Reflections upon the Encoding /Decoding Model:An lnterview with Stuart Hall, Viewing, Reading, Listening:Audiences and Cultural Reception[C]. ed. Jon Cruz and Justin Lewis, Boulder:Westview, 1994:256.

③ Stuart Hall. Reflections upon the Encoding /Decoding Model:An lnterview with Stuart Hall, Viewing, Reading, Listening:Audiences and Cultural Reception[C]. ed. Jon Cruz and Justin Lewis. Boulder:Westview,1994:256.

主导编码的意义,并产生批判解读。霍尔的这种理论思想使人们关注各种领导权和权力关系,同时也突显了多元文化政治和媒介的显赫地位,集中体现了媒体文化的掌控力度,并因此进一步增强了个体的力量,产生自身的意义,有效抵制媒体文化产品的主导意义。

霍尔提出的文化研究批判的观点,对于传统意义上认为消费者是被动的这一观念来讲,是一种挑战。他还特别强调,人们在阅读的过程中可以采取不同的方式来诠释和接受文本,从而为某个文化产品或文本赋予新的意义。生产经历的本身就是意义生产的过程,根据人、事、物等的自然状况的不同,对其解读的意义也会更加多元。曾有评论家将霍尔早期的理论称为文化转向,把霍尔后期的文化研究理论称为关联政治学。然而,对于霍尔而言,生产统治阶级主导话语的场所显然是大众媒体,但同时媒体也是意识形态不断争斗和博弈的场域,众所周知,文化领导权并不是以武力或阴谋来实施的,而是依靠大众对主导话语的全面接受和认同。在这个过程中,媒体成为让优势阶层争取到劣势阶层支持与认同的重要途径,特别是作为大众媒体的电视和网络,它们在话语编码的过程中,往往以一种暗示和隐喻的符码形式将主导意识形态的话语编辑出来,让社会与民众广泛接受和认同某种精神框架。

霍尔认为,在传播的过程中,事物的本来面目并非如此,而在研究和分析的过程中,对于解码者存在的差别完全没有明晰。在实践中,解码者自身的立场和观点,其对于发送者意图的消解,甚至排斥是不能忽视的,因为在解码的过程中,解码者本身具有一定的自主理解能力和分析能力,这已经成为民主社会极为重要的特征。在研究和分析的同时,霍尔还对当时占主导地位的实证主义传播学派进行了批判,认为实证主义传播学派对传播结构进行了纯粹的技术分析和处理,致使传播结构完全被"概念化"了,对信息建构的意识形态深层次的维度没有重点关注到,对于传播结构的整体化缺乏深入的研究和探讨,所以,实证主义传播学派的理论无法说明"观众接收实践的二次进入"。除此之外,对于同实证主义学派长期执着于内容分析的做法,霍尔持有否定的观点,对于他们的立场和观点,霍尔也并不表示认同和支持。霍尔认为,不仅传播结构的核心是内容,传播形式和渠道也很重要,不可忽视。同时,霍尔通过对选择性感知理论、"符号学"理论以及"有效传播论"等理论进行研究和分析,认为在传播过程中,要特别关注阐释工作和话语实践的重要作用。正是在这种"破除传统观念的束缚"过程中,霍尔对于传播学研究范式的阐释脱颖而出:

第一,霍尔自始至终坚持和认同历史唯物主义的阶级分析范式。霍尔认为,发送者和接收者"没有必定的对等性"。传播者之所以传播不成功,其原因是"作用的流动出现障碍",更深层次的原因是编码者和解码者所处的阶级地位和身份不同,这造成了对符码不同的认知结果,人们在现实社会中位置的差别,很大程度上决定了其作为观众时解码立场的差别。因此,在传播领域,传播的有效性不仅取决于观众对于传播信息的认知程度和水平,更取决于解码者的立场和要求是否作为"反馈"返回到再生产的过程当中,并成为一个新的起点。传播有效性通过话语实践去建构"共识",进一步增强解码者对于主导社会文化秩序的认同。霍尔通过对解码者三种不同立场的阐释,揭示出社会经济关系、阶级地位是根源因素。霍尔对于阶级分析范式的借鉴和运用,使霍尔对受众的研究不断走向新的高度。

第二,霍尔认为传播结构研究具有政治经济学范式,运用政治经济学范式能使研究走向开放。他将马克思政治经济学中的"生产过程分析"策略借鉴到传播学的研究之中,通过将生产过程具体化为生产、交换、分配、消费四个环节来分析传播过程的四个阶段,从而为文化传播学研究合法性的理论奠定了坚实基础。

第三,霍尔在传播学的研究中引入"话语权""意识形态"等理论视角,使历史唯物主义的分析框架得到进一步创新。霍尔的传播学研究虽然看上去呈现"去政治化"的趋势,但却日益凸显出传播者的相对自治性。即使在民主高度发达的时期,在传播学研究领域中,意识形态维度也绝对是不能被忽视的战略高地。在复杂的社会结构中,如果看不到多个话语领地存在的事实,看不到传播结构双方对"话语权力"的争夺的话,那么就等于宣告传播的结果是失败的。只有全面分析和研究话语实践对于信息建构的重要作用,才可能深刻意识到传播的真正目的和意义就在于使观众对主导社会文化秩序产生认同。霍尔通过分析意识形态话语权在传播过程中的呈现,将传播学从对表面现象的研究延伸到对内在本质的探讨和阐释,在传播结构中进一步体现意识形态和文化的隐性作用,使历史唯物主义的分析框架得以重新建构,这也使霍尔的文化理论在当代学术研究领域显现出重要的时代价值。

(三)解读政治语言

在现实的语境下,当需要透视文化的壁垒、穿越文化的屏障时,对于同样的信息,他者的解读过程会与土著人的解读、与原来的编码者的真正意图大相径庭,语言文字表面上的意义可以被解读,但其在文化方面所蕴含的深层意义必然会被遗失。这种情况表现在政治语言上,会衍生出更加有意义的现象,也就是政治语言的模糊性、混杂性和不确定性。例如,国家领导人和其他政治家的话语一般都富有深层意义和多重含义,如果不进行深入分析,这些意义就很难被大众完全理解和接受。但是,用模糊不定的意义来规避更多的错误与失误,这或许就是政治家的目的所在。霍尔曾举例:"你是我们中的一员吗?"这是撒切尔政府频繁使用的语言,其中的"我们"很耐人寻味,在他们的定义里,我们"英国人",并不是指"爱尔兰人",也不是"苏格兰人",更不是移民的后代"加勒比黑人",但实际上英国本土白种人的比例越来越少。在 2006 年的爱丁堡艺术节上,专栏作家雅思敏·阿丽·拜布朗(Yasmine Ali Baibulang)做过相关调查,在会议现场的 400 人当中,只有 3 人是纯粹的英国人。撒切尔政府用"撒切尔主义"将持有不同政见、处于不同政治阵营的人们凝聚到一起,这种文化和意识形态范畴的问题,以一种"复杂的方式贯穿于政治、社会、道德和经济中"①。在意识形态话语语境下,"语言是文化研究的核心,是生成意义的手段和媒介。文化可以被看作意义

---

① Stuart Hall. Old and New Identities, Old and New Ethnicities[C]//Anthony D. King, ed. Culture,Globalization and the World-System:Temporary Conditions for the Representation of Identity, Macmillan in Association with Department of Art and Art History. Binghamton:State University of New York, 1991:66.

的管理地图,并建构需要声明意义的主体和实践的一切话语。文化是特定时间和空间里话语游戏的快照,暂时绘制了瞬间稳定的意义……在现代西方社会,文化围绕着阶级、性别、种族和年龄被历史地建构着。意义被暂时锁定的过程是权力和文化政治学的问题"①。

在现代社会视域下,霍尔认为各种权力之间的关系相互联结,又相互抵制。他认为,这"根本不是单一的'权力游戏',更像是一个充满各种政策、多种权力,并且相互关联、纠结的网络"②。因此,霍尔强调:"当我们阐释意义时,要格外谨慎,要从历史的角度做出自己的判断,本质上来讲,那就叫阅读政治学(a politics of reading)。"③实践中,我们要特别关注政治语言的复杂性,无论是对主导意义镶嵌的政治家,还是对阅读意义上的普通大众来讲,都有政治学的存在,它是关于政治的政治学。

(四)身份的政治学

霍尔在 1997 年从开放大学荣休后,一直活跃在多个理论前沿和文化政治学的舞台上。他曾在兰尼美德委员会(Runnymede Commission)任职,该组织是一个研究英国未来多种族文化问题的委员会,是由历史学者、政治学者和社会学者组成的,领导该组织的主席是政治学家比库·帕雷克(Bhikhu Parekh)。该组织自 1968 年成立以来,在英国社会有着广泛的影响,在建构英国文化、种族多元社会过程中,架起了政府决策者与普通民众沟通的桥梁,起着积极的推动作用。在该组织的委托下,霍尔所在的委员会完成了报告《英国多种族的未来》。这个报告认为,对于身为亚裔和黑人的英国人来讲,在历史上他们的英国身份已经被种族主义化了,并已经被刻上了帝国统治的集体记忆。他们不是抵制英国性,而是要求扩大英国性,并重塑英国历史,使其与一个多文化的现实社会相符合。霍尔在《卫报》(Guardian)上发

---

① Cris Barker. Cultural Studies: Theory and Practice[M]. London: Sage, 2000:94 – 95.

② Stuart Hall. The Meaning of New Times[C]//David Morley, Kuan-Hsing Chen, Stuart Hall: Critical Dialogues in Cultural Studies[C]. London: Routledge, 1996:234.

③ Stuart Hall. Reconstruction Work: Images of Post-War Black Settlement[C]//Jo Spence. Family Snaps: the meanings of domestic photography. London: Virago, 1991.

表文章,强调"我们是讲历史上的英国性思想带有'大量的未经言明的种族意蕴'——意思是说,在一般意义上,这个国家通常被想象成白人的……我们没有任何理由认为这种情形会一直持续下去,永远不会结束"①,积极捍卫了这份报告的立场和观点。

在霍尔看来,英国的大多数黑人被视为英国的历史与文化之外的移民,他们并没有被纳入英国的历史版图,但事实上,移民是全球资本主义和英国的历史经验所塑造的一个流散群体。所以,要将这个流散群体放在英国历史的中心,而不是将其视为边缘群体。流散群体与其他人分享非洲黑人的流散经历,同时又被英国特殊的历史环境所构造,他们的阶级经验已经被种族范畴过滤掉了。

在此基础之上,霍尔将自己的文化理论定性为两个方面:一是马克思主义的基本理论观点,它把对种族的区分视为根源于历史经济条件基础上的现象。二是社会学的观点,认为文化与社会是不可还原的两个方面。在霍尔看来,种族结构不具有普遍性,只是历史性的,不能只用经济条件来解读,但也不能在解读的过程中不重视经济条件的存在。霍尔试图以历史与经济所决定的客观条件来建立种族动态学,同时坚持它们的独立性与特殊性,即霍尔所认为的"别的东西"。他通过重新思考社会形态的结构动力,建构了一种协调的中间立场,并借鉴阿尔都塞的理论观点,把社会看作一种结构化的总体性,其中,不同的结构层次包括政治、经济、文化、意识形态等方面。既是独立自主存在的,同时又是被结合的——霍尔用这个描述表示它们的关系是不牢固的偶然的联系,由此证明"从属关系不再是必要的了"。

总之,阅读政治学传承了英国工人阶级文化传统的革命性特征。首先是大众阅读理论;其次,在实践中,阅读政治学的群众基础来源于二战后的英国成人教育普及和新左派运动,同时,大学文化研究机构的创建也为阅读政治学提供了牢固的群众基础。

---

① The Commission of the Future of Multi-Ethnic Britain, The Future of Multi- Ethnic Britain. London: Profile Books, 2000:46.

二、霍尔的差异政治学理论

差异政治学是霍尔在二十世纪末最感兴趣的话题,最初的论争就是关于反转话题的复杂隐喻过渡,标志着混杂性和偶然性。与上面论述他的阅读政治学一样,对曾经被认为种族身份、自然而然的国家政权、媒体语言等问题进一步思考和研究。

(一)历史的差异

在实践中,差异会进一步引起文化生产动力的形成,差异虽然与众不同,但是二者又异中有同,是相互关联的关系。在全球化的今天,在多元文化的境遇下,也会产生诸多的差异类别下的政治现象和问题。在现实中,转变他者原来的观点立场、转换和产生新的有关界限和差异的思考,有助于创新对待差异的观点。

霍尔有论:"被殖民的他者建构在世界中心的表征体制内,在他者的边缘地带,在英国视角的属性里及所有与之相关的'英国眼睛'里。"①"成为英国人,也就是说⋯⋯和全球各地的人衡量一下。当你了解了别人是什么样子时,你才明白你自己不是他们那样的,从这个意义上讲,身份总是一种通过否定的视角被建构出来的表征体系,在身份被建构之前,总要穿越他者的注目。"②通过差异,身份被建构出来。后殖民身份和后现代身份就这样在霍尔的视野里相遇了,霍尔的差异理论集中体现在他二十世纪九十年代之后发表的许多作品里。

文化社会丛书《理解现代社会》,不仅历史地记述了现代工业社会的形

---

① Stuart Hall. The Local and the global:Globalization and Ethnicity[C]//Anthony D. King, ed. Culture, Globalization and the World-System:Contemporary Conditions for the Representation of dentity, Macmillan in Association with Department of Art and Art History. Binghamton:State University of New York, 1991:21.

② Stuart Hall. The Local and the global:Globalization and Ethnicity[C]//Anthony D. King, ed. Culture, Globalization and the World-System:Contemporary Conditions for the Representation of Identity, Macmillan in Association with Department of Art and Art History. Binghamton:State University of New York, 1991:21.

成过程和其在当今社会的转换过程,还指涉了社会、经济、文化问题,以及关于主要历史概念、社会历史事件的当代文化界争论的焦点、热点问题,对于这些问题都做了详尽的分析和研究。霍尔在所撰写的文章中,系统地阐释了差异问题和差异政治学的观点。《西方世界和其他世界:话语与权力》(*The West and the Rest:Discourse and Power*)、《文化身份问题》(*The Question of Cultural Identity*)、《地方和全球:全球化和民族性》(*The Local and the Global:Globalization and Ethnicity*)、《新旧身份和新旧族性》(*Old and New Identities,Old and New Ethnicities*)几部作品构筑了霍尔差异政治学的理论观点。

在霍尔看来:"对于现代社会的分析侧重于对文化和社会身份的建构过程,这一过程使具有相同属性的人们被吸引到一起,成为'想象的共同体',建构出具有象征意义的疆界,用来界定谁不属于这个共同体,或者在此共同体之外。许多世纪以来,'基督教徒'或'天主教徒'是西欧人共同具有的身份特征,'欧洲人'慢慢演化为一种身份标志——伴随而来的有语言之建构、形象之建构和符号之建构,所有这些差异性建构构筑了这个团体,并使之区别于其他。"①具有历史意义的社会变迁,是一个历史发展的过程,这个过程始终伴随着社会结构、文化空间、政治、经济的变化。所以说,转换既是结果,也是过程,既是结构,也是实践。霍尔说:"连续的历史往往充满了无数的中断、断裂和反转。"②因此,不能主观地认为现代社会是在某一历史时刻形成的,因为在很大程度上,这种历史时刻是由诸多各种各样的历史过程构成的。在这些过程中,有许多历史事件或许是偶然,或许是意外发生的,它们的演进过程并不一定按常规的逻辑进行运转。霍尔以英国二十世纪五十年代流行的现代化理论为例,认为现代化是所有的社会最终都会走向的一个终极目标,现代性和资本主义两者之间有着必然的联系,充满了巨大的形

---

① Stuart Hall. Introduction,Formation of Modernity[C]. London:Polity Press & Open University,1992:6 – 7.

② Stuart Hall. Introduction,Formation of Modernity[C]. London:Polity Press & Open University,1992:8.

构力量。但是,实践中这并不是唯一的力量元素,如果没有特定的社会、文化和政治条件,现代化就很难实现。因此,多重的逻辑关系体现在现代社会的形成过程中,简单或者单一的因素很难促进社会向前发展。霍尔强调的不是相同点或相同的元素,而是差异性。

学界的学者们认为,差异要比统一具有更强大的历史意义。霍尔认为现代社会的形成没有绝对的开始,更没有预设的终极目标。用语言表达它的开始、发展、结束,是为了叙述逻辑的需要。德里达的《书写与差异》(*Writing and Difference*)对这种历史的断裂做了详尽的分析和论述,霍尔认同德里达的这种差异观点,与符号之间各有意义,没有等级和二元对立。每个要素因为差异相互关联,使文本、作者、读者和意义的关系得到重新解构,读者的阅读过程被视为二次创作的过程,没有被阅读的作品只不过是由语言和符码编织起来的半成品的文本。所以,只有经过读者阅读并参与解释的作品才是有意义和完整的。德里达的这种理论颠覆了二元对立的观点,强调的是无任何联系的、纯粹的差异关系。因此,霍尔坚信历史是由断裂、偶然和与差异物相关联的横断面构成的,而不是环环相扣的连续、统一和必然。

(二) 西方与其他世界的差异

霍尔在《西方世界和其他世界:话语与权力》中,重点阐释了西方世界和他者世界的思想构建,阐释了两者之间关系的表征。霍尔认为西方世界是一种历史性构建而来的身份,与地理位置无关,是一种相对于其他世界建构出来的历史性的名词,同时也是相对于他者世界的高度"文明"地位。

霍尔在研究的过程中,提出了发人深省的问题"哪个地方是西方"①。霍尔在文章中的思想体现在:一是"西方"把社会分类化,为人们的思想意识和知识界定了一个固定的框架;二是"西方"是一个形象,或者说是一组形象,把许多不同的特征浓缩在一个画面里,"西方"要表述的是关于不同特征的

---

① Stuart Hall. The West and The Rest: Discourse and Power, Formation of Modernity[C]. London: Polity Press and Open Universety, 1992:276.

人物、地点、文化、社会等诸多方面的景象,它是表征体系,是与相关的形象和观念相关联的;三是"西方"提供了一个比较标准的模式,用来比较各不相同的社会在怎样的情形下相似和相异,有助于解读差异性;四是"西方"提供了一个评判的标准,在这样的标准里,它产生了某种主体和态度的知识,它具有意识形态的功能,西方的概念是在特定的历史条件下形成的。那么,西方的思想也是在特定的历史条件下形成的,西方的思想并不是简单反映了西方社会,而是反映了社会形成的过程。西方的概念成为处理全球关系的一个组织因素和组织理念。霍尔表示:"西方的思想主要围绕着启蒙运动,而启蒙运动是一件非常欧洲化的事情。"①欧洲社会认为启蒙运动是人类历史上最辉煌的阶段。学界理论家们始终坚持,意义总是依赖于意义体系内不同词语或术语的相互关系。索绪尔曾经说,白天和黑夜这两个词本身并没有任何意义,正是其间的差异赋予了它们意义。西方认同的形成,不仅是西方欧洲社会内部演化构筑具有清晰特征的社会,而且是通过与欧洲认同感不同的其他世界而形成的。

霍尔曾指出:"西方世界从来没有真正明白中国、中国文明和中国历史,英国人曾经熟悉香港和上海及沿海贸易中心,但却没有接触到稠密的人口和广袤的陆地,尤其没有接触到浩如烟海的古代中国历史,没有真正了解经典的和接近现代的中国。"②霍尔坚持认为,重要的是要把中国当作文本来阅读,把目光转向中国,而不是去评论中国,"不是重新为我们生产中国",而是"对这个文本进行理解的实践和不理解的实践"。③ 最大限度地去理解和融入文本的"作者",从而生成或构建意义。霍尔在《西方世界和其他世界:话语与权力》中论述道,关于东方,是按照距离欧洲的远近而形成近东、中东和远东,使之命名国际化。说什么样的语言,就代表你是什么样的种

① Stuart Hall. The West and The Rest:Discourse and Power, Formation of Modernity[C]. London: Polity Press and Open Universety,1992:278.

② Stuart Hall. Introduction, An Eye to China, David Selbourne. London:Black Liberator Press, 1975:1-8.

③ Stuart Hall. Introduction, An Eye to China, David Selbourne. London:Black Liberator Press, 1975:1-8.

族,语言被视为鉴别种族优劣的主要尺度,而西方的语言和形象就成为衡量的标准。霍尔强调,西方世界和其他世界的话语既统一又单一。在现实中,首先对世界符号进行区分,例如被接受的和被排斥的、我们和他们、西方世界和其他世界,描述其中的差异。就是这种模式化的策略,使其他世界如镜像般折射出来,被定义为不是西方世界,并被实质化地表征出来,其特征就是他者和不同,而后他者又被以好与坏、高贵与卑贱、纯洁与邪恶进行划分。这一话语既影响了西方世界和其他世界的话语体系,也影响了现代社会科学体系。霍尔以更加宽泛的视角,深刻分析和进一步揭示了西方话语是如何走进世界的每一个角落的。

(三)传统与现代的差异

在全球化的今天,人们在努力寻求统一的同时,又在彰显与众不同,正像霍尔所认为的那样,"传统与充满活力、富有革新精神的、新出现的、混杂交叉的文化形式并存。新的文化团体没有受过传统的浸泡,在相互间的差异中显得生机勃勃,活跃于我们生活的各个层面,它们没有同质和统一性特征"①。霍尔再次强调,其中的差异是"一种新型差异,不是二元对立的非此即彼,而是像德里达的延异(Différance)一样,既不可消除,也不可更换"②。差异无处不在,按照霍尔对差异政治学的阐释,应该认同这种新的差异。历史性的概念没有定义,只有历史,这是尼采的主张。但历史在论证、冲突的境况下续写,现代的历史没有办法弄清楚它的开始与结束。霍尔认为,现代这一词语不仅是叙事性的,而且本身具有隐含的多重意义。英国在十六世纪就开始对古代与现代的问题进行论争,如果现代意味着传统被打破,那便

---

① Stuart Hall. Whose Heritage? Un-settling The Heritage; Re-imagining the Post_nat_nation keynote speech to a national conference coordinated by the Arts Council of England, Whose Heritage? The Impact of Cultural Diversity on Britain's Living Heritage, Manchester: published in Third Test 49, London: Arts Council of England, 1999:3 – 13.

② Stuart Hall. Whose Heritage? Un-settling The Heritage; Re-imagining the Post_nat_nation keynote speech to a national conference coordinated by the Arts Council of England, Whose Heritage? The Impact of Cultural Diversity on Britain's Living Heritage, Manchester: published in Third Test 49, London: Arts Council of England, 1999:3 – 13.

是一种危险的思想意识。在莎士比亚时代,人们认为现代与陈腐无任何差异。到了十九世纪至二十世纪,人们开始认为现代意味着向前发展。也就是说,现代并不是纯粹的描述意义,而是蕴含着许许多多的历史语境含义。每一个现代时期,都包含众多的不固定意义。而现实中,每一次现代又总是被后来出现的更新的事物所取代。在全球化的今天,无论是在西方国家,还是在发展中的国家,工业现代化改变了社会经济状况,也改变了人们的生活水平,同时也急速打破了世界格局,这时的现代,被赋予了巨大的推动作用。在社会的各个领域,新的意识和新的思潮呈现出来,从而促进社会的不断进步。如马克思所言,"一切坚实的东西都烟消云散",以此来拥抱"崭新",摒弃传统与陈旧。

霍尔认为,现在的后现代,是对"后现代主义"的一种挑战,是用终结的术语来展现社会历史的不断向前发展。此时的现代,不再是某一时期特定的社会形式,而是社会快速向前发展。实践的历史在压缩,社会在变革、转换、重塑。此时的现代,如霍尔所言,"犹如过山车似的变得自相矛盾,变得捉摸不定。现代性越复杂,它似乎越表现出极度的冲突和不可遏制的突变,如若把它视为人类成就的极限,那就愈发显示出它阴暗的一面"①。霍尔在这里指出,地球环境恶化、资源浪费已成为社会发展的阴影。"现代性的逻辑显现出它的极度复杂性:既是构建,又是解构。受害的人与受益的人一样多。"②霍尔告诫人们一定要牢记后现代思想的显著特征:"强大的、矛盾的差异魅力(ambivalent fascination with difference),也就是性别、文化、种族的差异,除此之外,也有民族差异。"③这是围绕差异进行的"差异政治学"(cultural politics of difference),是差异问题的论争,而不是将原来的边缘文化安放到文化中心。新的身份诞生,新的主体登上文化政治的舞台,关于边缘群

---

① Stuart Hall. The West and The Rest: Discourse and Power, Formation of Modernity, ed. Stuart Hall and Bram Geben, Polity Press and Open Universety, 1992:16.

② Stuart Hall. The West and The Rest: Discourse and Power, Formation of Modernity, ed. Stuart Hall and Bram Geben, Polity Press and Open Universety, 1992:16.

③ Stuart Hall. What is this Black in Popular Culture? Popular Culture: A Reader, ed. Raiford Guins, Omayra Zaragoza Cruz, London: Sage Publications, 2005:286.

体、种族歧视、同性恋、女性主义等的研究倾向被视为文化政治学问题,并且都被视为文化政治学带来的新变化。

霍尔强调,全球化后各种文化之间的界限消失,但文化领导权不显现纯粹意义上的胜利和完全彻底的统治,它总是在权力平衡之中和各种文化之间演化变换。所以霍尔指出:"全球化背景下,政权时代在衰退,但是人们却看到另外一种防御形式的复兴。这就是高度防御化而又极其危险的民族身份认同,它受攻击性极强的种族主义、形式所驱使。"①霍尔从不同的角度诠释了全球化的利与弊,敦促和引导人们在当代社会正在经历的民族性和民族主义的复兴中树立宽泛的全球意识。一方面,同质和吸纳;另一方面,差异和多样。文化自身在传递、更迭、变换,这就是占主导地位的文化上的后现代风景。

(四)文化之间的差异

全球化为人们带来了千姿百态的多元文化景观,不断增强的流动性,使各种文化结构在存在差异的同时,也凸现出强烈的、前所未有的裂变和整合现象。霍尔的文化差异政治,也要致力于解决由差异问题所产生的对抗心理。在全球范围内,某种超越民族性的文化体系在实践中以全新的形式被逐步建构,现代高新的科学技术则为这种文化结构的整合与全球多元文化的构成奠定了坚实基础。我们知道,在实际生活中,语言的表述不单纯是人们交流思想和沟通情感的工具,它还忠实地记录了一个民族发展与进步的全部演进史和文化。一种语言代表的不仅仅是字、词、句、音、义、形等外在知识结构,更是孕育、产生、发展这种语言的民族文化和精神信仰。在人类历史的发展进程中,不同的民族创造了各自不同的文化元素,各种文化之间的不断交融,必然会导致多元文化的产生。特别是目前我们所处的是一个全球化的时代,全球经济一体化、政治国际化、世界文化多元化的趋势与日

---

① Stuart Hall. The Local and the Global:Globalization and Ethnicity[C]//Anthony D. King ed. Culture, Globalization and the World-System; Contemporary Conditions for the Representation of Identity, Macmillan in association with department of art and Art History, State University of New York at Binghamton, 1991:26.

俱增,世界各国各民族的命运关联也越来越紧密。

霍尔认为,不能将"多元文化"(multicultural)与"多元文化主义"(multi-culturalism)相混淆。"'多元文化'在任何社会中,在不同的文化团体中并存。一方面试图保存原初的身份,另一方面又希望构建共同的生活,多元文化描述的就是由社会造成的文化管理方面的社会特征问题。与此相对照的是名词'多元文化主义',它指的则是策略和政策,用来调控管理多元文化社会产生出来的、由差异多样而引起的种种问题。"①霍尔认为,在实践中,在某种语境下,多元文化主义也不单纯指策略、原则和政策,也存在着不同类型的多元文化主义,全球化加快了文化同质化趋势的同时,也催生出许多次属的差异文化(subaltern proliferation of difference)。

在霍尔看来,在现实中,传统在不断抵制现代性,"民族文化不仅由文化机构组成,而且由文化符号和文化表征组成,民族文化是一种话语,这种话语是建构意义的方法,而意义影响我们的行为和思想"②。同时霍尔认为,作为"想象的共同体"的民族文化,可以在"唤起对过去的记忆,激发今日共存的渴望,保持民族传统的不朽"③这三个方面得到共鸣。所以,民族文化通过产生不同的民族意义来建构民族身份。民族身份把超越个人命运的民族命运相互连接。"差异文化"超越内部差异的鸿沟,构造统一身份的话语机制。透过霍尔的差异理论的分析,可以看到,多元文化社会并不是什么新的景观,只是随着时代的发展,快速进入世界的各个角落。

多元文化的英国日渐多元,在社会的各个领域都能清晰地呈现出多元的景观,最为典型的表现是人的服饰、肤色、面孔。另外,英国的各大城市虽

---

① Stuart Hall. The Local and the Global: Globalization and Ethnicity[C]//Anthony D. King ed. Culture, Globalization and the World-System; Contemporary Conditions for the Representation of Identity, Macmillan in association with department of art and Art History, State University of New York at Binghamton, 1991:215.

② Stuart Hall. The Question of Cultural Identity, Modernity and Its Futures[M]. ed. Stuart Hall and david Held and Tony McGrew, Polity Press and Open University, 1992:292.

③ Stuart Hall. The Question of Cultural Identity, Modernity and Its Futures[M]. ed. Stuart Hall and david Held and Tony McGrew, Polity Press and Open University, 1992:296.

然人口密集,但这里几乎已不是本土人的家园。在这里居住着的有色人种的群体统领着这座城市,已经成为最大的视觉景观,在这里可以寻找到来自世界各地的不同肤色、不同面孔、不同语言、不同种族的人群。随着全球化的发展,深层次隐含的新景观逐渐体现出来,多种族的英国社会已经逐步化解了所谓的纯粹的英国性。因此,英国社会是多种族社会和多元文化社会,伴随着英国文化多元化的发展,英国人的身份问题将会变得越来越复杂。但重要的是,文化的意义应该在最广泛的领域得到共享。霍尔强调,在所谓的族群中,会发现有相当大的差异,如宗教信仰、文化习俗、生活方式等都有着巨大的差异。人们往往把不同种族的群体视为同类人,是因为人们不了解难以计数的群体之间的差异存在于何处,而各群体本身则能够了解和意识到差异的所在。

社会的进步与发展,使族群内部和与其他族群之间的各种差异正在逐步扩大,在日常生活和具体实践中,少数族群的文化社团组织和身份日渐形成,霍尔明确指出,这些社团内部也有很大的差异性。多元文化问题在英国的表现,首先影响的是英国文化生活中的种族问题,其次是民族问题。纯粹的英国人日益关注自身同他者的关系。英国文化的同质性和作为民族身份的英国性,最终积淀为英国民族身份危机中关于多元文化问题的核心问题。然而,种族是一种政治和社会建构,是一种围绕着种族主义而建构出的实践,并有它自身的逻辑。霍尔认为:"多元这个术语意味着必须包括大多数人大量的而又多样的生活方式。"①但是,文化差异遭遇到更多的暴力袭击,如英国的种族净化(ethnic cleansing)的问题,这是英国文化多元主义中相互联系但又不同的政治问题。因此,霍尔认为:"为反对差异化种族主义,人们要求社会平等和种族公正,为反对统一化民族中心主义,人们要求赞誉文化

① Stuart Hall. Multicultural citizens, monocultural citizenship? Tomorrow's Citizen: Critical Debates in Citizenship and Education, ed. Nick Pearce, Joe Hallgarten. London: Institute for Public Policy Research, 2000:46.

差异。"①

(五)文化差异的认同

1. 认同概念内涵

在文学理论和文化研究的过程中,认同(identity)②是一个抽象的、总括的理论概念,作为存在于社会文化各个领域中的术语,受到了学界研究者的广泛关注。认同既有复杂的"差异政治",又包含复杂的权力关系。差异政治又称为认同政治(identity politics),在当代文化理论研究与批判中,认同一词主要是指人的种族、文化、性别、民族的归属和特征,但在实践中和西方哲学史上,这些却用同一性来表示,与差异性共同构成了二元对立的存在方式。对于多元文化主义来讲,统一性、普遍性、同质性与同一性、连续性、总体性等都属于文化领导权的范畴,都是解构和不予支持的对象。然而,认同政治不同于同一性政治,原因就在于当代文化政治在差异与认同之间所建立的辩证关系。也就是说,差异政治,即认同政治的主要目标是构建族群认同(ethnic identity),它是处于边缘地区各少数群体自身与主流文化差异性的一种文化政治实践,而这种被发现的差异性就成为该少数群体内共同的同一性,即这个族群的文化认同。那么对于少数族群来说,没有认同,就只能非存在,拥有了认同,就可以解决"你是谁""你来自何处"的问题,就会拥有力量,就会有平等的权利和平等的尊严等。二十世纪九十年代以来,认同理论已经成为学术界关注的焦点问题,不仅在文学研究和文化研究领域得到了深入探讨和拓展,而且还不断辐射到哲学、政治学、社会学、教育学、媒体研究等诸多研究领域,"其中英国文化研究的代表人物霍尔的认同理论特别有影响"③。

---

① Stuart Hall. Conclusion: the Muiti-cultural Question, Un/settled Multiculturalisms; Diasporas, Entanglements, Transruptions, ed. Barnor Hesse, London, New York: Zed Books, 2000:225. Script: the demand (against a differentiated racism) for social equality and racial justice; the demand (against a universalizing ethnocentrism) for the recognition of cultural difference.

② identity,在汉语语境中,学者对该词的翻译和表述有所不同,大致译为"认同""身份后殖民语境中的文化表征""身份认同""同一""同一性"。

③ 周宪. 文学与认同[J]. 文学评论,2006(6):7,11 - 12.

2. 霍尔的文化认同观

作为英国文化研究领军人物的霍尔,以敏锐的洞察力和独特的文化视角,凭借他在英国几十年的生活经历和社会阅历,在1987年到1992年先后创作发表了《最小的自我》《新族性认同》《族性、认同与差异》《本土与全球:全球化与族性》《文化认同的问题》《文化认同与族裔散居》等有关"文化认同"的一系列重要的文章。文章从现代性转型、认同政治转向和新的差异认同体验等诸多方面进行深刻阐释和论述,进一步建构了文化认同理论及其转向问题。霍尔在这些文章中不仅对自己几十年来的学习生活做了全面而又深刻的反思和总结,而且提出了差异文化认同的观念。

第一,对族性的认同。霍尔首次提出差异文化认同观念是在《最小的自我》一文中。霍尔明确指出,认同的关键就是主体与历史和文化叙事遭遇时,形成的不稳定结合点,所以自我应以文化叙事为依据来确定认同位置。也就是说,后殖民主体受殖民文化叙事的影响,总是处在与本土文化相异的"另外某个地方",这就是公认的文化认同的差异———一种文化在场与缺场的较量。霍尔重新思考他与牙买加的关系,并开启了对族裔散居文化认同的思考和对身份差异政治的考量。与此同时,霍尔把关注的重心从大英帝国转向牙买加与加勒比海地区,使其从文化中心回归到被忽略的边缘地带。并且通过差异形式,借助极端状态或对立的两极来界定自我、认识自我。所以,以文化叙事为依据的认同建构总是具有心理、文化、政治意义上的不稳定性。文化认同因此变成了文化认同历史、故事和叙事,即被建构、讲述和言说的过程,一种置换或差异叙事。霍尔在《新族性认同》一文中,阐释了新族性认同的差异化结果,是以民族和种族为核心的认同,与对边缘民族认同的相互对立。"整个再现政治建构起一套新的再现体制和审美规范,在文化再现与族裔散居体验(差异认同体验)之间形成积极的互动关系,将日常现实生活中的差异体验提炼、浓缩成审美体验,言说新的民族认同。"[①]在阐释

---

① 陶家俊. 现代性的后殖民批判——论斯图亚特·霍尔的族裔散居认同理论[J]. 四川外语学院学报,2006(5):3-8.

"文化认同"这一理论观点时，霍尔所重点关注的是以差异认同为基础的
"新族性认同"。霍尔在《族性、认同与差异》和《本土与全球：全球化与族
性》等文章中，集中论述了"新族性认同""本土与全球""英国旧式的全球化
与美国式的新的全球化""现代文化与后现代大众文化""民族主义与多元
本土话语"等元素，进一步构建起新的差异结合，这种新的差异结合的实质
特征就是混合的存在方式。

霍尔认为："差异认同是新与旧的对立，其策略是以族性认同的差异建
构为出发点去反思差异与认同之间的关系。族性认同与过去和历史之间是
建构关系，这是一种历史中的政治性建构，一种叙事建构，一种以故事、记
忆、历史叙事为基础的文化赎救行为。新族性认同的建构既不能固守过去，
也不能忘却过去；既不与过去完全相同，也不与过去完全不同。它是混合与
杂交的认同与差异。"①

第二，身份的认同。在二十世纪六七十年代，北美、西欧的妇女解放运
动和黑人自我意识运动不断出现，认同政治也慢慢显现出来。它们被认为
是族群或特定社团中不可分割、绝对的认同过程，强调的是绝对主义的认同
观、联合体。在这一视域下，霍尔透过族裔散居黑人的视角，对传统文化认
同政治观念中的同质、单一及统一体的属性和特征进行批判。霍尔的批判
是对少数族群认同政治同一性的进一步挑战。与此同时，霍尔提出了新的
认同政治观点——差异政治观点。这种观点的本质是，在主流族群政治语
境下，差异政治是少数族群用来表达自身的政治意愿、主张自身的政治和文
化诉求的。

认同观念强调差异、异质与不同，它建立在启蒙现代性政治基础上的具
有绝对的、同质的、完全自我的特点。与其他认同空间共存、对话，这是"建
构差异基础上的统一体的认同的政治"。霍尔指出，"在不可能完全统一体
意义中的认同观念的认识，的确转变了我们对认同政治体验的观念，也转变
了政治诉求的本质……审视一个新的认同的概念，要求我们重新界定政治

---

① Stuart Hall. Ethnicity：Identity and Difference[J]. Radical America,1991,23(4)：16 - 18.

的形式,它们是差异的政治、自我反思的政治、一种向偶然性开放但仍然能够起作用的政治,无限扩散的政治根本不是政治"。① 霍尔在对新的认同政治进行全面解读和诠释的基础上,特别强调以下的理论概念。一是差异。差异的政治,关注的是一个中的许多,不支持将多元的族群分割成二元对立的统一体,具体来讲,就是在任何二元体系内,差异都不会被纳入视线,差异也不再外化为认同,而是内化为认同。二是自我反省。它是言说立场的特定性。就是在一般语境中,不再假设一个自然的、普世的言说立场,这种立场是在他者的帮助下显现出来的。三是偶然性,依赖其他事物或语境的意识,一种承认坚持的政治立场。不是一成不变的意识,而是随着时间的流逝在不同的语境中可以重新定位的意识。霍尔认为,差异政治在某种语境中会起到积极作用。

霍尔在《多元文化问题》中提到,法国哲学家德里达指出,"延异的政治价值不能被本质化,不能从不断建构的相似性和差异性的作用中被提取出来,它只能在文化范围内的其他力量的关系中得以界定"②。在哲学视域下,延异意味着意义和身份认同,构建于同他者的相互关系中。所有的身份术语都有一定的局限性,不能只由相对肯定的方面加以界定。在实际生活中,霍尔赞同"差异中的同一"的观点,对传统认同政治强调的同一体、压制差异的认知体验的观点表示反对。霍尔认为,认同被定位在语言、历史、文化的环境中,认同是具体的,坚持固有的遇合性和特定性,但它也不是一成不变的对立体。所以它又被定义为接合的政治表征统一体,也就是个体聚合形成的新的统一体。认同是以接合理论的综合体的方式而存在的。由此可见,霍尔用差异、延异,以及差异中的同一的观点去重新思考身份与认同,尽他所能去进一步阐释历史转向中加勒比海黑人族群的文化现象,表达其政治诉求,而不是迎合后现代主体性等最新的理论发展趋势。

---

① Stuart Hall. Minimal Selves, Identity: The Real Me [C]. London: Institute for Contemporary Arts, 1987:45.

② Stuart Hall. The Muiticultural Question [C]//Papers in Social and Cuitural Research. London: The Open University, 2001:11.

霍尔从话语权力与表意实践开始,将对文化认同的理论研究和阐释从对传统的"我是谁"的思考和研究,转向站在哲学的角度来认识和追问"我成为谁"的问题。族裔散居文化认同转向,也是霍尔对有关文化身份、文化认同、族群认同和认同差异的研究所提出的反表征的文化诉求。霍尔颠覆和摒弃了那种中心化的主体、固定不变的及其文化认同观的本质,将追问"我是谁""从哪来""到哪儿去"等传统的认同观念,转换成为"我成为谁""我是如何被表征的",以及"如何表征自己"等体现反表征的文化认同诉求的认同观。

霍尔在《文化认同与族裔散居》一文中,首先重点论述了相似性(连续性)。这是本质主义和集体的认同,主要强调的是文化的同质性、单一性。如二十世纪七十年代发生在牙买加和加勒比海地区的民族解放运动,该运动最终能够获得胜利,使该地区取得了民族的独立,其根源就在于主张民族的认同、文化的认同、地区的认同和共享文化的"想象共同体"的立场,这一实践充分证明了文化认同同一性观点的重要性。其次,他论述了差异与断裂。差异和断裂的维度是一种认同体验,特别是殖民体验的暴力与创伤等特征。殖民地的体验,在殖民表征的"他者"化中,成为没有国家、没有肤色、没有锚地、没有希望、没有根的创伤主体。在表征他者意义的基础上体现出来差异,意义在差异中体现着,而意义又是关系的产物,在相互对立中表征出意义的差异。所以,差异的重要性就体现在它是意指实践中表征意义的根本,进一步来讲,就是没有差异也就没有意义,这两种形式就构成了加勒比海文化认同的基本特征,差异在连续中持续存在,表现为差异性与同一性相互之间的激烈碰撞。

第三,文化的认同。霍尔在《文化认同与族裔散居》中表示,文化认同,在后殖民语境中,是通过权力、话语、意识形态等诸多要素去实现文化表征的。因此,话语权力在非中心化主体的文化认同中极为重要。文化认同通过话语这个范畴,在话语实践或表意实践中脱颖而出。霍尔在后现代性的大背景下,认为文化认同日益呈现出零散的碎片化趋势。霍尔认为,"尽管认同似乎在诉诸历史中的某种本质(认同一直是与这种本原对立的),但事实上,认同是有关使用如下资源的问题,即使用正在变化而非存在过程中的历史、语言和文化的问题……所以,认同是在重现之中,而并非重现之外去建构的"①。"认同使我们所做的并不是永无止境地重复解读,而是作为'变化着的同一'来解读:这并不是所谓的回到根源,而是逐渐接纳我们的'路径'。认同来自于自我的叙事,但是这一过程必然的虚构性绝不会瓦解其话语的、物质的和政治的效果,虽然说那种归属感,那种'缝合进'认同借以出现的'传说'部分是想象性的,也是象征性的。"②从以上的观点中不难看出,认同在幻想(部分)的领域中建构起来的。在霍尔看来,不要认为文化认同已经完成了,而应该意识到认同刚刚诞生,它永远处在认同的过程之中,而且总是在内部,而非在外部构成其表征,永无终点。

总之,在现实生活中,人们希望在没有固定的道德模式的状态中自由自在、快乐地生活,因为在日常生活中,开放和宽容本身就意味着差异和谐、和睦共存、皆大欢喜的和谐氛围,也因此,人们接受道德与文化的多元化就会更加容易。新的民族特点就体现为积极认同差异的存在,差异也已经成为新的民族特点。在现实中,政治正确和谐的同时,往往更需要文化的多元和正确。世界正需要平等和多元,但其中的差异、他者和个体的独特性仍然存在于现实当中。处于权力中心的文化已经足够强大,所以,当在全球范围内主张平等、认同差异时,处于差异的猛烈撞击之中的多元的文化和多元的世界依然面临着新的挑战。

---

① Stuart Hall. Held David and McGrew Tony. The Question of Cultural Identity [C]//Stuart Hall, Held David and McGrew Tony ed. Modernity and Its Futures, Cambridge. London:Polity Press, 1992:273.

② Stuart Hall. Held David and McGrew Tony. The Question of Cultural Identity [C]//Stuart Hall, Held David and McGrew Tony ed. Modernity and Its Futures, Cambridge. London:Polity Press, 1992:327.

第四章　霍尔对当代
资本主义文化的批判

　　霍尔在文化批判理论的研究中,以马克思主义理论为研究范式,以文化的政治性、实践性为文化观,对当代资本主义的文化进行了深入的分析和批判。霍尔对当代资本主义文化的批判主要是在亚文化、种族文化、资本主义政治文化方面通过撒切尔主义、权威平民主义等层面展开的。在当时的英国社会现实中,亚文化(subculture)现象是英国社会危机大环境下反叛性或逆向的表征,呈现的是多元的阶级立场。对于种族文化的批判,霍尔以自身的文化背景为思考问题的主体性阐释视角,在理论批判中引入"他者"理论,对种族文化进行批判。霍尔的文化批判理论还包含了对撒切尔主义的批判。撒切尔主义是权威平民主义的基础,体现了资本主义的文化领导权。而权威平民主义,是对撒切尔主义理论的高度概括,同时权威平民主义也是霍尔用文化理论批判英国社会现实问题最成功而又最有影响的研究范式。霍尔通过不断关注资本主义统治结构中的边缘群体,用"他者"的视角,对资本主义文化进行批判,重构英国本土化的马克思主义文化理论思想。

第一节　对亚文化的批判

　　在伯明翰学派及霍尔的文化理论研究中,对亚文化的研究是一个相当重要的组成部分。霍尔对亚文化的本质进行分析得出结论:亚文化是抵抗主流文化的方式,是主流文化与其他文化博弈的场域。霍尔通过对亚文化表现形式和风格的阐释对资本主义文化的本质进行了批判。霍尔对亚文化的分析,对文化批判思想的形成具有重要意义。

一、亚文化的内涵

在现实生活中,主流文化是被社会、时代所倡导的,产生主要影响的文化。它具有历史性的民众认同,是一种居于主导地位、深受人们喜爱、传播力广、融合力强、认同广泛的一种文化形式。然而,随着社会的进步和时代的发展,主导传媒形式的创新、文化生产方式的突破和新兴文化形式的崛起使原有的文化格局发生了巨大变化,有些传统文化形式经过现代技术的创新,获得了新的发展空间,而有些传统的、民族的文化形式,由于滞后、封闭,有时在一定程度上失去了原有的竞争力,也就逐渐失去了主导地位,逐渐走向边缘化。面对文化传播渠道多元化和个性化的文化消费趋势,主流意识形态有时会显得力不从心。而亚文化是涵盖更广的文化,包括各种协商,"它们同身处社会与历史大结构中的某些社会群体所遭际的特殊地位、暧昧状态与具体矛盾相应"①,是一种阶级文化,是一种生活方式,也是一个文化群体。

在现实社会中,一切思想文化的有效传播、意识形态建设和文化经济的实现,都必须借助于文化产业的形式,因此,文化经济的竞争中,蕴含着的是国家和民族的综合实力的竞争,由此民族文化从封闭走向开放、从文化输入走向文化输出,实现各种文化的共赢。主流文化在吸取民族的、大众的、科学的文化营养的基础上,才能成为文化融合、文化传承的中坚力量。所以亚文化被视为实现意识形态文化领导权抗争的场域之一。

(一)亚文化的意涵

亚文化也被称为次文化。次文化是社会学中的名词,是指在某个较大的母文化中,拥有不同行为和信仰的较小文化或群体。亚文化群体有意使

---

① [美]约翰·费斯克,等.关键概念:传播与文化研究辞典[M].李彬,译.北京:新华出版社,2004:281.

自己的服装、音乐或其他兴趣与众不同,彰显它与其他社会团体之间的差别。在实际中,亚文化也被称为集体文化(collective culture)或副文化(deputy culture),是指那些非主流的、局部的文化现象,与主流文化相对应的文化,以及在主流文化或综合文化的背景下,某一区域或某个集体所持有的观念和生活方式。一种亚文化不仅有属于自己的追求,属于自己的独特的价值和观念,而且还包含着与主流文化相通的价值和观念,亚文化有生态亚文化、人种亚文化、年龄亚文化之分。在现实社会中,亚文化会直接影响和作用于人们生存的心理环境或社会环境,就亚文化在社会环境中的影响力来看,往往会比主流文化更大更广泛,亚文化的潜在功能就在于能赋予人一种可以辨别的身份和属于某一集体或群体的气质与特殊精神风貌。亚文化与主流文化的不同之处就在于亚文化的风格是刻意罗织(fabricate)出来的,带有"被建构性"的意涵,而主流文化具有传统性的风格。

二十世纪五十年代,英国社会发生了一系列的文化事件,其中最具有代表性的就是汉斯沃(Handsworth)①事件。该事件被认为是最具亚文化特点的典型性事件,令全英国文化学者们动容,尤其吸引了霍尔关注的目光。由此事件,霍尔出版《通过仪式抵抗:战后英国的青年亚文化》一书,在书中霍尔在解读亚文化的内涵时强调指出青年文化的内涵:"青年文化,对我们直接而言,是青年的'文化方面'……群体文化或阶级文化是该群体或该阶级特定的和最为显著性的'生活方式'。其意义、价值观、思想等镶嵌于体制、社会关系、信仰系统、传统和习俗、物质生活使用中……在现代社会,最基本的群体是社会阶级,而且在最为基本的,虽然也是最为间接的意义上说,最主要的文化结构也将是'阶级文化'与这些文化——阶级结构相关,亚文化既是一种亚系统——更大的文化网络系统中这个或那个部分内的更小的、更为地方性的、更为有差异性的结构。我们必须以其与它们之所以形成一种独特部分的更广的阶级文化网络之间的关系来分析文化。在考察亚文化

---

① 1972年11月5日,一爱尔兰青年在回家路上被3个15岁亚非混血男孩抢劫暴打,此后3个男孩被判处20年监禁,该事件被舆论广泛关注。

与那种亚文化构成其一部分的文化间的关系时,我们将后者称为'母体'文化。"①可以说亚文化的表征就是青年文化的表征或者是青年亚文化。

霍尔在深入研究亚文化时发现,亚文化具有不同于英国传统文化的方面:亚文化总是集中发生在英国的工人阶级社区,或者工人阶级比较集中的社区,呈现简单的线性特征,斗争与反抗斗争,领导权与反抗领导权。而阐释亚文化理论以及其对子文化领导权的关系,也是霍尔文化理论重点关注的元素。不仅因为这一关系多元化的表现形式,更得益于其特殊的种族视角。在特定形式下,青年群体解决特定矛盾时,应用的普遍方案就是亚文化。所以,亚文化是边缘群体想要掌握支配权的文化体现。

霍尔对亚文化的分析和阐释集中体现在《通俗艺术》(*Popular Arts*)、《文化、亚文化与阶级》(*Culture、Subculture and Class*)、《监控危机》(*Policing the Crisis*)等文章里,他在上述文章中对亚文化的本质进行了批判。

(二)亚文化的本质

一种文化通常包括许多的亚文化,亚文化与母文化之间有很多部分是相互结合在一起的,然而在某些语境中,两者之间会体现出极端的差异。对某些亚文化来说,差异在达到某种程度以后,就会拥有自己独立的名称,并使用独立的风格来表现亚文化的活动、服饰、态度、暗语、兴趣和音乐等。亚文化群落是围绕一些群体的独特的行为和"焦点"关切而形成的,它们的结合或紧密或松散。有些亚文化群体只是在父辈文化的范畴内被松散界定出来的一个部分或"环境氛围"(milieux),它们有自己独特的存在"世界",也会创造出一种清晰而连贯的结构和认同。它们围绕各种焦点关切、独特的行为,以及领地空间聚合起来,就形成了青年亚文化群体,这个群体不但具有年龄和代际的特征,而且还具有严格的界限特征。亚文化是青少年的集体意识,在社会危机的大环境下,呈现出多元化的阶级立场,表现为反叛性或逆向性表征。在二十世纪六十年代末的英国,亚文化用不同的文化标签,

---

① Stuart Hall, Tony Jefferson. Resistance through Rituals: Youth Subcultures in Post-war Britain [M]. London: Hutchinson,1976:10 – 13.

表征出各种不同的亚文化的表现形式。这些表现形式在英国社会广为流传，一些青年穿着奇装异服，应用另类的交流方式。例如，无赖青年，又被称为不良少年、嬉皮士（Hippie）、泰迪男孩（Teddy boys）等，这个亚文化团体群体的服装款式，如外套上衣、领结、紧身长裤或发型，都让人们看到其在穿着和行为举止上的不同，表征出他们自我选择的主张。西方社会将这个阶段界定为反文化（Counter culture）的时代。霍尔指出："无赖青年看起来是一种历史的倒退，使人回想起爱德华时代，和这种表达出来的原始态度刚好相配。"①他们用怪异的服饰和粗野的行为，分别将他们自我的人生价值理念体现出来，即用穿着打扮来象征他们所处的团体，显示着他们叛逆的性格。

以上各种亚文化表征，刚一出现就被支配意识形态的媒体视为"道德败坏""愚昧堕落"等的代名词。面对种种表象，霍尔认为，这是青年作为大众文化的成员之一，在他们特有的场域下，通过集体意识来表达对政府主导话语权的反叛或逆反。这主要是因为青年们从父辈的生活中没能够达成"富足"的目的，依然是边缘群体，于是一旦统治阶级意图构建针对青年阶层特有场域的领导权时，青年人就开始扮演抵抗或者逆反的角色。这就导致亚文化产生两种处于不同领域的指涉对象，第一为主导文化或者处于主导地位的文化，第二为指涉其所属的母体文化或者父辈文化。②青年们共同抵抗主体文化，却又各有特点，这是由于他们父辈文化的不一致而呈现出的多样性。

二、亚文化的表现特征

青年亚文化（youth subculture）就是青年文化（youth culture），这种界定是一种表现出本源性质的概念界定。也就是说，亚文化是一种生活的表现方式，是阶级文化，也是文化群体，是支配文化与母体文化的重要组成部分。但亚文化也体现出文化的差异性，这些差异性是对支配文化或母体文化的

---

① Stuart Hall, Paddy Whannel. The Popular Arts[M]. London：Hutchinson, 1964：283.

② James Procter. Stuart Hall[M]. London：Routledge, 2004：89.

"抵抗"。在不同的环境中,亚文化同支配文化领导权与反领导权之间充满协商、妥协和抵抗,又反映出协商性、差异性,其协商性与差异性都是对亚文化所处的环境而言的。主要体现在:

第一是亚文化的阶级性。无论哪一阶层的文化都带有阶级性。支配阶级站在自身利益的角度,提出阶级消亡的观点,构建和完成对被支配阶级的文化领导权和统治,也就是实现"共识政治"的具体方法之一。我们要真正理解亚文化的核心内容,就必须明确它具有阶级性的内涵特征。

第二是亚文化的抵抗性。从两个维度可以体现它的抵抗性。首先是与支配文化的共同相处与抵抗,也就是亚文化对支配文化的反领导权和反抗。其次是对比"母体"文化更具特征性和更小的文化形式,也同样体现两者之间的抵抗和反抵抗,表征出一些异常甚至越轨的行为倾向。

第三是对亚文化风格的认同性。青年亚文化群体用惊世骇俗的外表,对支配文化进行叛逆表征,他们的言行举止表现极为异端并具有强烈的威胁性质,他们试图用这种特殊的方式来获得文化的认同。

第四是亚文化的接合性与差异性。接合性体现的是差异性和共识性,差异性体现的是独特性,两者是亚文化内涵中的主要问题。接合性体现的是支配阶级与被支配阶级在文化斗争中反抗与收编之间的关系,是一种协商妥协的动态性状态。在领导权与反领导权和自身发展过程中,亚文化是弱势群体具体利益的代表者,同时,又在统治阶级与支配文化的不断收编下,进一步表征为利益上的接合、解接合、再接合的过程。这种被青年人认同的具有文化风格的亚文化,其结果是被支配阶级所收编,再次被支配阶级的文化领导权所管控。正如霍尔所描述的,"一些亚文化在某个特定的历史时刻出现,为人所见,被贴上标签,它们得到人们一时的关注,然后慢慢凋谢、消失,并最终失去其本来的特色"①。

霍尔认为亚文化的表现风格是动态的,研究亚文化的表现风格,不能只

---

① Stuart Hall, Tony Jefferson. Resistance through Rituals: Youth Subcultures in Post-war Britain [M]. London: Hutchinson, 1976:14.

看青年人的言行和服饰等方面的表象,而要重点探究这些表现形式被创造出来的背后深层次的原因所在。霍尔认为"被挪用、佩戴的或被听的物品不能创造出一种风格。创造出风格的是风格化(stylization)的活动……它产生于一种有组织的群体认同———一种连贯的和独特的'存在于世'(being-in-world)的形式和结构中"①。以上论述,是对亚文化风格的建构和风格化的动态性特征的进一步阐释。普罗克特也强调,通过风格化,物品从它们的主导意义中被释放出来,这一过程是解接合的过程,然后将它们再接合到新的语境中去。在现实语境中,霍尔借用了术语"拼贴",去充分阐释亚文化风格的表征和亚文化对支配文化的抵抗。可以说,在文化的内涵中"接合"和"拼贴"有着相同的含义,在不同的语境中都体现着文化意向不同的接合方式和特点。

三、亚文化的表现形态

对于亚文化的体现方式,霍尔认为:"第一种方式,是把那些从一个意义系统中借来的物品结合到一个由亚文化自身产生并通过亚文化的用法生成的不同的代码当中,以此来转变它们'既定的'意义。第二种方式,是用添加意义的方式对那些由一个不同的社会群体所创造或使用的物品进行改造……第三种方式,是通过对某种既定的意义进行强化、夸张或隔离,从而改变它的含义……第四种方式,根据一种只有某个群体的成员才能解密的'秘密'语言或代码……把那些形式合并起来。"②

(一)亚文化形成的独特风格

我们所强调的亚文化,主要代表着工人阶级、黑人、亚裔、女性等弱势群体和边缘群体,表征为他们在特别的地方以独特的方式跳舞、以独特的方式装扮自己,同社会中的成人世界保有一定的距离。霍尔在 1964 年所著的

---

① Stuart Hall, Tony Jefferson. Resistance through Rituals: Youth Subcultures in Post-war Britain [M]. London: Hutchinson, 1976:54.
② [英]斯图亚特·霍尔,托尼·杰斐逊. 通过仪式抵抗:战后英国的青年亚文化[M]. 孟登迎,胡疆锋,王蕙,译. 北京:中国青年出版社,2015:133 – 134.

《通俗艺术》中阐述亚文化对主导文化的抵抗时强调,他们把自己的包装和修饰风格描绘成"一种未成年人的通俗艺术……用来表达某些当代观念……例如离经叛道、具有反抗精神的强大社会潮流"①。从以上论述可见,青少年亚文化之所以形成这种独特的风格,其最终目的就是"抵抗社会"。这种形式的抵抗力量,在当时社会形成了一股强大的社会潮流,引起全社会人们的广泛关注。对于在青年群体中出现的这种标志性的行为,霍尔认为,青年亚文化产生于文化与社会结构之间的特殊时期,产生于经济状况比较复杂和无序的地域,或是在发展的过程中引起的社会转向的语境中,因为亚文化的形成与自身所处的阶级语境相关联。在第二次世界大战后的英国社会中出现了各种各样的亚文化表现形式,这些亚文化表现形式的出现,并不是源于代际的普通矛盾问题,而是源于对支配阶级和主导文化领导权统治的一种默默的抵抗,是对社会结构中的各种复杂矛盾和集体所经历的失业、贫穷等困境问题进行的"想象性解决"的一种大胆尝试与实践。

在霍尔看来,"与青年文化的出现相关联的一系列重大的变迁,是围绕'丰裕'、市场和消费日益强大的影响力以及'面向青年的'休闲工业的增长而展开的"②。二十世纪六七十年代,英国社会在生产和生活条件都有所提高的基础上,公开承诺的中产阶级化和富裕情境在实际生活中并没有实现,同时,青年们的日常生活质量并没有发生根本的变化,仍然存在着贫富分化现象与阶级差异,令人讨厌的周期性劳动和不能接受普通教育的状况依然严重,青年人的薪水依然低微,工人阶级依然存在,所有这些问题并没有完全消失。在菲尔·科恩看来:"亚文化的潜在功能是表达和解决(尽管是想象式的)母体文化中仍潜藏着的悬而未决的矛盾。母体文化所产生的接踵而至的亚文化都可以被视为基于这一核心主题的不同变体——在传统工人阶级的清教主义和新兴的消费享乐主义之间的矛盾:部分变化中的社会精

① Stuart Hall, Paddy Whannel. The Popular Arts(1964) [M]. Boston:Beacon Press;New York: Pantheon Books,1967:280 – 282.

② [英]斯图亚特·霍尔,托尼·杰斐逊. 通过仪式抵抗:战后英国的青年亚文化[M].孟登迎,胡疆锋,王蕙,译. 北京:中国青年出版社,2015:89.

英或新出现的游民之间的经济层面上的矛盾。……所有这些亚文化都以不同的方式再现了一种尝试,旨在恢复母体文化中一些被摧毁的社会凝聚力,把它们和来自其他阶级成分的东西合并起来,象征性地形成了面临困境时的种种选择。"①他的阐释表明,青年的亚文化的抵抗来源于持续不断的各种复杂的社会矛盾、阶级问题及随之产生的文化矛盾。抵抗是为了提出一个"集体解决办法"的框架,并以极端方式进一步再现社会的不断发展与变化。

霍尔曾指出,"在与统治阶级领导权的联系中,工人阶级被限定为附属的生活和文化形式……附属阶级是虚弱的、不情愿的和被强加的。但它不会因为受到限制就消失,它作为附属结构依然存在,经常处于分离和不可渗透的状态,即使仍然被统治阶级的无所不在的规则和领导所容纳"②。这就说明,尽管工人阶级的抵抗在历史的长河中潮起潮落,但无论怎样起伏不定,都不会完全消失。其原因正是它处于阶级结构中和对文化领导权的反抗过程中。亚文化最明显的表征就是对资产阶级领导权的坚决抵抗。

在二十世纪的五十年代,英国处于战后经济萧条、毫无生机与活力的特殊的衰败时期。社会上出现了无赖青年的亚文化,实际上无赖青年都是工人阶级出身,来自于非技术阶层,被关在英国战后社会繁荣兴盛的大门之外,缺乏正规而又系统的学校教育的经历。处在这种境地之中,他们很难进入白领阶层。所以他们经常拉帮结伙、惹是生非,在街头制造麻烦,被视为当时社会上"具有反叛精神的民间恶魔"。这个群体经常穿上经过他们精心改良的爱德华服装,在大街上流窜闲逛。本来这种爱德华服装具有窄腿的裤子、掐腰的夹克衫、时髦的马甲、白色的圆领衬衣、系成鞋带式的腰带、温莎结的领带等特征,都是专门为贵族青年人设计制作、供他们穿着的,但却被这些无赖青年改造成奇装异服。穿着这些奇装异服使无赖青年在潜意识

---

① Phil Cohen. Subcultural Conflict and Working-class Community[C]//Stuart Hall. Culture, Media and Language. London:Hutchinson,1980:82 - 83.

② Stuart Hall,Tony Jefferson. Resistance through Ritual:Youth Subculture in Post-war Britain[M]. London:Hutchinson,1976:41.

里把自己设计包装成为心里想象的贵族青年的模样,进而抚慰他们在英国战后工人阶级社区文化被无情摧毁后的落寞心态。这种服饰的风格,"实际上掩盖了从事体力劳动的无技术半游民的真实生活与周末晚上衣冠楚楚却又无处可去的经历之间的差距"①。

霍尔站在心理学的角度,对抵抗做出了解读。他认为,社会上流行的歌曲、音乐会、电影等亚文化现象,在某种程度上可以帮助青年人树立自信心和认同感,"亚文化风格的组成不仅包括团体可以利用的物质材料——为了建构亚文化认同(服装、音乐、言谈),也包括他们的语境(行动、功绩、地点、咖啡馆、舞厅、迷幻剂、晚会和足球赛)……借此可以开始行动的活动范围和空间,铭刻着东西和物体的风格的集体认同和外表……"②。也就是说,青少年群体为了摆脱这种认同的危机心理,就在不断地积极醉心于对时尚的模仿与追求,制造出了各种风格的标志符号,来进一步巩固、体现、强化认同感的思想根基,青少年亚文化由此而诞生。③ 这些群体的表现,不仅不是道德堕落、精神颓废的不良青年的体现,而恰恰相反,是与他们关于现实生活中的真实状况的想象相关联的,是表征了反领导权的意识形态。

(二)亚文化风格生成的基本原则

青年亚文化在各种矛盾与冲突中,借用和改变了父辈文化与主导文化冲突时所制造的各种谈判和抵抗的方式,运用来自父辈的文化事物进行转化,来适应那些带有他们这个独特群体的生活方式及代际感受的特殊处境和体验。他们进一步发展和创新了父辈文化,并具有自己独特的观点。所以其父辈文化中的某些重要元素在青年亚文化群体中不断出现。

人们在现实生活中,辨别各种不同的青年亚文化群体时,都是根据他们

---

① Stuart Hall,Tony Jefferson. Resistance through Ritual:Youth Subculture in Post-war Britain[M]. London:Hutchinson,1976:48.

② Stuart Hall,Tony Jefferson. Resistance through Ritual:Youth Subculture in Post-war Britain[M]. London:Hutchinson,1976:53 – 54.

③ 埃里克·H.埃里克森.同一性:青少年与危机[M].孙名之,译.杭州:浙江教育出版社, 1998:118.

所占有和使用的物品来进行区分的。如摩登派(mods)、泰迪男孩等是通过穿着打扮被划分的,等等。尽管亚文化群体使用的物品千奇百怪,但仅仅是外表的挪用,并不能创造出一种风格。真正意义上的风格,是一种风格的效仿活动,也就是用活动中所呈现的意识和理念,创造出一种有组织的对事物或理念的集体认同,这种风格就在亚文化群体中萌芽。那么更为重要的是,被挪用的,准确地说,是用来反映和表达这个群体生活现状图像的,一个群体在使用各种物品的同时,与那些建构、界定物品用途及对其看法的活动之间产生了相互作用,这才是创立亚文化风格的基本原则。

亚文化风格不仅是对文化认同的表述,同时也是身份的表达,除此之外,还是一个赋予群体一致性和有效性的强有力的路径。在实践中,它联系着特定阶级的特定人群,使亚文化群体在内部和外部的自我表述依赖于某些领域特定的知识与习俗,构成特别的亚文化资本。实践证明,风格不仅仅是亚文化群体的标签和符号,它更在某种程度上展示、关注、传达了社会、种族、阶级、性别等方面复杂的存在关系,构成了复杂的意识形态的战场。从客观而又辩证的角度来考量,各种类型的青年亚文化抵抗形式,在某种程度上来讲,自身都具有一定的局限性,不可能超越阶级本身所蕴含的利益问题,因此,他们的这种抵抗也只能是一种象征性和仪式性的。

仪式性的反抗所表征的只是文化层面和符号学层面的意义,对统治阶级利益没有构成实质性的威胁和压力。伯明翰学派当代文化研究中心的研究者们指出,工人阶级青年亚文化试图对阶级矛盾提出一种想象中的解决办法,可在实际中,亚文化本身,只是一个象征性的结构,只是在想象层面上解决问题的一种间接的方式。所以,霍尔认为,"工人阶级青年的失业、教育方面的不利条件、不情愿的辍学、毫无希望的工作、周而复始和专业化的劳动、微薄的工资、技术的丧失等状况,并不会因为亚文化提出的解决方案而有所起色。亚文化策略不能匹配、满足或者回答这一时期一个整体阶级中出现的结构性问题。由此,当处理阶级经验的各种问题意识时,第二次世界大战后,亚文化经常按照它们自己的方式,再现着真实的协商和替代性的象征性的'解决方案'之间存在的代沟和差异。它们以想象的方式解决了在具体的物质基础层面未能解决的问题"①。

青年亚文化及其风格所表征的是象征性和想象性意义。但是在当时的社会,亚文化作为一种极为重要的社会文化现象,对占有支配地位的社会秩序和道德规范产生了一定的冲击和影响,支配阶级借助大众媒体等机构,对亚文化进行大肆打击,整合各种风格的亚文化。在这种形势下,亚文化被支配阶级收编到主流文化之中。

四、资本主义的亚文化问题

在历史视域下,在社会实践中,文化随着社会生产力、社会阶级的不同而不断进行变化。同一语境下,不同的群体和阶级,通过财富、权力和生产关系,被不平等地进行分化,于是文化也随之有所区别,并且在重要和次要的关系中,在文化权力②的维度里,互相对应。霍尔在分析亚文化的基础上,对资本主义视域下的亚文化问题进行了研究,分析了资本主义社会实践中的异常文化,分析了主导文化异化带来的"道德恐慌"问题,并对这些问题进行了反思。

(一)作为亚文化重要组成部分的异常文化

在社会主流意识形态当中,永远存在许多不同的趋势,非权力中心的阶级和群体在寻找各种途径来表达自己,并且意识到自身文化的次要地位和从属经历。主导文化(dominant culture)力图按自己的想法和意愿,在更加自由和更加宽泛的语境中表征文化,同时定义其他文化。非主导文化则希望协商、抵制、脱离从属地位,甚至试图推翻主导文化的统治地位。霍尔在1971 年英国社会学研究会议上发表了题为《异常行为、政治学和媒体》(De-viancy, Politics and the Media)的文章,他从意识形态的角度出发,论述了社

---

① Stuart Hall, Tony Jefferson. Resistance through Rituals: Youth Subcultures in Post-war Britain [M]. London: Hutchinson, 1976:47 - 48.

② Stuart Hall, John Clarke,Tony Jefferson, Brian Roberts. "Subcultures, Cultures and Class, "Cult-ure,Ideology and Social Process: A Reader[C]// Tony Bennett, Craham Martin, Colin, Mercer, Janet Woollacott. Academic and Educational. Batsford,1981:57.

会越轨行为和政治异常的问题。霍尔主要对少数派和自由派这两种类型的人进行阐释。少数派的思想观点一般处于社会边缘,他们结党联合,有组织地反对政权体系,目的是试图改变政权。自由派属于叛逆团体,他们公开结派,试图重新定义社会标记。霍尔特别强调,少数派和具有很大影响力的少数派,在发展变化中,很有可能走向精英阶层。具有影响力的少数派,建立在权力范畴和利益影响的基础上,与其他团体共享影响力,阐释不同的见解和思想观点,因此他们具备可理解性的政治姿态。那些无组织的、边缘的、弱势的、不合法的政治组织或行为被界定为社会问题,同离经叛道的和社会越轨的一类相同,被定性为需要国家政权进一步积极治理或者采取心理引导的一类。而自由派往往不愿意接受国家政权和政治派别组织的管控,他们有时制造出"无受害者的犯罪"事件,制造混乱,他们处于政治合法的边缘地带。

在社会实践中,那些异类群体组织或非法的社会个体,被认为是误入歧途的、受到社会具有破坏性组织利用的、邪恶的群体。他们这类群体是无组织的混杂异类,并非无可救药。但相对于合法的少数群体,在实际生活中,他们又必须屈从于这种社会边缘地位,必须承受来自于各个方面的,以各种形式进行的诽谤、责难、对抗和相当多的非难。从表面上来看和从象征意义上来讲,这个群体似乎是一个不具有合法性的群体,但在现实中,对社会异类和少数群体异化的程度,是要用社会标准规范来衡量和测定的。在高度工业化的社会里,敢于挑战主导政权的正是这股异类组织的力量,他们推动了国家机器的专政力量进行不断的调整和改革完善,来规避更多的矛盾冲突。

政治异化的各种表现形式都具有一定的政治倾向,如民族运动、宗教运动、学生运动等,其中的游行、暴动、抢劫、破坏等行为,主要是"他们的社会地位使他们拥有向资本主义全面开战的能力,超越了经济至上主义"①。这

① Stuart Hall. Deviancy, Politics and the Media[C]//Stencilled Occassional Paper. London: Center for Contemporary Cultural Studies, 1971:6.

些群体不会经由传统的、从边缘到主权的路径对主导阶层产生影响,也不在政治体制内协商。首先,他们受颠覆现有价值观的愿望和自身所推崇的政治目标所驱使,其次,他们表现出独有的特征,另类于领导权体系。这些组织强调不协商、不合作的观点,恰恰相悖于大多数人所认可的价值观念。

在日常生活中,异常文化的群体,可以敏锐地觉察到当下的政治机构为强化自身的统治地位而设置和调整的社会各领域的各种规章制度和教育内容。也就是说,异常文化群体的社会地位,导致他们对于意识形态领域中的高压政治异常敏感。在消费社会语境下,主流社会体系的高压和管控在意识形态领域特别突出。在历史视域下,改革主义和激进主义间的政治冲突,具有必然性。而统一政治的根本任务就是协商和妥协,构建利益联盟的联合体,联合政权体系下的社会合法组织机构,来共同管理大众利益,并逐渐孤立或消除异己。

在现实生活中,统一的意识形态和政治需在实践中构建才能够确立。在人们的生活中,媒体具有整合分类的合法力量,它们展示给人们某种态度和行为方式,并使之被视为基本规范。因而,不断有相关的法律解释等制裁机制出台。除此之外,霍尔界定了常识的定义,其主要来自职业政治家,即立法机构执行者,执行和实施的机构与团体,大众媒体,具体来讲,就是立法者、执法者和宣传者。媒体在生产话语的过程中是有选择地进行的,它们只是把民族作为统一体在生产主导意识形态的话语,而"不是统一任何政党的观点"①。如霍尔所言:"由于音乐在'青年亚文化圈子'当中所起的核心作用,由于'在考察音乐趣味时年龄是最显著的人口统计学指标',因此,亚文化资本有别于(布尔迪厄所界定的)文化资本,与阶级的联系较弱,而与媒体的联系较多。"②霍尔认为,并没有一个外在的世界自由自在地存在于再现话语之外,在一定程度上,外在的事物由它的再现形式重构。表现为文化领

---

① Stuart Hall. The Unity of Current Affairs Television[C]//Tony Bennett, Susan Boyd-bowman, Colin Mercer, Janet Woollacott. Popular Television and Film. London:British Film Institute, 1985:115.

② [英]斯图亚特·霍尔,托尼·杰斐逊. 通过仪式抵抗:战后英国的青年亚文化[M]. 孟登迎,胡疆锋,王蕙,译. 北京:中国青年出版社,2015:49.

导权作用的是文化的社会构成作用,它不断塑造人们对种族结构、性别划分、阶级结构等社会现实的具体体悟,使人们在潜移默化的过程中,认同当下的社会现实状况。

(二)作为主导文化"异化"而来的道德恐慌

霍尔认为,资本主义主导文化在其不能满足工人积极的"富足"目标之后,依旧妄图通过消费文化、大众文化行使文化领导权,麻痹民众的抵抗。而青年作为大众文化的成员之一,以其特有的方式对抗政府主导文化。这就导致了文化的异化,固有道德规范被打破,异化的文化以自己的风格存在,这是对处于资本主义统治领导权下的叛逆回应。亚文化状态下产生的"道德恐慌",根源在于社会问题。

在二十世纪的五十年代,著名的犯罪学理论家 L. 威尔金斯(L. Wilkins)在他的著作中首先提出了"道德恐慌"的概念,并阐述了这个概念在创造越轨行为方面所起到的巨大作用。芝加哥学派学者霍华德·贝克(Howard Becker)的《局外人》的标签理论(labeling theory)中,也出现了"道德恐慌"这一概念,他认为异常行为与异常者,在当时的社会境遇下,是在强大的社会控制机构给他们贴上异常标签后被创造出来的。美国社会学家斯塔里·科汉(Stanley Cohen)对"道德恐慌"和标签理论也进行了深入研究和探讨。他在1972 年所著的《民间恶魔与道德恐慌》一书中对道德恐慌的实质内涵有比较深刻的论述,他认为道德恐慌是"某种情境、事件、个人或人群显现出来被界定为对社会价值和社会利益的威胁"①。这种威胁受到当时大众媒体支配阶级的意识形态国家机器的广泛关注,并引起了全社会的共鸣。道德恐慌的经历一是呈现为符号化的过程,受到关注和报道,并严密地监控和研究;二是随着事件影响的扩大,特定的事件因媒体的报道引发了社会更为广泛的关注,单一事件转化为普遍事件,并且严重程度不断升级;三是支配意识形态文化的收编和利用,再现支配阶级的领导权统治。

---

① Stanley Cohen. Folk Devils and Moral Panics:the Creation of the Mods and Rockers[M]. London:University College London Press,1997:28.

1."汉斯沃"事件使道德恐慌进入公众视域

最初,伯明翰学派当代文化研究中心对"道德恐慌"的关注和研究源于一起"街头袭击"(mugging)案件——在1972年的11月5日这天,三名伯明翰黑人青年基姆斯·杜南(James Duighnan)、保罗·斯托利(Paul Story)和穆斯塔法·费艾特(Mustafa Fuat)在伯明翰市翰兹瓦兹区(Hand-sworth)袭击了白人男士罗伯特·凯南(Robert Keenan)。这一事件使当时的英国社会对黑人街头犯罪以及道德恐慌的舆论高潮迭起,继而发展成为波及所有黑人青年的法律与秩序的问题。针对这一社会上的热点问题,霍尔强调:"对于'行凶抢劫'问题的关注,不是基于它是犯罪的一种特定形式,而是基于它是一种社会现象,需要真正了解'行凶抢劫'的社会原因。"①因而,霍尔等专家学者开始对法律、秩序、种族等问题和现象进行研究和探讨。当时,霍尔和其他四位学者参与了这一课题的研究,其研究成果《街头袭击、法律与秩序》于1975年4月在卡迪夫大学召开的"第十六届民族异化行为会议"上发表,1976年又以《通过仪式抵抗:战后英国的青年亚文化》为题出版发行,而后在各地再版发行。到了1978年,原始的研究报告再次以单行本《监控危机:街头犯罪、政权、法律和秩序》的形式出版发行,同时被多次收录到其他关于文化研究的著作当中。我们可以看到,此书所阐释的理论观点有别于其他关于仪式反抗的文章中对理论的阐释,它主要论述了有关统治阶级的国家政权利用意识形态、危机、"道德恐慌"等种族主义的强制手段,进一步加强对社会秩序控制的问题。

就整个"街头袭击"案件而言,黑人青年的处境以及经验都与法律和秩序形成了一种范式关系(paradigmatic relation)。在这种范式关系下,"《监控危机》宣告了霍尔在英国大都市进入了对移民政治的考察"②。从《监控危机:街头犯罪、政权、法律和秩序》的理论中,我们可以看到,意识形态在构建

---

① Stuart Hall, et al. Policing the Crisis:Mugging, the State and Law and Order[M]. London:Macmillan, 1978:vii.

② Grant Farred. What's My Name? Black Vernacular Intellectuals [M]. London:University of Minnesota Press, 2003:192.

社会现实的过程中具有强大的社会影响力,它通过这个过程积极调动广大民众的"常识",使其发挥作用,这充分体现了《监控危机:街头犯罪、政权、法律和秩序》的价值和重要性。所以有学者认为"它是一部令人吃惊的作品,没有它的存在,那么文化研究将会褪色不少"①。这是对霍尔等学者付出的辛勤汗水和心血的高度评价和充分肯定,同时也是对这部作品价值的支持与赞同。《通过仪式抵抗:战后英国的青年亚文化》和《监控危机:街头犯罪、政权、法律和秩序》,是伯明翰学派当代文化研究中心的学者们在实践中对二十世纪七十年代英国社会、文化、政治、经济等各领域问题不断反思与深入研究后得出的杰作,是伯明翰学派的领军人物霍尔及其他学者为文化研究留下的宝贵财富,为今天的文化理论研究提供了丰富的理论资源和参考。

霍尔认为,在二十世纪七十年代中期,美国右翼媒体用"街头袭击"这一术语,体现的是在黑人社区、城市贫民窟、犹太区的街头犯罪行为。英国的统治阶级以官方的名义积极引进了这一术语,并特意指向一个所谓的使多种族社会遭遇瓦解的符号,"使犯罪具有种族化特征"②,而其实质是集公安、司法和媒体、官僚集权、惩戒和谴责于一体的话语体制,并且在这个体制内预设了前提,制造一种一致的见解。霍尔认为,媒体按照主导话语机构的意图,去采集所谓的道德恐慌造成社会动荡、不和谐的新闻素材,并不断向公众传递着黑人暴力犯罪给社会带来困境与危机的消息。实践证明,社会结构中的媒体充当了国家机器的角色,并发挥着巨大的作用。它们既会迎合广大公众,又会听命于意识形态机制的旨意,更会制造引人注目的,甚至不惜歪曲事实真相的新闻。这些违背道德良心的不良社会现象,是摆在广大学者面前的新闻伦理学(journalism)的新课题。霍尔通过研究分析,向我们展示了话语背后隐藏的意义产生的过程,阐释了意识形态话语下的真正

---

① Matrin Barker. Stuart Hall, Policing the Crisis[C]// Martin Barker, Anne Beezer. Reading into Cultural Studies. London: Routledge, 1992:95.

② Stuart Hall, et al. Policing the Crisis: Mugging, the State and Law and Order[M]. London: Macmillan,1978:24.

动因。1978 年 8 月,霍尔在《种族平等委员会》刊物上发表了《种族主义及其反应》的文章。他认为,英国统治集团面对危机时,总是把目标对准"与黑人的对话"①。给人们的感觉,英国当局就是处理种族问题的,似乎与英国固有的其他现状毫不相干。那么,只要一接触到英国种族问题,人们就会相信,英国人、加勒比海人、印度次大陆人的关系从二十世纪四十至五十年代就已经形成。"那时,贫穷愚昧的人,因为某些英国人有时难以想起来的原因,离开自己的村庄和种植园,踏上无法预知的漫长陌生征途,不期而至地敲开了英国工业的大门,英国人出于好心而赏赐给他们工作。而今,这个美好时代结束了,甜蜜之吻结束了,英国人的耐心已尽,善款已经枯竭,该是将他们打回老家的时候了,英国人毅然决然要了结这个种族问题。"②当时社会的种族问题甚至已经成为官方种族主义政治的秘密武器。在 1968 年和 1969 年期间,成就了"鲍威尔主义"③。霍尔称伊诺克·鲍威尔(Enoch Powell)为帝国主义后期的保守党政治家。在鲍威尔看来,当时威胁社会和谐安定秩序的是"内部敌人"。这个内部敌人就是不名一文、手无寸铁的"他",就是"他者"——黑人。这种意识形态的观点,在现实生活中,便成为一股真实的政治力量,与"沉默的群体"④紧密相连。

2. 英国早期经济危机催生道德恐慌的形成

众所周知,导致英国早期经济危机的原因,并不一定是诺丁山种族骚乱。霍尔进行了仔细的分析,认为一是二十世纪四十年代后期的法西斯政治,二是没落的皇家小资产阶级、白人无产阶级劳动者和处于被殖民地位的黑人之间的对抗关系,三是白人青年的问题。诺丁山种族骚乱发生在英国

---

① Stuart Hall. Racism and Reaction: Five Views of Multi-Racial Britain [M]. London: Commission for Racial Equality, 1978:23.

② Stuart Hall. Racism and Reaction: Five Views of Multi-Racial Britain [M]. London: Commission for Racial Equality, 1978:23.

③ Stuart Hall. Racism and Reaction: Five Views of Multi-Racial Britain [M]. London: Commission for Racial Equality, 1978:23.

④ Stuart Hall. Racism and Reaction: Five Views of Multi-Racial Britain [M]. London: Commission for Racial Equality, 1978:30.

种族主义出现的时期和二十世纪五十年代青年道德恐慌、富裕社会极端个人主义(permissiveness)危机的两个重要历史时期。"社会危机并非是种族危机,但是,种族标记划分了这种危机。"①霍尔认为,这是政治控制社会的具体手段,当时的"官方政治,通过对危机和恐慌采取行动,有效地加强了对社会的进一步控制。纵观英国历史,我们会看到,在宽泛的意识形态领域,十字军在东征过程中,在净化不列颠的诸多内容里,种族问题只是其中一个。不论在何种政治情境下,权力集团都乐于控制那些促成公众意识变化和形成的各种力量及其发展趋势,不愿看到这种控制有一点松懈"②。

从以上的阐释来看,街头袭击中的"道德恐慌"实质是文化领导权被过分关注的问题,这是因为文化领导权在社会实践中出现了危机。霍尔指出:在十九世纪中期,英国历史上实施了不干涉自由主义的政策,在这一时期,"政治提供了主要的认同机制:正是通过政治系统,占支配地位的经济阶级实践了其文化领导权"③。而后自由资本主义过渡到垄断资本主义,国家通过强力和认同的手段对工人阶级实施统治,导致文化领导权的危机。最后,第二次世界大战后转向"福利"资本主义,民众生活质量不断提高,社会呈现"共识政治"的局面。

3.道德恐慌的发展历程是亚文化的发展历程和英国社会政治的演进过程

第一,从1945年到1961年期间,是英国共识政治的构建阶段,其主要特征是福利国家的建立、言论自由的相对开放、各种经济的不断发展、失业率的不断降低、工资待遇的不断增加、各种社会矛盾的不断减少。因实施了凯恩斯主义而形成了现代资本主义,经济形势呈现持续发展的良好局面。在意识形态和价值观的取向上,复苏了传统主义(traditionalism)的共识观,

---

① Stuart Hall. Racism and Reaction:Five Views of Multi-Racial Britain [M]. London:Commission for Racial Equality, 1978:31

② Stuart Hall. Racism and Reaction:Five Views of Multi-Racial Britain [M]. London:Commission for Racial Equality, 1978:31.

③ Stuart Hall, et al. Policing the Crisis:Mugging, the State and Law and Order[M]. London:Macmillan, 1978:210.

政治领域实施"富足政治"(politics of affluence),即国家政治生活民主议会得到巩固,强调国家的核心力量是传统美德。这正是霍尔所关注的,他指出"传统主义共识观的根源是常识"①。在英国传统意识形态中,常识是特定的组成元素,也是意识形态的承载形式,是追求安定、宁静的生活方式。霍尔说:"英国'常识'在某种程度上反映了一种'自然'秩序的真实的、实用的资产阶级社会的建立。"②现实中,就英国的共识政治而言,"传统主义"和"经验主义"(empiricism)是常识的表现特征,常识与现实生活紧密相连,并代表了一种传统通俗的世界观。除此之外,常识还是从属阶级文化的核心,表征的是从属阶级的世界,这种常识的思考是在占支配地位的观念框架内进行的,统治阶级和从属阶级在常识的作用下结合起来,把统治阶级的思想渗透到民众当中,这种共识的构建是在充满了矛盾的社会要素中形成的。如发生在1956年的苏伊士运河事件、匈牙利革命事件、激进知识阶层的出现、新左派的诞生、议会政治中反核运动的出现、青年文化的出现、1958年的诺丁山种族骚乱,以及六十年代初的"犯罪和移民"问题与"民间恶魔"等社会问题,以上这些运动或事件的发生,都是影响社会安定的不和谐因素导致的,都预示着摇摇欲坠的"共识政治"开始走向消亡。

　　第二,从1961年到1964年期间,体现为"共识"阶段。英国社会和政治生活中"前所未有的如此美好"的时代结束。霍尔有论:"充分的共识(affluent consensus)由于建立在一个不稳定的基础之上,因此它的历程在任何情况下都注定是短命的。1959年,麦克米兰(Macmillan)在选举中获胜不久,共识就开始解体了。"③在政治领域,共识政治被国家领导权所取代,不再是国家利益至上,体现的是个人价值观。在文化方面,工人阶级和青年亚文化对生活质量的期望值与社会政策发生了矛盾冲突。在经济领域,英国经济

---

① Stuart Hall,et al. Policing the Crisis:Mugging, the State and Law and Order[M]. London:Macmillan, 1978:150.

② Stuart Hall,et al. Policing the Crisis:Mugging, the State and Law and Order[M]. London:Macmillan, 1978:151.

③ Stuart Hall,et al. Policing the Crisis:Mugging, the State and Law and Order[M]. London:Macmillan, 1978:234 – 235.

在经过一个高速发展期后,在世界格局中的经济竞争力不断下滑。在伦理价值观上,许多传统的东西在不断消失。在这一时期,各种矛盾凸显,不断威胁着支配阶级的统治,社会陷入了新的危机之中。

第三,从 1964 年到 1970 年期间,通货膨胀、工人失业、学生运动屡现,青年亚文化盛行,英国社会面临巨大的收支不平衡——入不敷出成为普遍现象。英国经济衰退不断加剧,文化主导权节节败退,领导权危机显现。特别是 1968 年,是体现领导权危机的重要时段。当时席卷欧洲的法国学生运动,对世界产生巨大而广泛的影响,被霍尔称为"国家分裂的一场灾难(cataclysm)"①。这场学生运动,促使新型资本主义国家的意识形态、市民和文化结构不断膨胀,最终断裂。与此同时,"英国学生也开始隔海唱和,质疑并挑战所在国的政治体系"②。鲍威尔关于"反移民"的"血流成河"的演讲,把英国种族主义推向高潮,同时也标志着"在英国政治文化中心,'官方'种族主义政策的形成"③。在英国的现实中,黑人移民已经被边缘化,成为英国人凝视下的"他者"。同时,他们的形象被定义为"性、强奸、原始主义、暴力和粪便"④。霍尔认为,不要用偏激的思想去审视黑人种族问题,种族和种族关系并不构成问题,更不是危机的体现。

第四,度过了领导权危机阶段,1970 年到 1978 年期间,是国家政权实施文化领导权的阶段。这要归结于爱德华·希思(Edward Heath)执政后,英国成功地加入了欧洲共同体,并采取一系列的强硬手段,有效扼制了危机的延续。但即便如此,也没能够使英国重新走向繁荣,不和谐的因素在现实社会中依然存在,经济形势也每况愈下,经济走向衰败,最终在 1973 年,导致

---

① Stuart Hall, et al. Policing the Crisis: Mugging, the State and Law and Order[M]. London: Macmillan, 1978:240.

② [意]安琪楼·夸特罗其,[英]汤姆·奈仁.法国 1968:终结的开始[M].赵刚,译.北京:生活·读书·新知三联书店,2001:5.

③ Stuart Hall. Racism and Reaction:Five Views of Multi-Racial Britain [J]. London:Commission for Racial Equality,1978:30.

④ Stuart Hall, et al. Policing the Crisis: Mugging, the State and Law and Order[M]. London: Macmillan, 1978:244.

了"汉斯沃"等越轨事件的发生。霍尔关注这一事件，并站在英国现实社会这一维度，审视发生这一事件的深层原因。从他的分析中可以看到，支配阶级通过意识形态的运作，赢得了民众的认同与支持，从而使文化领导权的重新建构得以实现。

第二节　对种族文化的批判

霍尔在其著作《表征——文化表征与意指实践》中指出，差异带来了文化差异，使他者种族化，进而变成种族差异。那么，彻底揭示种族差异在文化表征实践中的定型化的批判是非常重要的，也就是对种族文化的批判。霍尔对种族文化的批判从"他者"的角度展开。霍尔指出"他者"是种族化的根源，白人将"他者"类型化。所以对资本主义政治文化的批判，首先要从种族文化入手，通过他者的视角，对种族文化进行批判具有重要意义。

一、"他者"的视角

后福特主义、后结构理论、后殖民理论兴起和发展的重要时期是二十世纪八十年代。霍尔以其自身的文化背景为思考问题的主体性阐释视角，在理论思想构建中纳入了"他者"理论。霍尔认为"他者"来源于差异，差异是意义的根本，意义依赖于对立者的差异——各种各样的表征实践，在西方大众文化中被用于标志差异，并意指种族化了的"他者"。所以从"他者"的视角对种族文化进行批判是非常有必要的。

（一）"他者"的概念

"他者"（the other）用于指称某种观念的文化投射，这种投射通过一定的权力关系和话语权力建构出文化主体的身份。"他者"理论是后殖民话语中极为重要的核心内容，也是霍尔后殖民文学与文化理论中最核心、最主要的理论之一。从霍尔一生的经历来看，他其实就是在双重身份和被"他者"的景观中，不断地变换身份的位置和体现的角度。所以说，在对身份问题和

"他者"理论的思考方面,霍尔既是见证者,也是亲历者,同时还是代言者。在文化与文学研究中,霍尔的许多与后殖民问题相关的著述被收录到各种论著和教材当中,霍尔被视为与赛义德、法斯皮瓦克、巴巴等著名学者齐名的世界后殖民理论家。

在实践中,研究霍尔思想中的"他者",一是要思考"他者"理论本身的文化内核,二是要考量"他者"理论在后殖民语境中与表征差异的关系,三是要思考"他者"理论对研究后殖民文学和文化理论所产生的价值和重要意义。这三个方面,霍尔将"他者"带入种族文化批判视域下,从"他者"的视角展开对种族文化的批判。

"有关他者与他性的概念以不同的、相异的途径被用在批评话语中,这些途径表明要给这一概念赋予普遍的、稳定的而非模糊的意义是不可能的。广义上讲,有关他者的批评总是与政治批评、心理批评,特别是拉康式的批评以及哲学思想联系在一起。"①这是朱利安·沃尔弗雷斯(Julpan Wolfreys)在《文学与文化理论的批评关键词》中的论述。在当代文化理论研究中,"他者的问题不可或缺地与身份认同和差异相关,身份认同是部分地由某种基础上的差异所界定的,即是说,是由不同于他者身份认同的差异所界定的,它假定了其肯定的意义,借此它们可以排除什么。由此,他者问题在当代关于身份认同的话语中是一个不甚分明的主题,它与个人认同及自我构成相关,又与集体认同相关。他者就是避开了我们意识和认知的东西,就是位于'我们的'文化和社群以外的东西。他者就是非自我和非我们"②。那么,在种族中,"他者"对应的作用就是对人的地位和价值的衡量。

(二)"他者"的特征和指涉对象

在二十世纪八十年代,霍尔开始对"他者"理论不断地思考与追问,并先后发表了许多理论文章。霍尔的"他者"理论中突出的核心内容与身份认同

---

① Julpan Wolfreys. Critical Keywords in Literary and Cultural Theory[M]. New York:Palgrave Macmillan, 2004:169.

② 周宪.文化研究关键词[M].北京师范大学出版社,2007:290.

密切关联,并在差异中诠释出身份认同的文化内涵。从"他者"理论的发展来看,其主要特征是最有当代意义和文化内涵的"他者"理论,不断出现在后结构主义、后现代主义和后殖民主义的批判话语中,其重点关注的是东方、女性、少数族裔、非理性等卑微的、边缘的、缺场的、外在的、主流之外的他者。从以上特征可以看到,"他者"是处于被动的、从属的、被压抑的、被主体观照的、话语权力另一方的地位的。因此,在实际生活当中,"他者"理论本身就预设了一个前提,即现实社会本身就把要言说"他者"的主体对象置于优越的地位,而"他者"则处于被动的、从属的地位,这种定型化的认知,充满着殖民主义的话语领导权。

"他者"的指涉对象,从世界地域划分为东方和非洲,这是美国及欧洲学术视野中的他者。从种族的角度划分,黑人等有色人种是白人的他者。从性别来看,在男性社会中,女性是男性的他者。从经济发展的角度来考量,欠发达国家和地区是发达国家和地区的他者。从文化的归属方面考量,非西方文化、异质文化是他者。由此可见,在现实中,"他者"的主体总是在差异的另一端被呈现出来,这是西方哲学二元对立划分的结果。"他者"存在于二元对立中弱势的一方,而优势的一方做出"他者"的划分。在文化与文学中的"他者"批判,则是在解构中优势一方做出"他者"划分的策略和手段。这种划分掩盖着优势一方的恐惧和欲望,同时,也体现着这种策略和手段的脆弱和荒谬。

"他者"是被关注的对象,是被殖民者书写的对象,是异质文化的产物,同时也是压抑和被压抑的场域。在这种场域中,各种矛盾和冲突不断进行博弈。伴随着社会的发展,民族国家的独立,民族意识的增强,作为他者的有色人种不断地被重新认知,他们努力争取各种权利,书写着本民族的历史,赞扬和讴歌本民族的文学和文化。

(三)重要的差异表征——"他者",使他者种族化

在西方的大众文化领域,正是多种多样的表征体现了差异性,并标志了差异。差异表征意指种族化了的"他者"。随着历史的演进和发展,"他者"

理论也拥有了极为丰富的内涵,具有很高的文化价值和学术价值,受到当今学界学者的广泛关注。而霍尔也被誉为最杰出的后殖民文化理论家。

霍尔从其"两栖人"的身份出发,通过表征理论和表征差异,把种族、族性、主体性、身份、领导权、话语权、表征、表征的政治、差异的政治、接合的政治等理论相互结合,并借鉴和融入到"他者"理论和"他者"景观中,为思考和探寻"他者"理论,进一步增添了新的文化内涵。

1. 表征的目的

表征最终的目标是把意义呈现给人们,而对于意义的解读和选择,以及意义本身所蕴含的本质,都因问题不同、语境不同而具有复杂性和多样性,也就是差异性。在现实当中,表征首先呈现出"他者"的意义,而又因为表征的意义不同,"他者"的意义也就有所不同,这就说明,"他者"的意义体现着表征差异的文化内涵。霍尔指出:"在表征中,一种差异似乎吸引着其他差异——合起来就构成一个他者的'景观'。"①这一论述,集中体现了"他者"理论与表征差异是一个有机的统一体。

2. 不同学科对差异的理论描述

在表征"他者"理论的过程中,后殖民理论家始终强调差异的重要性,表征差异是以"他者"理论为前提的。霍尔认为:"'差异'问题近几十年已经跃居文化研究的前沿位置,而且以不同方式被不同学科所谈论。"②

第一,是来自于语言学的描述,特别是索绪尔的理论。在他看来,差异之所以重要,是因为它是意义的主要元素,没有这个主要元素,意义就不存在。例如,索绪尔认为,并不是因为存在着某些"黑性"的实体,而是将黑与对立面——白进行比较,正是黑与白之间的差异体现出意义,并承载着意义,所以,意义是关系的产物,意义依赖于对立者的差异而呈现。

第二,是来自于文艺理论家——米哈伊尔·巴赫金的描述。巴赫金认

---

① Stuart Hall, et al. Representation: Cultural Representation and Signifying Practice[C]. London: Sage Publications Ltd., 1997:231.

② 斯图尔特·霍尔. 表征——文化表征与意指实践[M]. 徐亮,陆兴华,译. 北京:商务印书馆,2013:346.

为,我们之所以需要差异,是因为我们只能通过"他者"对话,而通过对话才能建立起意义。霍尔对于民族差异和种族的机构化曾经进行过详细论述,对于结构主义语言学家巴赫金的对话理论表示赞许和认同。他强调,需要差异是因为我们只有通过和"他者"的对话,才能建立起自己的意义。在现实生活中,任何一方不可能单独拥有意义,因为它是通过对话而建立起来,再通过对话展现出来的。性别差异同种族差异类似,在一般情况下比其他差异复杂许多,但最主要的是我们的思想机制和语言是如何表征这些差异的。霍尔强调:"'他者'是意义的根本。"①

第三,是来自于霍尔等学者的理论描述。霍尔等理论家是站在人类学的角度来思考和审视"他者"的问题的。霍尔认为,文化的差异取决于给予事物以何种意义,这是通过在一个分类系统中给事物指派不同的位置而体现出来的。因此,"表征差异"的标志,就是被称为文化的符号秩序的根据。这一说法进一步显现出差异是文化意义的本质性特征,同时也进一步彰显出表征差异在"他者"理论中的重要性。

第四,是来自于精神分析学的理论描述。拉康和弗洛伊德认为,"他者"是根本性的,无论是对于自我的构建,还是对主体的我们,以及对身份性别的认同,都是如此。

这些论述表明,"他者"和表征差异得到了人们的广泛关注,对学术研究具有重要的意义。然而,如果过分强调"他者"指涉的表征差异,以及差异中蕴含的"他者",那么就会跌入危险的境域。在表征差异和"他者"的问题上,霍尔认为:"危险的场域,是各种消极情感、分裂,对"他者"的敌意和侵犯的场域。"②在资本主义的对外扩张中,包含着宗主国与附属国、第一世界与第三世界、殖民地与被殖民地的图景,每天都在演说"他者",呈现出来的景观往往是强势对弱势的消极表征和差异。在中世纪,非洲是一个神奇的

---

① Stuart Hall, et al. Representation: Cultural Representation and Signifying Practice[C]. London: Sage Publications Ltd., 1997:236.

② Stuart Hall, et al. Representation: Cultural Representation and Signifying Practice[C]. London: Sage Publications Ltd., 1997:238.

地方,霍尔曾指出,科普特教堂是海外最古老的基督教社区之一,在中世纪基督教画作中,展现着黑人朝圣的壮美景观,但这种情况逐渐被改写,非洲人被认为"象征着野蛮",是落后的"他者",不过随着社会的不断进步与发展,"他者"景观在现实语境中已经呈现出积极乐观的局面。在霍尔看来,为了争夺积极的、正面的种族化表征体系形象,人们尝试用"'积极的'黑人、黑人生活和文化的形象来取代'消极的'、继续统治大众表征领域的形象。……对差异的接受——实际上是一种赞美——为它奠定了基础。它颠倒了二元对立,给次要用语以优先权,有时以积极的方法解读消极词语:'黑的是美的'"①,彻底颠覆了西方殖民者对非洲、肤色、少数族裔群体的认知。

霍尔几十年来用差异的视角,围绕身份、表征、差异、接合、他者等问题进行思考和研究,为我们诠释对黑人身份及少数族裔身份认同的合理性及多样性,最终促成一个在表征差异影响下的新世界文化在场的格局,使表征差异中的"他者"理论,从被动走向主动,从边缘地带走向中心位置。霍尔彻底颠覆了"他者"的消极形象,并不断地承认、讴歌"他者"的理论所蕴含的美学价值和重要意义。

在话语实践中,表征的最终目标指向世界和社会呈现在人们面前的意义,而对意义的选择和解读及这个意义所蕴含的内在实质,都因语境的不同和问题的不同而具有多样性和复杂性。那么,意义表征不同,"他者"所体现的意义也就不同,因此就使"他者"的意义被赋予了表征差异的深刻文化内涵。在实践中,我们思考和探究"他者"理论,就是对"他者"理论背后所蕴含的内在表征差异的意义进行探寻和追问,内在和外在相结合就构成了"他者"的景观,这种理论的认识展示了"他者"的理论与差异表征之间的相互关系,即它们是有机的统一体。

在表征"他者"的理论中,后殖民理论学者们努力强调差异的重要性,"他者"是表征差异理论的前提。表征差异中所体现的"他者",是霍尔思考

---

① [英]斯图尔特·霍尔.表征——文化表征与意指实践[M].徐亮,陆兴华,译.北京:商务印书馆,2013:405.

族裔散居文化身份认同理论时所关注的最为重要的元素,身份认同的差异性使文化表征在现实生活中的意义富有极强的灵活性。同时,"他者"的理论在涉及后殖民文学和文化理论的种族差异定型中,体现得最为显著。

二、白人与种族问题

白人与黑人的身份差异由来已久,在十六世纪,贩卖黑奴者与西非各王国之间的交易长达三个世纪。欧洲对非洲的殖民,欧洲列强对非洲殖民地的争夺也在不断上演。战争期间,黑人向欧洲和北美移民,成为当地居民。以上情形导致了种族问题的普遍化,白人与黑人之间的种族问题不仅发生在非洲国家,同样也发生在欧美国家。黑人的涌入以及种植园的遍布,迅速带来了商品种族主义,随之而来的是各种各样的种族差异形象充斥着大众文化。

霍尔认为:"通常会过于简单地看待身份认同过程,认为它定义了固定不变的我们是什么或不是什么。但是,身份和差异是种族主义借以建立的有力武器,人们不仅借此把黑人放置在劣等种族的位置,同时还带着不可言说的嫉妒和欲望,这是迄今为止存在于政治名目下稳固的基本认知,其中包含的身份和他者的形成过程,比我们迄今能够想象的要复杂得多。"①

(一)类型化的黑人

在社会生活实际中,给人们的肤色赋予了"种族语法"与"身份版图"的是意识形态。众所周知,在殖民历史视域下,黑人不仅指种族上的非洲黑人,它还在社会实践中成为具体的符号。霍尔认为,媒体在创作节目时所强调的具体特征代表了种族主义意识形态化。文学作品中的每句话、每个人物形象都充满了无意识的种族主义观点。因为在现实中有一个未加说明,但也无须认知的普遍共同的认同设定——问题的根源来源于黑人。

一种类型化的表征是,在许许多多英国的文学作品创作过程中,男性作

---

① Stuart Hall. New Ethnicities, Stuart Hall: Critical Dialogues in Cultural Studies [C]. ed. Davis Morley, Kuan-Hsing Chen, London: Routledge,1996:444 – 445.

家占有相当的主导和霸权地位。而在英国的现实社会中,根本不像文学作品中所描绘的那样,男女具有平等的地位。所以说,冒险已经成为殖民者评价被殖民者展示和行使社会道德、身份支配等权利的同义词。当时的霍尔总结概括道:黑人被大众媒介定义为牺牲品、小丑、野蛮人的代名词——"他们被认为等同于自然界,象征着野蛮,与文明世界恰好形成对比"①。

在社会历史视域下,启蒙运动阶段的霍尔,对蒙昧状态到文明状态做出区分和排列。欧洲白人在非洲的各项活动中,不断地把非洲异化定性,把黑人看成是野蛮的、落后的他者,并使这种形象出现在各种物品(如火柴盒、香烟盒等)上,黑人被打上了种族歧视的烙印。这样就在差异表征体系中,组织化、机构化、自然化地建构起黑人的"自然本质"。黑人总是被称为"白人家愚忠的'奴仆'"②,黑人总是被描述为与懒惰、偷窃、欺诈、迟钝、可笑、无知有关。最为典型的是,在文学作品中,黑人表征被定格为乐于被奴役的不朽的神话。土著黑人要么被描述成具有原始的高贵与尊严,要么被描绘成未开化的、狡猾的野蛮人,有的是同类相残的食人族,有的是狂热的禁欲的苦行僧。例如:装扮华丽的印第安人在寂静的黑夜,伴随着恐怖的鼓声,跳跃在荆棘丛中。在黑暗的夜色中,斩下貌美女勇士的头颅、绑架儿童、焚烧露营地、威胁无辜的探险者或殖民长官及其妻儿,要把他们下油锅烧炸吃掉。这些土著人总是以部落或群居、匿名的方式集体出场。同他们作对的总是对立的、孤立无援的白人。而白人肩负着击败"黑暗之心"的重任,临危不惧、镇定自若、坚不可摧。白人用统治支配反叛的本土人,并对恐怖的暴乱进行镇压。这一切的实施,都只需要他——白人,用那锐利如刀的蓝眼睛……轻轻地一瞥!这种最原始的风情在当代社会依然可寻踪影,如:在非洲中南部辛巴布威森林地带的丛林人、非洲南部安哥拉的游击队员。在美国纽约有关警察的电视节目中,黑人是诡计多端的恶棍、混蛋。在差异的激烈

---

① Stuart Hall, et al. Representation: Cultural Representation and Signifying Practice[C]. London: Sage Publications Ltd. , 1997:239 - 240.

② 武桂杰. 霍尔与文化研究[M]. 北京:中央编译出版社,2009:189.

搏斗中,凸显着野蛮与文明。以上种种是黑人外在表征的类型化。

另外一种关于黑人类型化形象的表征,是针对黑人作为实践主体的肉身和性格的描述:宽脸、厚唇、卷发、阔鼻、肥胖,通常具有狂躁猛烈的性格,几乎与艾滋病是同义词。霍尔在对经典的黑人著作和图片的分析中,向我们昭示了,在白人的凝视下和幻想中,黑人试图"阴谋瓦解文明世界"的含义潜行其中。① 黑人只不过是在广告或流行音乐中充斥的画面。凡此种种,除了体现出殖民主义和种族主义意识形态外,在男权社会中表征女性形象时,还存在着性别歧视的问题。种族主义建构的黑人主体,既是高贵的野蛮人,又是暴力的复仇者,在他们身上欲望和恐惧并存。

因此,我们可以透过"他者"的复杂景观,窥视到差异的政治学,并且这种表征系统已被种族定性化。在霍尔1971年所著的《离经叛道,政治学与媒体》、1975年所著的《异常文化与主流文化》等作品中都有差异思想的观点闪现。十九世纪末,英国的漫画周刊《潘趣》(Punch)把爱尔兰人描述成下颌突出、前额低垂的猿人。对于维多利亚时代的人来说,爱尔兰人就住在靠近猿人、远离天使的地方。虽然时代在变迁,其中蕴含的意义已经变化,但爱尔兰人仍无法摆脱"狂野的"印记。1885年英国物理学家约翰·贝窦(John Beddoe)撰写了"黑色目录"②。他指出:"爱尔兰人要比英格兰东部和中部的人黑,类似英国南部岛屿的土著人,那里人的面部特征具有'黑人'祖先的迹象,英国的上层阶级不认为他们和劳动阶级是同一种族,区别就是劳动阶级的肤色比他们的肤色偏黑。"③

1978年赛义德在《东方主义》中曾经指出,东方主义的种族化知识形式建立在西方帝国主义的话语模式之中。这样接下来的景观就是:所有非洲人都没有西方文明,文明人是指白人、男性和异性恋者。霍尔在分析中指

① Stuart Hall. The whites of their eyes, Racist ideologies and the media, Black and White Media[C]. ed. Karen Bose. London:Polity,1996:18 – 27.

② John Beddoe. From Jan Nedrveen Pieterse, "White negores", Black and White Media[C]. ed. Karen Rose. London: Polity, 1996:24.

③ John Beddoe. From Jan Nedrveen Pieterse, "White negores", Black and White Media[C]. ed. Karen Rose. London: Polity, 1996:24.

出:"世界上存在话语差异,当世界被分门别类时,差异获得了意义,种族和性别都是一种话语结构,像语言一样是一种漂浮的能指,总有意义在这里消失。"①在实践中,身体的差异是种族间一般的差异,而道德、思想、智慧等方面的差异是很难清晰可见的。那么,我们在阅读种族、阅读身体时,就如同阅读作品文本一样。我们是种族的阅读者,同时也阅读社会差异。种族和民族的差异,阶级和阶级的差异,性别与性别的差异,构成了社会实践中的一道奇特文化景观——"他者"的景观。他者将差异的消极和积极意义,在现实当中演绎得淋漓尽致。我们认为,二元对立的结构,从表面上分析,似乎简单又僵化。但在德里达的思想当中,这种二元模式中一般不存在中性的、绝对的对立。一般情况下,二元中的一元是处于支配地位,领导和掌控着另一元的,所以二元之间始终存在着权力的相互争斗的关系。霍尔对于种族、民族差异的机构化进行了详尽的阐释,同时,他认同结构主义语言学家巴赫金"对话理论"的理论观点。这一观点是:我们之所以需要差异,是因为我们只有通过和他者的"对话",才能建立自己的"意义"。

在霍尔看来,"黑化的经历,作为一种身份的建构,跨越族群间种族和文化的差异,相对于其民族、种族身份,反而变得'领导权'起来。当然,后者没有消失,这种文化上对于黑人的建构,建立在无语的、隐形的'他者'基础之上,建立在白人主导审美和文化话语的基础之上"②。霍尔"用复数诉说思想和意识形态,将建立在开放、宽容基础之上的种族间、性别间的'良好关系'展现在媒体大观中"③。从某种意义上来讲,可以说黑人的历史就是一部民族史,是作为"他者"拒绝承认来自白人世界的、由差异而引发的种族偏见的历史。

---

① Stuart Hall. The whites of their eyes, Racist ideologies and the media, Black and White Media [C]. ed. Karen Rose. London: Polity, 1996:18 – 27.

② Stuart Hall. The whites of their eyes, Racist ideologies and the media, Black and White Media[C]. ed. Karen Rose. London: Polity, 1996:26 – 27.

③ Stuart Hall. The whites of their eyes, Racist ideologies and the media, Black and White Media [C]. ed. Karen Rose. London: Polity, 1996:26 – 27.

（二）定型化的意指实践

作为意指实践,定型化对于种族差异的表征是关键性的。人们理解世界依据的是将个别的人、事、物归入对它们的恰当的分类框架中。各种定型牢固把握以下特性:少数、简单、生动、易于捕捉、广为认可、有关个人。夸大或简化这些特性,然后固定这些特性,使之不再变化和发展,也就是对"差异"进行提炼和简化,并使差异本质化和固定化。

上文中被类型化的黑人,不但外在表征被定型化为低级,对其肉身和性格的描述也被定型化为丑陋。而这种定型化恰恰是种族表征方式的典型做法,将差异自然化,人从出生就被定型化。这种定型化的意指实践是为了不将黑人与白人之间的差异定型为文化方面的,因为那是开放的和可以更改的,而差异一旦被定型为自然存在的,那么就是原生的。

定型化运用分裂的策略,避免正常的、可接受的事物与非正常的、不可接受的事物发生混淆,并用符号确定各种疆界,然后排斥和驱逐异己。霍尔指出:"定型化是维持社会和符号秩序的组成部分。它建起一条符号的边界,来区分'正常的'和'不正常的'……我们和他们。它有助于把我们所有的'正常人''结合'或绑在一起,进入一个'想象社会';而且它把他们所有的人——'他者',即以某种不同的方式生存的、'在界限之外'的人——从符号上加以放逐。"①女权主义理论家朱丽娅·克里斯蒂娃(Julia Kristeva),把这种被排斥的群体称为被遗弃。在实际当中,定型化往往在权力不平衡的地方出现,这时候的权力通常被用来对抗被排斥的群体。也就是说,定型化就是福柯认为的一种"权力、知识"游戏,它根据设定的标准来区分人群,并把被排斥者作为"他者"构建出来。

（三）去殖民文化浪潮

霍尔曾经在《法农的来生:为什么说法农? 为什么现在谈论法农? 为什么是黑皮肤,白面具?》一文中,分析了弗兰兹·法农(Frantz Fanon)的思想。

---

① ［英］斯图尔特·霍尔.表征——文化表征与意指实践［M］.徐亮,陆兴华,译.北京:商务印书馆,2013:382.

法农的思想沉寂了几十年,却在二十世纪引起了学术界广泛而又激烈的争论。这场论争的出现,极大地促进了女性主义的快速向前发展,也点燃了后殖民主义,与当时的酷儿(queer)理论和文化研究产生了碰撞与共鸣。

弗兰兹·法农于 1925 年 6 月出生在加勒比海法国殖民地的马提尼克岛的一个黑人中产阶级的家庭,1962 年 12 月在美国华盛顿去世。霍尔感慨地说:"我们没有必要去重现真实的法农,像德里达的马克思主义论点那样,我们是否可以将其称为'光谱效应'(spectral effect),不用返回过去的历史。但假如我们回归到法农时代的话,就像本雅明所说的,'历史,又是在危险的一刻从我们面前一闪而过'……领略法农笔下的殖民男女,就像法农所说,'用过去开启未来,换来行动和希望'。"①法农把人的身体当作殖民的文本,以精神分析的方法,有力鞭挞了殖民主义和帝国主义,通过人的肤色来构建主体的形成和认同的演变过程。

在现实生活中,黑人处于白人目光的注视下,白人的文明,犹如一具沉重的枷锁,重重地强加在黑人的身上,"黑色心灵,白人制造"②。进入表征系统的是一种扭曲的殖民话语体系,这种扭曲的黑人情境,在殖民统治的威力下,继续不断地被扭曲。面对如此的境遇,黑人千方百计地寻求让自己的身份变白的途径。"黑人,长期以来受控于白人的黑人,当他决定证实他有自己的文化,也要像其他任何一个有修养的人一样表现自己时,逐渐强烈地意识到,历史给他指向了一个已经定义好的方向,他必须展示有黑人文化的存在。"③对于这种现实生活中的现实状况,法农认为,黑皮肤与生俱来,是永远都无法去掉的,最多只能落个"白面具"而已。也就是说,本民族的特征永远都具有本质属性的特征,要真正掌握自身命运,就必须放弃模仿,用抗

---

① Stuart Hall. The after-life of Frantz Fanon: Why Fanon? Why now? Why Black Skin, White Masks?[C]// The Fact of Blackness: Frantz Fanon and Visual Representation, ed. Alan Read. London: Institute of Contemporary Arts and International Visual Arts, 1996:12–37.

② Frantz Fanon. The Visibility of Race and Media History[C]//Jean Rhodes. Black and White Media: Black Images in Popular Film and Television. Karen Rose, London: Polity Press, 1996:33.

③ Frantz Fanon. The Visibility of Race and Media History[C]//Jean Rhodes. Black and White Media: Black Images in Popular Film and Television. Karen Rose, London: Polity Press, 1996:33.

争赢得权力、地位和社会的尊重。

那么,工人阶级内部的分裂及身份认同方面的困惑,对于文化反抗来说,并不是积极的因素,特别是相对于经济之外的信仰、人格和尊重等方面的优势而言。这些优势实际上比经济的优势更难获得,因为它们涉及人的思想意识和价值观的转变,需要经历一个相对比较滞后而又漫长的过程。受压迫的阶级要真正获得压迫阶级的尊重和重视并不容易,也不是靠文化的反抗就能实现的事情。在某种程度上,需要被压迫阶级形成一种同压迫阶级的文化相抗衡的工人阶级文化形式。在当时的境况下,霍尔和霍米·巴巴(Homi Bahabha)都主张、强调运用差异理论,从各种角度来深刻剖析法农所指出的殖民和被殖民文化之间的悬置和复杂关系。就像巴巴所总结概括的"文化混杂说",不断地阐释又不断地再书写,对于黑人来讲,霍尔称之为"一种新的黑水仙(Black narcissus)的生产过程"①。在这个过程中,内外各种因素联合工作,制造出了"黑"的特色景观。事实上,这是一个争夺意义的过程,因为,霍尔重点强调的就是,尽管领导权话语的意识形态千方百计地试图把形象和语言的意义稳固下来,但事实上,形象符号的意义是无法固定不变的。②

第三节　对资本主义政治文化的批判

霍尔实践文化批判理论,构建文化理论是在二十世纪七十年代后期至九十年代初。在这个时期,英国的政治社会语境中,是撒切尔夫人执政英国的时期。撒切尔夫人的执政模式颇为强硬。作为新左派知识分子的霍尔,在对亚文化和种族主义进行批判的基础上,自然把对"撒切尔主义"的批判纳入到对资本主义政治文化的批判中。相对于"撒切尔主义"的文化领导权

---

① Frantz Fanon. The Visibility of Race and Media History [C]//Jean Rhodes. Black and White Media: Black Images in Popular Film and Television. Karen Rose, London: Polity Press, 1996:33.

② Frantz Fanon. The Visibility of Race and Media History [C]//Jean Rhodes. Black and White Media: Black Images in Popular Film and Television. Karen Rose, London: Polity Press, 1996:33.

而言,"权威平民主义"是霍尔研究的另一个对象,他认为"权威平民主义"连接权威统治和平民管理,是矛盾的统一体。霍尔指出:"权威平民主义趋势是资本主义国家中的独特存在,不是经典的法西斯主义,它保留了绝大多数正式代表机构,同时也能够围绕自身构建积极的大众认同。在保持领导权平衡中,这是具有代表性的转向。"①霍尔根据英国社会的现实,把研究问题的视野放在广阔的社会大舞台上,根据英国社会的具体实际状况,不仅提出了"撒切尔主义"这一全新的理论概念,还阐释和剖析了"撒切尔主义"的深刻内涵,同时,又创造性地提出了具有深远影响的"权威平民主义"(或权威民粹主义,authoritarian populism)理论,并以这一理论对"撒切尔主义"政治哲学做出了深刻而又全面的阐释。

一、撒切尔主义

霍尔对资本主义文化的批判首先结合当时英国的社会实践,对"撒切尔主义"文化领导权进行了批判。霍尔在葛兰西的文化领导权理论视域下,透视"撒切尔主义"的形成过程,反思其本质,在此基础上总结出"撒切尔主义"的施政理念正是"权威平民主义"的前提条件,蕴含了复杂的文化、政治内涵,由此,霍尔展开了对权威平民主义的批判。

(一)撒切尔主义(Thatcherism)的提出

第二次世界大战以后的英国社会关系面临着破旧立新。二战激发了英国人民的民族情怀,民族利益空前重要,国家呈现出"共识政治"的局面。同时,国内的各种政治、经济和文化因素对执政党的影响力具有较大冲击。首先,英国国内充满了社会暴乱和政治动乱,特别是最有影响力的法国革命和鲍威尔的反种族歧视运动。其次,反越战的反文化社会运动横行。再次,二十世纪七十年代的越轨行为和好战运动积累了较多支持者。最后,失业不断增加,罢工潮到处出现,人民生活质量在通货膨胀的影响下急剧下降。所

---

① Stuart Hall. The great moving right show[J]. Marxism Today,1979:15.

以,在这种境况下,执政党在各个利益集团眼中的影响力决定执政党能否成功执政。

在霍尔看来,"至此,稳定英国政治景观的社会民主共识开始破裂,其合法性也随之烟消云散……领导权开始解体,社会进入了争论、危机和恐慌的阶段,由此寻求新的领导权阶段形成的斗争随之而来"①。霍尔在《葛兰西与我们》中指出:1975 年是具有政治转折性的一年,"一是石油价格的飙升,二是资本主义的出现,三是通向撒切尔式领导过程中现代保守主义的转型"②。当时危机的存在直接威胁着统治阶级,所以,他们采取了措施去强化法律和秩序,这就为保守党和右翼势力提供了机会。撒切尔夫人连续执政后,霍尔一直在不断地关注她的文化、政治和意识形态等方面的诉求,并首次用"撒切尔主义"这一概念来指涉撒切尔夫人的执政理念。

霍尔认为,撒切尔夫人之所以能够执政,是因为英国国内存在着复杂的、多元化的社会、文化问题——英国经济长期衰落、英国国内的爱国情绪进入白热化、工党执政势力瓦解、社会民主共识瓦解等。英国国内复杂的社会环境,为以撒切尔夫人为代表的保守党提供了时机。在撒切尔夫人执政下,英国向现代保守主义转向。撒切尔夫人执政时,一系列政治、文化、意识形态等方面的诉求,催生了撒切尔式的领导。透视这种领导体制下的经济、政治、意识形态,不难发现,撒切尔主义应运而生。

作为有机知识分子的霍尔,具备开阔的学术视野和敏锐的洞察力,在英国的撒切尔夫人主政期间,在左派和共产党的《今日马克思主义》《马克思主义与民主》《新左派评论》《新社会主义者》等宣传刊物上就英国社会现实及撒切尔主义等问题发表了文章,阐述了自己的观点。这些文章包括:1979年发表的《向右急转弯》③、1980 年发表的《大众——民主对权威平民主义:严肃地思考民主的两种方法》、1985 年发表的《权威平民主义:回应雅索普

---

① Stuart Hall. The Toad in the Garden: Thatcherism among the Theorists[C]//C. Nelson, L. Grossberg, ed. Marxism and the Interprtation of Culture. Champaign: University of Illinois Press, 1988:37.

② Stuart Hall. Cramsci and Us[J]//Marxism Today,1987:19

③ Stuart Hall. The Great Moving Right Show[J]//Marxism Today,1979:17.

等》、1987 年发表的《葛兰西与我们》、1988 年发表的《花园中的癫蛤蟆：理论家眼中的撒切尔主义》等。霍尔结合英国社会现实中的许多问题，在其作品《向右急转弯》中首次提出"撒切尔主义"，并把"权威平民主义"这一理论作为重点议题，通过"权威平民主义"透视"撒切尔主义"的政治内涵，反思英国左派在文化和政治领域的构建。霍尔指出，撒切尔主义兴起于二战后英国的危机时期，在解构英国社会现状的基础上，通过"权威主义""平民主义"策略，重新赢得了对大众的领导权，达到加强社会控制的目的，最终形成独特的"权威平民主义"。

撒切尔夫人执政不久，"撒切尔主义"的提法即进入大众文化视域。"撒切尔主义"产生于二十世纪的七十年代，指撒切尔夫人执政后在保守党内出现的一股占统治地位的"新右派"势力的意识形态，是当代西方"新自由主义"和"保守主义"的混合体，同时也指撒切尔夫人的经济理论和经济政策，主要内容是撒切尔夫人围绕发展英国经济、提高生产效率、减少失业等建立的政策体系。在经济政策上，撒切尔夫人坚持货币主义，抑制通货膨胀，同时减少国家预算，调动市场力量，放宽金融限制，刺激内外投资，减轻企业税负，加强竞争机制，增强企业活力。撒切尔主义的实施，在一定程度上刺激了英国经济的发展，巩固了保守党的统治地位，但也产生了某些消极影响。它使英国贫富差距和南北经济鸿沟逐渐扩大，进而导致了社会地位和其他领域的不平等，同时也使经济上不平等的现象越来越严重。

(二)撒切尔主义的特征

撒切尔主义所蕴藏的文化内涵对英国统治阶级的执政理念等具有较大影响。从宏观的角度去审视"撒切尔主义"，它是一个宏大的工程，把传统保守主义的诸多思想接合了进来，成为一个有机的整体。霍尔认为："撒切尔主义绝非一种政治，而是一套政治工程，是激进的新颖的政治形构。"[①]"撒切尔主义"的积极作用是把不同的利益通过意识形态的价值观结合在一起，

---

① Stuart Hall. No Light at the End of the Tannel[J]. Marxism Today,1986:14.

这些利益包括经济利益和社会利益。"撒切尔主义"的特征为：

第一，重建。在政治方面，"撒切尔主义"连接着各党派和阶级之间的历史性关系的重建，这是缘于"现代社会中政府和市民社会、公众和私人的疆域的转向，新的斗争领域、新的社会对立场域、新的社会运动、新的社会主体和政治身份的出现"①。撒切尔夫人对英国工会和罢工运动采取了有力措施，重塑了政府的形象，重新梳理了政治领域的关系，创造了一个新的"大众常识"。

第二，开放。"撒切尔主义"在经济领域推行"自由市场"，实行非国有化的、私有化的战略，改善了英国经济萧条和落后的局面，促进了社会和经济的发展，使英国成为民众资本家的资本主义社会，令英国更加具有竞争力，并向着更加自由的方向发展。同时，政府一方面大力改革税收政策，降低税率，提高就业率，另一方面改革社会福利制度，减轻政府负担，鼓励大众购买股票，使英国向民众资本主义社会转型。通过改变人民的常识，撒切尔主义渗透到普通人的日常生活中，从而成功地将自身变成了"民粹主义"的政治力量，成为人民利益的代表者，并朝着统治者的位置前行，最终达到控制国家与社会的目的。而这种控制似乎与撒切尔主义所提出的自由政策自相矛盾，实际上，撒切尔主义就是矛盾的复合体。

第三，认同。在道德和文化方面，"撒切尔主义"工程被视为倒退的现代化（regressive modernization），试图教育和规训社会被视为一种现代性的倒退，因为在某种程度上，它恢复了以前维多利亚时代的文化和价值体系。但是撒切尔夫人用现代化的视域赋予了这种价值体系新的情感认同，全体民众的情感认同高度一致，因此撒切尔夫人实现了其文化领导权。霍尔认为，这就构建出了一种新的公众哲学②，在这一点上，文化和意识形态上的政治、领导权诉求一致。这是撒切尔夫人打出的感情牌，且功效颇佳，最终帮助其

---

① Stuart Hall. The Hard Road to Renewal: Thatcherism and the Crisis of the Left[M]. London: Verso,1988:2.

② Stuart Hall, Martin Jacques. The Politics of Thatcherism[M]. Lawrence and Wishart,1983:11.

实现了对文化的领导权。

第四,接合。在意识形态方面,撒切尔主义在保守主义和自由市场,如民族、家庭、传统等与秩序之间寻求话语接合,重构英国性,消除国内因大英帝国的终结而产生的负面情绪。

在霍尔看来,"我们关注撒切尔主义是在社会思想领域或意识形态领域","撒切尔主义已经改变了政治思想和争论的流通,在此之前,社会需求已经开始建立了相对于市场力法则的自身法则,而现在是'货币价值'(value for money)的问题,私人有权去处理自身的财富。自由和自由市场之间的程式等变成贸易的术语,而不仅仅是议会政治争论中的,出版社、新闻和政策工作中循环的术语,也是思想和日常流通的语言中的术语"。① 在哲学语境下透视撒切尔主义的政治体系,可发现如下特点:其经济基础是自由市场和货币主义;经济基础是为构架意识形态而服务的。自由市场被看成是公平竞争的场域,是激励人们的象征。这是撒切尔主义得以实现文化领导权的原因。总而言之,撒切尔主义将建立具有新自由主义、自由市场和个人主义倾向的意识形态集团作为头等要务。

(三)撒切尔主义历史集团的重构

1. 历史集团的意涵

在霍尔的文化理论中,"历史集团"(historical bloc)这一概念是一个极为重要的元素。因为"历史集团"融合了"各个阶级",结合了各个阶级的各种不同的利益,为民众代言,反映各种诉求。从"历史集团"的特性上来看,它体现各个利益集团的一致性、差异性、动态性、结合性和暂时性,形成"差异中的同一"和"同一中的差异"。"撒切尔主义"正是看到了这样的理论契合点,所以采取拉拢民众的方式,千方百计地为民众寻求伸张正义的需求,主张他们的权利,进而成功地实现了对国家的管控与统治。

---

① Stuart Hall. The Hard Road to Renewal: Thatcherism and the Theoiests[C]//C. Nelson, L. Grossberg, ed. Marxism and the Interpretation of Culture. Campaign: University of Illinois Press, 1988: 39.

霍尔说:"我喜欢用'历史集团',而不是'统治阶级'去指涉'撒切尔主义'的复杂和异质的权力和支配的社会构成。"①霍尔的阐释,从理论上说明了"撒切尔主义"成功的原因所在。在统治阶级实现其统治的过程中,"历史集团"作为动态的、有机的联合体形式,通过保持新的政治格局、新的力量、新的政治哲学的平衡,实现各个利益集团的重组。这种理论概念在霍尔的文化批判理论发展中,具有极为重要的价值和作用。

就"历史集团"的文化内涵而言,霍尔在《葛兰西与我们》中分析"撒切尔主义"时强调:"葛兰西始终坚持认为,领导权不仅仅是一种意识形态现象。'没有经济的决定性内核作用',就不可能有领导权的存在……现代世界的权力本质,是通过与政治、道德知识、文化意识形态和性别等问题相连接而被建构起来的。领导权问题总是一个新文化秩序的问题……'历史集团'的概念与一个稳定的、同质的和统治阶级的概念完全不同,它是关于全然不同的有关社会力量和社会运动如何以其多样性接合成战略联盟的概念。建构一种新的文化秩序,不必反思一种已经形成的集体意愿,而是去形成一种新的集体意愿,开启一项新的历史工程。"②从霍尔对"历史集团"的文化阐释中可以看到,他重点关注领导权与"历史集团"两者之间的内在关联,有效规避了经济决定论,把上层建筑和历史集团互相关联,同时也规避了阶级决定论。在此基础上,霍尔的阐释中也体现了"历史集团"的内涵与特征,其特征为非稳定性、暂时性、异质性、差异性、多样性、接合性。霍尔认为,从历史集团形成的效果来看,其形成过程中产生了新的文化秩序、新的集体意愿和新的历史工程,这是对历史集团最为精辟的论述。

在具体分析"撒切尔主义"文化领导权的问题时不难发现,撒切尔夫人改变了话语中的主体地位,她站在工人阶级的立场上同他们一起批评工党的官僚化,鼓动草根造反,还抨击自由主义堕落的道德观,等等。撒切尔夫

---

① Stuart Hall. The Hard Road to Renewal: Thatcherism and the Crisis of the Left[M]. London: Verso,1988:7.

② Stuart Hall. Gramsci and Us[J]. Marxism Today, 1987:20 – 21.

人把她自己当成工人阶级工会、地方政权和草根大众的知心人，为他们呐喊助威，从而形成了一种形式上的"平民主义同一体"（populist unity）。"我们"在某种程度上代表了不同阶级的利益，在思考"权力"这一特定的问题时站在同一角度，于是"新的文化秩序"形成了，从而达到了撒切尔夫人重组阶级的目的。因此，"人民"与"我们"就都成为"同一性"的主体。

总之，阶级本身在意识形态中的表征并非生产关系直接的决定论反映，它是通过接合与召唤的过程，在特定的空间和语境中凸显出来的。新的"历史集团"就是在撒切尔主义意识形态的话语主体"召唤"中形成的，"历史集团"的形成是文化领导权形成的标志。

从本质上来讲，"撒切尔主义"意识形态中形成"历史集团"的目的并非真正实现大众的民主，而是积极建构文化领导权。就当时保守党所领导的英国而言，它所形成的是这样一种新型的国家——普遍中立的、代表所有阶级的"人民"的国家；代表共同的普遍利益的，能够按照某一明确的路线引导、鼓励和教育社会而同时保留其全民性和独立于各阶级，即"超越斗争"，不参与任何一方的国家。① 这种分析和认识即为撒切尔夫人担任英国首相期间英国社会和政治生活的真实写照，反映出"撒切尔主义"在当时英国社会和政治生活中运用文化领导权的成功。

纵观"历史集团"的文化内涵和典型案例的研究，本人认为，在霍尔的文化理论中，葛兰西理论体系中的"历史集团"得到了进一步阐释，这是霍尔在文化研究中进一步剖析"撒切尔主义"后逐渐形成的一个最为凸显的概念和理论关注点。从"统治阶级"和"被统治阶级"到"统治集团"和"被统治集团"，再到"权力集团"，而后到"历史集团""社会集团""阶级联盟"或"有机的意识形态联盟"，这一发展和演进过程，反映出在思考"文化领导权"问题时，霍尔理论思想脉络的发展性、递进性。也就是说，霍尔在文化研究中反对墨守成规，坚持创新和实践，对"阶级决定论""经济决定论""本质决定

---

① ［英］斯图亚特·霍尔. 大众文化与国家［C］//陶东风. 文化研究精粹读本. 北京：中国人民大学出版社，2006：261－285.

论"进行了批判,从一个理论点升华到另一个理论高点,为思考当代社会的文化理论问题提供了切实可行的路径。

葛兰西的文化领导权理论作为霍尔分析撒切尔主义的研究范式,形成于他在当代文化研究中心时期,英国革命形势的变化也促使这一时期的文化研究范式不断变化。在霍尔看来,葛兰西的文化领导权理论是"试图既讨论各种实践的特殊性,又讨论由它们所构成的各种形式的接合统一体"①。葛兰西认为领导权是一个集团在政治、道德和精神上对其他集团的领导权,其表现形式为统治与对精神和道德的领导。资产阶级统治集团在实施统治的过程中,避免采取强制的策略,以骗取多数人的认可和同意。葛兰西"阵地战"的理论核心就是夺取文化领导权,建立新型无产阶级文化,其实质就是要重新唤起无产阶级意识形态,构建无产阶级历史集团,最终以实现社会主义革命胜利为目标。

霍尔在文化研究的过程中逐渐意识到,任何理论从来都不是脱离对时代客观现实的思辨建构起来的,它们是思想和现实之间互动的结果。这样,运用葛兰西的文化领导权理论,对日益成功的撒切尔主义进行分析和批判,就成为霍尔文化研究中的重要课题。

2.解构危机

霍尔在葛兰西文化领导权理论的研究范式影响下,运用葛兰西关于解构和建构的观点,强调了危机的双重性——危机时期也是重构时期,从而说明,没有解构也就没有重构,任何权力结构都存在霸权性和反霸权性。霍尔认为,这是一个全新的危机和权力的概念。在实践中,"撒切尔主义"不是去回避危机,而是充分利用危机去揭露危机,暴露社会的糟糕局面,其真实目的非常明确,就是要为接下来的颠覆行动做充分的准备。霍尔指出:这是一

---

① [英]斯图亚特·霍尔.文化研究:两种范式[C]//陶东风,周宪.文化研究(第14辑).北京:社会科学文献出版社,2013:303-325.

个具有"敦刻尔克精神"①的时刻，就是"我们愈糟，我们会做得愈好"。"撒切尔主义"也正是在这种"愈糟愈好"思想的指导下开始强化社会糟糕局面的。这就是霍尔所说的，撒切尔夫人"并没有允诺给我们一个赠品式的社会。她说艰难时代、说绝境、说僵硬的上嘴唇、说流离失所、说骑自行车、说专心工作"②，在霍尔看来，"撒切尔主义作为一种意识形态，要做的就是指出一个民族的恐惧、焦虑和失去的身份"③。而在这种对恐惧的展示中，"撒切尔主义"能够顺利地摧毁英国人曾经的共识。当"撒切尔主义""将社会民主、工党、工会、国家混在一起，把它们塑造成专制的、对法律不负责任的、挥霍的、不充分的、反个体主义的，实际上也就是非英国的"④时，它对现实，对英国在战后所形成的"社会民主共识"便具有解构性和颠覆性。

作为意识形态的"撒切尔主义"，通过政治、文化、经济等方面一系列政策的实施，颠覆了工党的历史集团，建构了英国新的历史集团。霍尔认为，"撒切尔主义"构建的历史集团是"与众不同的、特定的、新出现的意识形态要素的结合体，它通过历史地思考英国统治集团支配话语权的接合，积极重组右派话语中的某些因素，并且部分解构了先前固有的影响"⑤。保守党在"撒切尔主义"的积极塑造下，成为与英国民众相互不分彼此的集团，将执政理念和政治主张灌输给民众，变成他们的政治要求，成功地将民众纳入"撒切尔主义"所设定的主体阵营之中，从而打着民众的幌子实现对民众真正的统治。

---

① 来自于二战时期的英法联军敦刻尔克大撤退这一历史事件。当时英法联军被德军围困在敦刻尔克地区，随时有被歼灭的可能，在这种情况下，为了保存实力，他们从敦刻尔克向英国本土撤退。这一撤退虽然看似失败，但也正激起了人们的斗志，从而取得了更大的胜利。

② Stuart Hall. The Hard Road to Renewal：Thatcherism and the Crisis of the Left[M]. London：Verso, 1988：166.

③ Stuart Hall. The Hard Road to Renewal：Thatcherism and the Crisis of the Left[M]. London：Verso, 1988：167,256.

④ Dennis Dworkin. Cultural Marxism in Postwar Britain[M]. Durham and London：Duke University Press, 1997：56.

⑤ Stuart Hall. The Toad in the Garden：Thatcherism among the Theorisis[C]//Marxism and the Interpreation of Culture. ed. C. Nelson, L. Grossberg. London：University of Illinois Press, 1988：42.

撒切尔夫人在一次演讲中曾经说道:"在一个公司里,请不要告诉我'他们'和'我们'……在一个公司里,'你们'都是'我们'。公司生存,你们就生存。公司繁荣,你们就繁荣。每个人都在手牵手、心连心。未来在于合作而非对抗。"①这就是一种对主体的召唤和定位,通过把对方召唤进自己所预设的主体位置中,来重新塑造对方的身份。霍尔说:"这就替换了一个已存在的对抗结构——'他们'对'我们',把人民放在了与资本主义的一个特定关系中,一方面受制于它,一方面又认同它。"这也就是霍尔所指出的意识形态的运作特点,即"通过'重征'(recruiting)具体的社会个体,通过把他们召唤为'话语主体'这一过程而运作"②。所以,霍尔强调:"我喜欢使用'历史集团',而不是'统治阶级'去指称撒切尔主义,因为它是由复杂而异质的权力,以及其对社会的支配所构成的。"③"葛兰西的文化理论一贯坚持的观点是,没有经济决定就不能构成领导权。必须辩证地对待经济与其他社会要素的关系。必须充分地理解经济在构建领导权中的价值。比如,在构建其历史集团的过程中,撒切尔主义实行的一系列政策是必不可少的内容。但是,也绝对不能陷入经济决定论当中,在通向所有社会领域的时候,经济并不一定是唯一的关键要素,必须将领导权理解为一种意识形态,否则将无所作为。"④这段论述是霍尔对"撒切尔主义"做出的深刻总结。"撒切尔主义"通过运用文化、政治、经济等诸多综合手段,在将原有的历史集团观念瓦解的基础上,构建起新的历史集团,形成全新的社会力量和社会运动思潮,从而重构服务于"撒切尔主义"的集体观念、新的集体意愿和新的文化秩序。

由此,我们可以看出,一方面,历史集团的形成是"撒切尔主义"在解构大众的常识时积极建构的结果,即把"早已被定位好了的主体,有效地带离

---

① Stuart Hall. The Hard Road to Renewal: Thatcherism and the Crisis of the Left[M]. London: Verso, 1988:49.

② Stuart Hall. The Hard Road to Renewal: Thatcherism and the Crisis of the Left[M]. London: Verso, 1988:139.

③ Stuart Hall. The Hard Road to Renewal: Thatcherism and the Crisis of the Left[M]. London: Verso, 1988:7.

④ Stuart Hall. Gramsci and Us[J]. Narxism Today,1987:20 - 21.

它们的'应用点'（point of application）并使它们被一套新的话语有效地重新定位"①,这个历史集团并不单纯由统治集团构成,而是包含了各个阶层,甚至阶级。另一方面,霍尔喜欢用"历史集团"这一词语,而不是"统治阶级",因为历史集团能更好地"展示撒切尔主义的复杂的和异质的权力,以及其统治的社会的构成"。这就很难说清楚"撒切尔主义"到底代表谁的问题。可以说"撒切尔主义"代表保守的右派,但为什么又获得那么多平民的支持?霍尔指出:"以任何简单的方式确实很难说撒切尔主义代表谁。这是一个令人困惑的小资产阶级意识形态的现象。然而它赢得了大面积的从属的、被统治阶级的同意。"②"葛兰西称其为一种有机的,也就是历史的、有效的、意识形态的整个目的,它把不同的主体、不同的身份、不同的规划、不同的抱负接合进一个构形中。它不反映它建构一个差异的'统一体'。"③"撒切尔主义"正是一个这样的"统一体",它建立了一个历史集团,从而建立了自己的领导权,因为历史集团的建立是领导权建立的一个标志。

3. 传统的保守主题与自由市场的接合

霍尔特别强调"撒切尔主义"重构现实的巨大作用。那就是"在'自由市场'和经济人的自由话语与有机传统的保守主题,如家庭与国家、贵族主义,以及秩序之间创造了新的话语接合"④。

第一,"自由市场"——"人民自由等于自由市场"⑤的观念。它以"货币价值"或"货币主义"来代替凯恩斯主义,从而进一步变革公共福利的关键概念。霍尔所特别强调的自由市场或货币主义并不仅仅是一种经济政策,

---

① Stuart Hall. The Hard Road to Renewal: Thatcherism and the Crisis of the Left[M]. London: Verso, 1988:49.

② Stuart Hall. The Hard Road to Renewal: Thatcherism and the Crisis of the Left[M]. London: Verso, 1988:139.

③ Stuart Hall. The Hard Road to Renewal: Thatcherism and the Crisis of the Left[M]. London: Verso, 1988:139.

④ Stuart Hall. The Hard Road to Renewal: Thatcherism and the Crisis of the Left[M]. London: Verso, 1988:166.

⑤ Stuart Hall. The Hard Road to Renewal: Thatcherism and the Crisis of the Left[M]. London: Verso, 1988:165.

在"撒切尔主义"那里，它更有着意识形态的作用，"撒切尔主义""已改变了政治思想和观点的流通"。以往，在社会的框架中，社会需要建立起与自己相适应的规则，而如今，"货币价值"问题、个人处理自己财富的权利、自由与自由市场之间的平衡（equation），已经演化成了贸易的术语。在现实生活中，基于这种"货币价值"，"撒切尔主义"把英国人民的本质"认同为自力更生（self-reliance）和个体责任感"[①]，即自己对自己负责。这种自由市场的形式，被视为拼搏进取的象征，这恰恰是英国社会当时最需要的一种形态，而依靠国家的福利制度生活则是与这种形态相对立的。所以，自由市场蕴含着深刻的意识形态价值，它"攻击了福利的高消费，也攻击了集体社会福利的根本原则和本质"，甚至把这种福利国家称为新的民间罪恶（folk-devil），认为其"深深地腐蚀了国家和英国人民"[②]。

运用自由市场，打破了"社会民主共识"，颠倒了价值，这为"撒切尔主义"赢得领导权创造了前提条件，并奠定了坚实的基础，而"撒切尔主义"对传统保守主题的传播，则赢得了民众的"认同"。

第二，"传统的保守主题"。"传统的保守主题"就是英国的传统价值，这是"撒切尔主义"用来建构"民粹主义"统一体的具体手段，是"撒切尔主义"赢得民众支持的最有力的武器。这些传统价值包括权威、标准、民族、家庭、责任、传统主义等。这些价值之所以能赢得民心，顺应民意，除它们均属于传统常识之外，还因为它们都具有非阶级指向的特点。因为传统价值具有非阶级性，没有固定的阶级意义，所以会被广大的英国民众接受和认同。当"撒切尔主义"宣称要带领英国人民回到维多利亚时代，让英国人民"再一次"成为"杰出的维多利亚时代的人"时，尽管有人持有怀疑的态度，但英国人不会拒绝。在霍尔看来，"撒切尔主义"正是通过让英国民众重温过去的美好时光，来想象一种"现代性"。也正是在这种对英国伟大复兴的想象

[①]　Stuart Hall. The Hard Road to Renewal：Thatcherism and the Crisis of the Left[M]. London：Verso，1988：166.

[②]　Stuart Hall. The Hard Road to Renewal：Thatcherism and the Crisis of the Left[M]. London：Verso，1988：167，256.

中,民众才认同了"撒切尔主义","撒切尔主义"才会有机会把民众接合进一个"民粹主义的政治主体"中。而这种接合是"与权力一道,而不是对抗权力集团的"。由此还发动了一场"使英国再一次'伟大'起来"的民族运动。"撒切尔主义"把所有的人都聚集在民族复兴的旗帜之下,这就大大削弱了民众的反抗情绪,从而"创造了一个民粹主义的统一体"。这就是霍尔通常所说的"撒切尔主义"的"民粹主义"的一面。

"撒切尔主义"最重要的意识形态内容就是"权威平民主义",它直接在大众的意识形态领域内起作用,由此,一个新的"历史集团"出现在了特定的统治与被统治阶级之间。可以说,"撒切尔主义"颠覆社会民主和重构现实的武器就是"自由市场"和"传统的保守主题"。

霍尔认为,"'撒切尔主义'改变了政治的景观,它不只在20世纪80年代,而且现在看来它已经产生了持久的影响,它为英国内部和全球范围内一连串包含各种不同政治看法的政府提供了一种有共识的、中右的(centre-right)执政基础。我们今天事后来看,会发现它不仅标示出在选举成功方面的一个戏剧性的逆转,而且也标示出某些更深刻、更长远的东西——实际上,一种与'经济'、政治或'社会'同等重要的关于'文化'的'领导权计划'(姑且用这种传统的分类)。它确实是一个更广泛的、全球性的、跨国的变革过程的组成部分,这一过程将20世纪70年代中期出现的全球化新阶段的各种强制规则(imperatives)强加在经济生活、政治文化、公共制度、社会关系、传媒话语、态度和价值观等方面。它的移位效应体现了一种新的全球性聚合政体——必然也是一种新的'现实政体'——的诞生之痛"①。

二、权威平民主义②

在撒切尔主义成为英国主流执政理念以后,霍尔结合英国社会实践,提

---

① [英]斯图亚特·霍尔,托尼·杰斐逊.通过仪式抵抗:战后英国的青年亚文化[M].孟登迎,胡疆锋,王蕙,译.北京:中国青年出版社,2015:65.

② 英文为 authoritarian populism,也有人译作"权威民粹主义",本书采用"权威平民主义"的译法。

出了权威平民主义理论。权威平民主义集中体现了撒切尔主义的实践,是对撒切尔主义理论的高度概括和提炼。在对权威平民主义的研究中,霍尔对资本主义文化领导权问题进行了深入批判。

(一)"权威平民主义"的提出

霍尔提出的"权威平民主义"是对"撒切尔主义"理论的精准提炼和高度概括,是"撒切尔主义"成功实现文化领导权的最准确而又集中的体现。可以认为,"权威平民主义"理论成为霍尔用文化理论进一步批判英国社会现实问题的最成功而又最有影响的研究范式。

"权威平民主义"最早出现在《向右急转弯》(霍尔 1979)中,该文刊载在英国左翼杂志《今日马克思主义》上,后来被收入《艰难的复兴之路》和《撒切尔主义政治学》中。"权威平民主义"将"平民主义"方式和"权威式统治"的管理国家的方式相结合,将统治和领导权相连接,是矛盾的统一体。撒切尔主义在利用国家机器加强管控的同时,又得到了国民的认同,或者说是在赢得英国民众认同的基础上,实行对社会及民众的管控。

霍尔使用"权威平民主义"这一概念,是"希望通过采用这一蓄意显出矛盾的术语去恰当地包含新出现的事态的矛盾特征,通过一个趋向一种统治的和'权威式的'民主阶级政治形式的运动"①实现民主与统治的矛盾统一。霍尔对比英国政府处理社会危机的不同方式,提出了"权威平民主义"。

"权威平民主义",从来源来看,是从尼克斯·普兰查斯(Nicos Poulantzas)的《国家、权力、社会主义》(1978)中发展而来的,对于它的演进和发展历程,霍尔在《权威平民主义:回应雅索普等》中做了详尽、全面的谱系学考察和研究。

霍尔在阅读《国家、权力、社会主义》一书的过程中,提出了"权威平民主义"这一概念。普兰查斯以"权威式国家主义"(authoritarian statism)指代在资本主义发展过程中出现的一种滑向高压与压制一方的现象,即国家逐

---

① Stuart Hall. The Hard Road to Renewal: Thatcherism and the Crisis of the Left[M]. London: Verso, 1988:152 - 153.

渐加强对社会的控制。

在霍尔看来,普兰查斯的论述和自己对英国社会实地考察的结论有许多共同之处。普兰查斯发现,在资本主义发展进程中,国家不断对社会发展和经济、生活等各个领域加强管控,伴随着国家政治民主的急速下滑,就会出现"权威国家主义",从而使国家和政治危机等问题被"权威国家主义"所掩盖。也就是说,国家出现危机与困境时,就会随着形势的发展而转向强有力的方向,并不断增强对社会各领域的管控能力。这种认同与强力相互结合的新方式,与资本主义社会中阶级关系的改变密切相关,不但如此,还与其他社会形成的抗争和阶级冲突的普遍化共存。在此基础上,霍尔结合英国的撒切尔主义,进一步完善了普兰查斯的"权威国家主义"。

第一,撒切尔主义在强化保守党历史集团的政治主张的过程中,以比较柔和的策略与有效的手段反对国家主义,而不是简单粗暴地去统治国家。但在实质上,为了强化历史集团的统治地位和利益,它又坚持极端的国家主义,在全国大众面前树立国家和政府的强势权威。所以,权威和国家主义共同成为意识形态的组成部分,使"撒切尔主义"的国家主义与反国家主义有机地结合起来,成为一种矛盾的统一体,展现在现实社会中。这种矛盾的统一体,会产生意识形态的效果和巨大的政治影响力。

第二,历史集团在赢得广大群众的积极支持、认同和构建领导权的过程中,让民众的不满情绪得到支持,让反对势力受到孤立,不断瓦解持反对立场的群体,将大众意见中合理的策略性元素纳入到自己的领导权规划中来。就历史集团而言,它是一个比较笼统、模糊的政治术语,它吸纳具有共同利益的不同阶级的群体,从而进一步弱化阶级在民众这个群体心目中的印迹,深入挖掘各个阶级的相同之处,最终达到统治整个国家的目的。

霍尔对普兰查斯思想的修正与完善,集中体现了"权威平民主义"的主要特征,即国家主义和反国家主义是矛盾的统一体,以及历史集团在"撒切尔主义"理论中的构建。其主要特征是阐释和认识"权威平民主义"理论的关键所在,这也是"权威平民主义"的核心内容。

(二)"权威平民主义"的内涵

霍尔指出,"权威平民主义"的主体是"撒切尔主义"和保守党历史集团,诉诸广大人民群众。在文化内涵方面,霍尔认为,其实"我们必须解释'权威平民主义'的趋势——资本主义国家中独特的一种形式,不像法西斯主义,它保留了绝大多数(尽管不是全部)的正式代表机构,同时也能够围绕其自身建构一种积极的大众认同。在保持领导权平衡中,这毫无疑问间代表了具有决定意义的转向"①。从以上论述可以看到,"权威平民主义"在"领导权"和"统治"式的认同中,保持着有机的、相互平衡的状态,并指出了"撒切尔主义"内涵中存在的矛盾性。

首先,"权威平民主义"利用社会存在的支配权和统治权,通过国家机器进行管理。特殊情况时,采取"强力"打击措施,以保证人民生活的有序和国家的安全,这一切都展现出撒切尔夫人"铁娘子"强权的一面。

其次,"权威平民主义"以共识和认同为基础,赢得了社会群众的认同与支持,这可以看作是文化领导权在"撒切尔主义"理论中的具体运用。由此可见,"权威平民主义"是辩证统一的,是既相互排斥,又相互关联的有机结合体。撒切尔夫人在和左派的斗争中,为了获得稳定的领导权,极力争取人民群众的支持。我们认为,"权威平民主义"被看作管理国家的工具,是"自由市场、强力政权和铁腕时代"②的统一体。

实践证明,"权威平民主义"是辩证统一体的概念,也就是说,它既是一种悖论,同时又是有机的结合体。具体来说就是,在与左派斗争的过程中,撒切尔夫人为了获得领导权,重新建立权威,积极地争取广大群众的支持和赞同。平民在权威统治的基础上就这样被权威化,也就是被综合和超越,而权威也被平民化,也就是被普通化、道德化、形象化和自然化。平民主义和权威变成了有机意识形态中重要的组成部分,在"撒切尔主义"的政治哲学中被淋漓尽致地体现出来,极大地帮助了撒切尔夫人执政。

---

① Stuart Hall. The Great Moving Right Show[J]. Marxism Today, 1979:15.

② Stuart Hall, Martin Jacques. The Politics of Thatcherism[M]. Lawrence and Wishart,1983:10.

在二十世纪六七十年代,霍尔在分析当时的英国社会政治及量化问题时,最早使用了"权威平民主义"的概念,具体成果都体现在霍尔等学者所著的《危机控制》一书中。霍尔等人预测,权威平民主义出现于当时英国社会和政治力量关系平衡的转向上。这种转向实际上就是社会民主共识的破裂,转向在撒切尔夫人支持下的激进右派的兴起。所以,权威平民主义的产生与撒切尔主义的萌芽、兴起和发展相伴而生,是"撒切尔主义"内涵中最为重要的组成部分。

(三)霍尔思想引起的争论——权威平民主义论争

霍尔"权威平民主义"的观点一经提出,就在文化理论界引起了强烈的反响。许多研究者对"权威平民主义"这一理论思想展开了激烈的争论。雅索普等人在《新左派评论》上不断发表文章抨击该观点。一是批评霍尔坚持的"权威平民主义"的观点是意识形态主义。二是指责霍尔在结构解释方面及"撒切尔主义"的回报方面忽略了经济方面的问题。三是认为"权威平民主义"是矛盾和模糊的,有时强调"极权主义"、严厉、铁腕一极,但有时又强调"大众、平民主义和合意一极"。对于反对的声音,霍尔都进行了有力的说明和进一步的澄清,同时为如何理解文化研究的内涵提供了进一步的阐释。笔者认为,就当时的实际情况而言,争论的焦点如下:

第一,以雅索普为代表的学者将"权威平民主义"视为对比较抽象的一般概念的总结。而霍尔却认为,"我的观点类似领导权(权威平民主义也是属于领导权抽象的一个方面或谱系)等概念,在某种程度上是必要的描述,历史地讲它更为具体,具有特定的时间性,也更特定"①。霍尔把对"权威平民主义"的理解重点放在当时英国社会特定的历史环境中,即它是对"撒切尔主义"政治哲学维度的全面阐释,从本质上看,是"力量平衡的变化,它直接指的是统治集团、国家和被统治阶级之间政治的意识形态的关系模

---

① Stuart Hall. Authoritarian Populism: A Reply to Jessop et al[J]. New Left Review, 1985(151): 118.

式"①。我们从霍尔的认识和阐释中可以看到,在霍尔文化理论的构建中,"权威平民主义"更多的是有目的性和自我意识的突显了"撒切尔主义"的政治与意识形态维度,是霍尔文化理论在"撒切尔主义"政治哲学中运用的体现。

第二,"撒切尔主义"恰恰结合了"平民主义"和"权威主义"的关键要素,成为有机的意识形态结合体。用"撒切尔主义"工程中的不协调去否定和质疑权威平民主义的观点有些偏颇。我们从现代社会不断发展与变迁的角度来考量,可以看到,世界上多数国家和政党都是相互斗争、协商、妥协的利益对立统一体,撒切尔主义当然也不可避免地会出现利益的矛盾冲突。但是,"撒切尔主义"却能够在英国复杂的政治社会环境中存在与发展,并在管理国家和推动社会向前发展方面有效运用,这是因为权威平民主义是"撒切尔主义"思想体系的核心,发挥了极为重要的作用。

第三,认为"撒切尔主义"已经完全获得了领导权,霍尔表示并不支持这一观点。他一直坚持认为,虽然当时暂时成功了,可是,撒切尔主义并没有根基,还是不稳定的结合体,这是它最基本的特征。

第四,在回应忽略"撒切尔主义"的经济方面的问题时,霍尔强调,撒切尔主义的意识形态与经济方面失败的关系有着很复杂的背景。他表示,英国经济危机不是"撒切尔主义"式的新货币主义能全面解决的问题,而是结构性的问题。实际上,霍尔对"撒切尔主义"的经济政策也非常关注。他特别强调,如果没有经济活动的决定性内核,那么,有关葛兰西领导权的争论就不可能被概念化并获得成功。由此可见,霍尔在强调"权威平民主义"的意识形态和政治作用时,并没有忽视经济的最终决定作用。霍尔的这一思考维度,是对帕瑞克批判"权威平民主义"缺乏经济要素的有力回击。

三、资本主义的文化领导权问题

在西方众多文化理论资源中,葛兰西的文化领导权理论最受英国伯明

---

① Stuart Hall. Authoritarian Populism：A Reply to Jessop et al[J]. New Left Review,1985(151)：118.

翰学派学者霍尔推崇,在霍尔的文化理论研究中,不断地被吸收、整合,最终成为霍尔文化理论中的有机组成部分,扮演着举足轻重的角色。葛兰西的文化领导权理论,是霍尔构建其文化理论思想的切入点。霍尔结合英国撒切尔夫人的执政实践,融合葛兰西的文化思想,对"撒切尔主义""权威平民主义"进行了批判。"权威平民主义"是资本主义文化领导权的产物,因此霍尔在对"撒切尔主义"和"权威平民主义"展开批判的基础上,对资本主义的文化领导权问题也进行了批判。

(一)霍尔对文化领导权概念的理解

文化领导权(hegemony),或译为"文化霸权",是葛兰西理论的核心概念。"统治阶级不仅能强迫一个从属阶级服从它的利益,而且能对从属阶级实施一种'领导权'或'全面的社会权威'。"①它的基本含义是:资本主义社会在发展到一定阶段之后,就不能继续使用武力来统治民众了,而是应该采取温和的文化策略,通过赢得民众的认同来巩固统治。

在西方语境中,领导权是一个重要的理论概念。葛兰西对领导权这一概念进行了改造,他认为领导权不仅要表达领导阶级的利益,还要得到从属阶级的认可和接受,成为社会的"常识"。领导阶层为了实现领导权,不应该只是强制地向从属阶级灌输自己的观点,还应该通过协商等多种方式,来争取从属阶级的支持。二十世纪六十年代,文化主义和结构主义作为英国文化研究的两大范式,都遭遇了危机。因为结构主义和文化主义中的文化还原论都排斥个体能动性,所以英国左派遭遇了有史以来最难以突破的困境。英国左翼学者,如佩里·安德森、雷蒙德·威廉斯、霍尔、特里·伊格尔顿和托尼·本尼特等开始意识到,必须努力寻找新的理论资源,才能摆脱这一困境。于是,葛兰西理论的意义开始显现出来,英国领导权问题的理论谱系也在此影响下形成了。

安德森在葛兰西理论的启发下,批判了英国社会和英国工人阶级的合

---

① [英]斯图亚特·霍尔,托尼·杰斐逊.通过仪式抵抗:战后英国的青年亚文化[M].孟登迎,胡疆锋,王蕙,译.北京:中国青年出版社,2015:113.

作主义传统,认为正是英国工人阶级对资产阶级的合作态度,促使英国的社会主义革命停滞不前,没有进展。威廉斯在领导权思想的基础上提出了自己的文化发展观。他将文化分为主导、新兴和残余三个部分,并通过"情感结构"阐明了主导文化和新兴文化的差异,以及它们互相转化的问题。威廉斯还通过"情感结构论"丰富了戏剧表演论。威廉斯认为,戏剧本应是再创作的艺术,所以戏剧演员应努力创造新的东西,而不是局限于接近"理想的范本"。

霍尔则认为,第二次世界大战之后,民族、种族、性别等一些问题正在凸显出来,阶级问题在文化研究中的中心地位逐渐被动摇了,同时,身份认同与社会分化的重叠、交叉,群体之间的接合问题取代了阶级之间的领导权问题。于是,阶级问题转换为群体问题。社会正由阶级化过渡到无阶级化,整体文化形成于无阶级的社会中,只是接合的结果。因此,在社会文化领域,领导阶级若要取得文化领导权,就必须保证自身文化的先进性,在文化治理方面也应有所作为。

领导权问题的意义还在于,各民族的传统文化要想在世界范围内取得领导权,就必须获得更加广泛的认可和赞同,比如对权力、性别等问题的独特看法,等等。

(二)领导权的体现方式

领导权通过意识形态来运作,但它并不是由一些错误(虚假)的思想、概念或定义构成的,它主要是通过从属阶级渗透到那些核心制度和结构之中展开运作来实现的,而支撑着占统治地位的秩序的权力和社会权威的正是这些结构和核心制度,也正是在这些结构和关系之中,从属阶级体验着它的从属关系。在这个过程中,统治秩序成功地削弱和取代了从属阶级主张的替代性的防御、抵抗机制。领导权的维系是由多个阶级、阶层来实现的,一般情况下,需要统治阶级的各分支结成同盟——历史集团。在霍尔看来,"领导权的内容,在某种程度上恰恰要取决于是哪些阶级分支构成了这个'占支配地位的集团',哪些利益因此必须受到重视(这类问题)。领导权不单单是'阶级统治';某种程度上它需要从属阶级的'赞同',反过来这种'赞同'必须通过努力才能赢得和促成"①。也就是说,社会权威的支配地位,不仅体现在政府当中,而且体现在市民社会、文化和意识形态当中,当统治阶级不只是统治或指挥,同时也实施领导的时候,领导权即生效。在整个过程中,政府起到了主要的引导作用,它通过对从属阶级的生活进行规范来完成引导。

反对阶级领导权的斗争不但在这些机构的外面发生,也在它们的内部发生,这些机构成为阶级斗争的场域。二十世纪二十年代的劳工运动,很大程度上促成了统治阶级对工人阶级的统治。二十世纪五十年代是领导权支配最真实的时期,统治阶级试图摧毁工人阶级的抵抗,并把工人阶级的"自发的认同"呈献给自身的权威。到二十世纪六十年代,领导能力被削弱。而到了七十年代,社会发展更加多元化,社会矛盾也更加复杂,并在多个领域中不断出现。此时领导能力的减弱也更加公开化,统治阶级虽然保有权力地位,但是管控社会的能力逐渐被削弱、被挑战。面对这种局面,统治阶级在后期调整了统治策略,由赞同转向采用强制的机制,利用公检法、军队等机构合法镇压,使用武力遏制某种对政府不断升级的威胁。这是当时一个非常显著的特征,说明统治阶级的领导权陷入了危机的状态。所以,霍尔认为,"对于一个特定阶级的持续统治而言,领导权不是一个永远通用的、'既定的'事物。它必须被赢得,被努力争取,被再生产,被保持"②。葛兰西也曾指出,领导权是一种"动态的均衡"(moving equilibrium),其中包含着由赞成或反对各种倾向的力量所构成的复杂关系,它涉及各个竞争阶级之间所形成的均衡状态的性质:"达成妥协来维持均衡它;用权力关系来维持它;采取一些解决方案来维持它。领导权的特征和内容,只能通过对具体历史时

---

① [英]斯图亚特·霍尔,托尼·杰斐逊.通过仪式抵抗:战后英国的青年亚文化[M].孟登迎,胡疆锋,王蕙,译.北京:中国青年出版社,2015:115.

② [英]斯图亚特·霍尔,托尼·杰斐逊.通过仪式抵抗:战后英国的青年亚文化[M].孟登迎,胡疆锋,王蕙,译.北京:中国青年出版社,2015:116.

刻出现的各种具体情境的考察来确立。"①主张"永久的阶级领导权"或"永久的收编"的观点,是不切实际的。

从属阶级不会消失。与统治阶级相对应而存在的工人阶级,是一种非常明显的从属性的社会和文化存在形态。马克思曾经指出,资本主义生产以永远对抗的形式对资本和劳动力进行再生产。在霍尔看来,"领导权的作用就是要确保:在社会阶级关系中,每一个阶级都能以其现有的支配 – 从属形式被不断地再生产出来。领导权永远也无法从整体上把工人阶级完全地或绝对地吸纳进统治秩序当中"②。因为社会不可能永远处在"单向度的"资本主义生产模式中。在有些时段,领导权稳固而强大,从属阶级弱小而缺乏保护,但是从属阶级不会消失,因为从属阶级自身的自治文化(corporate culture)、社会关系形式、有自身鲜明特色的惯例(institutions)、价值观和生活方式等已经形成,并保持着独立、不可渗透的特性。在社会发展进程中,阶级冲突不可能消失。在英国,工人阶级是特别强大、有凝聚力、人员密集、防御性强的社团自治结构。阶级冲突就根植和体现在这种文化中,与丰裕的意识形态相悖,它不会"消失",即使产生和维持它的生产关系消失,它也可能以半公开、半体制化或半自治的状态存在。我们从社会发展史中来看,自1880年到现在,没有一种单一的趋向合并的推动力,而存在一种明显的交替性的节奏。那么,即使是在阶级冲突最为制度化的时期,从属阶级依然作为一种根本性的社会基本元素存在着。

---

① [英]斯图亚特·霍尔,托尼·杰斐逊. 通过仪式抵抗:战后英国的青年亚文化[M].孟登迎,胡疆锋,王蕙,译.北京:中国青年出版社,2015:116.

② [英]斯图亚特·霍尔,托尼·杰斐逊. 通过仪式抵抗:战后英国的青年亚文化[M].孟登迎,胡疆锋,王蕙,译.北京:中国青年出版社,2015:116 – 117.

第五章　霍尔文化批判理论评析

霍尔的文化批判理论,不仅跨越理论疆域,而且具有融合多种文化理论的跨学科的理论特征。霍尔以独特的审视视角,重点关注社会现实中各种问题的利害关系,通过历史的视角、族裔散居的视角、介入主义的政治策略展示了文化研究创新发展的新视野。

霍尔的文化批判理论,是具有一定理论特色的、具有特殊理论贡献的、具有显著理论影响的、具有多元理论启示的文化批判理论。尽管如此,结合社会总体实践来看,霍尔文化批判理论的部分观点,在目前全球化的时代背景下,或多或少会具有一定的局限性,有待后人在研究中进一步完善。

第一节　霍尔文化批判理论的特色

霍尔的文化批判理论具有跨学科的研究意识,不但跨越本学科,更跨越理论疆域,融合多种文化理论,开创了文化理论研究的新范式。霍尔的文化批判理论具有族裔散居的特性,并且融入了介入主义的政治策略。

一、跨学科的研究意识

伯明翰学派的文化研究学术传统之一是跨学科研究。从宏观上看,他们注重实证和个案研究,坚持跨学科性、超学科性和政治批判性。这些体现在研究对象、方法论等各个方面。

通常,人们把这种研究形式称为跨学科、跨领域的文化研究。实践中,将文化研究限定在一个范围内是不切实际的,因而纯粹意义上的学科建设已经不再是他们关注的重点,他们将关注的重点转移到现实生活中的文化现实。所以,从某种意义上来说,这种追求跨学科研究的态度,本身就构成了伯明翰学派文化研究的一大特点。霍尔指出:"文化研究不像一门常规的普通新学科。它是荟萃于各个学科之间的一种策略……为规避现存学科的领导权而开启的新的认知空间,我对理论不感兴趣,而是对理论化感兴趣。"①这是文化研究的最重要特征:首先体现为跨越学科的界限。将历史学、社会学、人类学等诸多学科汇聚在文化研究的框架下。其次体现为跨越理论疆域。融合多种文化理论,把结构主义、后结构主义、现代性、后现代性、后殖民主义等文化理论全部汇入文化研究的学科范围,进一步深入关注大众文化、亚文化、边缘文化的分析和研究,特别关注实证研究、民族志研究和个案的研究,最后实现文化研究与其他学科的有机联合。在现实中,更加宽泛的文化研究会比较适合霍尔的文化理论研究范畴,因为,霍尔从1964年与华奈尔合著《通俗艺术》开始,到后期研究"差异政治学",具体涉及流散身份、混杂、多元文化理论等,自始至终都在致力于创新发展跨学科性和学科多样化的研究。在研究中,霍尔拒绝封闭性和唯一性的弊端。

(一)跨越本学科、跨越理论疆域、融合多种文化理论

霍尔就跨学科问题从四个方面进行了探讨和研究。第一,政治和文化的关系问题。因为在实践中文化研究总是与社会主义运动、女性主义运动和反种族主义运动直接相关联。第二,文化研究在公共空间的地位角色问题。公共空间是如何有效地被文化研究所影响,学科之外的哪些因素在实践中影响了文化研究,是霍尔研究文化问题的出发点。第三,文化研究与相近学科之间的关系问题。在研究的过程中,会有许多相近的学科或领域为文化研究提供研究的空间和动力支撑,如社会学、政治学、哲学、经济学、历史学、媒体学、音乐学等,这些学科在研究中,都为文化研究提供过介入方

---

① Stuart Hall. On postmodernism and articulation: an interview with Stuart Hall[C]. by Lawrence Grossberg in Stuart Hall, Critical Dialogues in Cultural Studies, ed David Morley, Kuan-Hsing Chen. London: Routledge, 1996:138.

法。第四,文化研究与国家语境的关系问题。文化研究在全球语境、跨国语境和国家语境中,是否具有一个符合全球文化研究的模式、机制和学术空间。

在跨越多种文化理论方面,霍尔认为:"文化研究有多种话语,有许多不同的历史记录,具有不断形构的特征和不同的关联点。它包括多种内容,由多种不同的方法论和理论观点构成,文化研究总是处于不稳定的形构中,并引起相互论证。"[①]霍尔把这种争论形象地称为"理论的噪音"[②],并认为文化研究总是伴随着"不安、争论、难以控制的焦虑和愤怒的沉默"[③],"文化研究不能像以往的学科那样行进发展在某一个特别的学科旗帜下。文化研究是个严肃的事业或项目,即文化具有隐含在其中的政治层面的含义"[④]。文化研究是建立在许多学科之间、不属于任何学科的并充满生机活力的学术实践。正如罗兰·巴特(Roland Barthes)所强调的那样,现存的任何学科所面临的任务都不是跨学科所关注的。跨学科是一门不属于任何学科的学科,所以如果只选择一个主题来做跨学科研究的话,势必是不充分的,文化研究是以接合实践从不同的学科领域掘取而来的。霍尔的教学方法不遵循经验主义模式,也不按照抽象的理论模式,而是把总体的概念问题和特定历史时期置于一定的范围内加以研究。学生们大部分没有全面地、准确地、深入地研究某一固定的学科,他们借鉴了社会学、人类学、心理学等学科中大量的研究方法,即使是被视为伯明翰文化研究标志的"民族志"方法,从本质上

① Script: it was constructed by a number of different methodologies and theoretical positions, all of them in contention.

② Stuart Hall. On postmodernism and articulation: an interview with Stuart Hall [C]. by Lawrence Grossberg in Stuart Hall, Critical Dialogues in Cultural Studies, ed David Morley, Kuan-Hsing Chen. London: Routledge, 1996:138.

③ Stuart Hall. On postmodernism and articulation: an interview with Stuart Hall [C]. by Lawrence Grossberg in Stuart Hall, Critical Dialogues in Cultural Studies, ed David Morley, Kuan-Hsing Chen. London: Routledge, 1996:138.

④ Stuart Hall. On postmodernism and articulation: an interview with Stuart Hall [C]. by Lawrence Grossberg in Stuart Hall, Critical Dialogues in Cultural Studies, ed David Morley, Kuan-Hsing Chen. London: Routledge, 1996:138.

看,也借鉴了人类学的实地调查法。很明显,这种研究方法会得出更能令人满意的研究结果。霍尔强调:"我就是以这种有趣的方法教学生的,如果你不喜欢这方法,什么是更好的方法呢? 这就是这门学科所具有的'反性(re-flexivity)'。"①那么,作为批判研究方法的文化研究方法不亚于一个"理论工具箱",是没有固定方法论的方法,具有后现代松散多元的风格,与严谨的所谓具有实证经验的社会学研究方法似乎泾渭分明。但曾经由学者研究过的学科细化,也是伴随着时代的发展而先后出现的。学科的细化或专业化,削弱了批判性思考,导致无法针对共同的学科进行对话交流,这种情况同学术领导权相类似。到了二十一世纪,许多学术研究都在致力于打破学科界限进行文化研究。如:在霍尔荣休后,曾经的得力助手托尼·贝奈特(Tony Bennet)就任英国开放大学社会学系主任,他所主持的颇有权威的英国经济与社会研究理事会社会文化变迁研究中心,就从历史和人文的角度进行研究。他通过比较,克服学科间、学者和学术接收者之间现存的障碍,进行英国社会文化变迁的研究,使文化研究脱离学科疆界,以学科联合的方式实现了跨学科对话交流。

(二)霍尔的跨学科理论开创了文化研究理论的新视域

霍尔所领导的隶属于伯明翰大学社会系的当代文化研究中心对于文化研究的贡献,是开辟了文化研究批判的视域。霍尔在文化研究的跨学科研究方面有着突出的贡献,而他的研究也引发了一系列争论。争论主要围绕着该学科有没有正统的学科定位,以及对其未来发展的担忧而展开。霍尔的研究甚至遭到了强烈的排斥和严重的警告。历史学界对进行文学批判的文本分析方法持怀疑态度,文学批评界对民族志学者和社会学家也同样表示怀疑,认为他们没有全面地阐释他们的学科。更有甚者,一些社会学家对

---

① Stuart Hall, On Methodology, This comes from A Conversation With Stuart Hall, following a series from a faculty seminar sponsored by the Program in the Comparative Study of Social Transformations (CSST) on April 15, 1999. Hall's article, 'When was the post-colonial? Thinking at the Limit' served as a stepping off point for discussion, Brett Johnson (CSST program co-ordinator) and Elizabeth Otto (doctoral candidate, history of art) for transcribing the seminar.

在人文学科背景下的文化研究忽略了政治经济学的研究层面和维度进行了严厉的抨击。但是从这些争论中可以看到,不能以传统的学科规范来评判跨学科文化研究的合理性,跨学科文化研究虽然不符合传统学科的规范,但在实际当中却超越了学科的界限,并以独特的视角审视和评判了社会现实生活,而它的合理性主要体现在以下两点:

第一,霍尔的文化研究是一个跨学科的学科,实践中没有一个统一标准来衡量它,因为它是多元的,不是单纯的、一元的存在方式,它以自己独特的审视的视角与独特的研究方法,着重关注社会现实中存在的那些利害关系。我们通过这种文化聚焦的方式,进一步理解了各种社会关系和各种社会现象,那些都是通过现有学科不能,也从未了解到的各种社会关系和社会现象。现如今,这种复杂的特征依旧体现在文化研究上:仍然没有稳定的、固定的学科理论实践范畴。英国文化研究沿袭了英国文化研究的传统模式。批判性地继承和创造性地发展文化研究,在应用欧洲理论范式的前提下,将文化研究创新发展的新视野展现在人们面前,霍尔文化研究中各种文化模式的"文化科学"就体现于此。

第二,霍尔在运用历史唯物主义宏观范式分析的同时,还结合了微观的分析方法。在实践中只有应用总体—具体的研究方法才能适应当下复杂的社会发展。当今社会发展的复杂性表现在:一、当今社会发展表现出一种政治、经济、文化等社会元素既相互分离又相互融合的趋势。二、社会发展产生出新的形势和新的领域,各种社会因素在各自的领域发挥作用。霍尔的研究之所以拥有合理性,并且具有重要价值,也在于霍尔的研究领域涉及当代新资本主义文化等诸多方面。他在这些领域运用了历史唯物主义的基本范式进行观察,分析其中的文化现象,同时又提出了新思想、新观点,构成文化研究领域的新议题、新方式,使文化研究告别了旧的经济决定论的教条主义之后,不至于走上"文化至上论"的新教条主义,实现了从内核到外延,再将外延演变成新内核的良性循环。

总之,跨学科研究的特征就是创造一门不属于任何学科的学科。霍尔在文化研究中,涉猎多学科、多领域,对话不受传统学科的局限。同时,他站在历史的角度,把文化置于社会的源头和社会影响的语境中加以分析和考量,并将文化置于社会生产和再生产的理论之中,对应当地的知识结构、批判思考和实践模式,与现实相关联,详细说明了文化的政治学及社会学等方面的意义。除此之外,霍尔还与不同的理论学派交锋,使跨学科领域的知识互相流动,开辟了新的理论空间。这种多重视角的批判方法,能够以比较全面的思路规避过于狭隘地关注一个维度的弊端,拓展了文化研究的新视域。

二、族裔散居的理论视域

族裔散居,从字面上理解就是"种子的散布",来源于希腊语的动词"播种"和介词"结束",其含义是:"离散"或"散落",最初是描述植物种子在若干区域的分布,后来被用来描述人类历史中较大范围内的种族或人种迁徙、移居现象,指的是"族裔散居经验、族裔散居意识,以及族裔散居体验"①等。霍尔的文化批判理论具有族裔散居特性,这源于霍尔对其族裔散居身份的认同。

(一)霍尔流散经历的形成

霍尔于1932年2月出生在加勒比海岛国牙买加首都金斯敦(Kingston),他是加勒比海非洲黑人后裔,在一个中产阶级家庭中长大。霍尔的父亲是有色种族,任职于联合果品公司,并晋升到当时只有白人才能达到的管理岗位,其社会地位比较复杂。霍尔的母亲是白人,成长于一个中产阶级种植园的环境中,受过教育,认为自己实际上是英国人。因此,霍尔的家庭是由牙买加的有色种族家庭,即一个试图成为牙买加中产阶级的家庭和英国维多利亚时代的家庭相结合而产生的,有着以种植业起家、源自英国、白色皮肤的血缘关系。

霍尔于1951年获得牛津大学罗德奖学金赴英国留学,离开了牙买加,从此在英国长期定居。从文化角度来讲,他的家庭内部经常上演被殖民环

---

① Tony Bennett, Lawrence Grossberg, Meaghan Morris. New Keywords: A Reused Vocabulary of Culture and Society[C]. London: Blackwell Publishing Ltd. ,2005:82.

境中"本土"与"帝国"的冲突情景。他的父母不管阶级派系,只认同殖民者,而不认同牙买加有色人种的文化。霍尔的母亲认同殖民势力,父亲认同依靠英国或者美国社团施舍的生活方式,而霍尔则认为自己是独立的牙买加男孩,是纯粹的移民。这样,在这个家庭内部的文化环境中,实际上就会经常上演典型的殖民与被殖民、支配与独立、本土与异化的紧张的文化冲突和认同模式,而霍尔的主体位置在这个文化空间中,显得特别艰难与无奈。也正是这种移民效应,促使霍尔坚定地走向了与英国传统的文学精英主义和文化主义的决裂。

在早年的家庭生活环境中,霍尔的身份一直都被置放在外来者的位置,他与家庭成员之间总是无法融洽、和睦地相处,他一直处在与身份、种族等问题相关的激烈的矛盾冲突和非常尴尬的境地之中。在二十世纪九十年代,霍尔在一次访谈中曾经说:"他刚出生时,姐姐好奇地问道:'这个苦力小子(coolie baby)是从哪里来的?'"①在牙买加的日常生活习惯中,"苦力"是一句骂人的脏话,在东印度群岛,"苦力"是指生活在社会底层中最低贱的人。从这一事实我们不难看出,在二十世纪三十年代牙买加的社会生活中,普遍存在着对黑人的歧视、不屑和偏见,这种压抑的社会环境在霍尔的内心深处刻下了深深的印迹,正是这种印迹,使霍尔在童年阶段就表现出与众不同的性格和特别的叛逆。所以说,作为出生在牙买加的黑人,从降生到人世间的那一刻起,霍尔就明显感受到了肤色和种族带给他的无穷无尽的精神痛苦和心灵上的压抑。霍尔出生和生活的那个年代的牙买加人,已经开始面临着认证身份的问题了,因此霍尔面临着来自各个方面的重重压力:首先,是来自于他父母所代表的种族人群的压力,因为他们的思想意识里所持的观点是全面认同英国殖民地的文化,并时刻以大英帝国为无上的荣耀;其次,是来自于牙买加社会大环境背景下的社会因素,因为现实中的牙买加是一个充满殖民压迫和阶级张力的社会环境,几乎很少有人提及"牙买加人"

---

① David Morley, Kuan-Hsing Chen. Stuart Hall: Critical Dialogues is Cultural Studies. London: Routledge, 1996:485.

或"加勒比海人",这种社会现象之所以存在的根本原因就是长期的殖民统治和其所带来的无法摆脱的可怕的后遗症。对于霍尔来讲,默默承受着"双重空间"和"双重意识"对身体和心理都是煎熬和痛苦的折磨。在这样的文化空间中,因为肤色,霍尔的青少年时期不断上演着激烈的冲突。

霍尔的父辈们早已经感受到了社会上因种族、殖民地文化而产生的对他们家族的歧视,因而,霍尔的母亲坚决要求他去英国求学、发展,期望这种人生轨迹彻底改变霍尔的命运,从而使霍尔获得全社会对知识分子的认同、肯定与尊重。实践证明,霍尔父母的良苦用心是非常正确的,霍尔在英国的学习、实践与磨炼,确实使霍尔的人生轨迹发生了巨大变化,同时,他的肤色、特征和身份种族意识及成就等特定因素,使后来的霍尔赢得了世界文化研究学界的肯定与尊重,并在学界产生了积极而又广泛的影响。

霍尔曾经说,他自己的文化认同观和人生轨迹的形成,其实都是建立在拒绝专门为他设立的文化模式基础上的。种族歧视在牙买加的现实生活中已经根深蒂固且普遍存在。面对残酷的现实境况,霍尔没有像他的父辈们那样选择向英国或美国寻求帮助,也不认同那个陈旧的种植业世界。霍尔深刻地意识到,之所以会有这样的局面出现,顽固的奴隶制度是它罪恶的根源。然而,现实中,霍尔的母亲又总是把自己视为"英国人",认为英国才是自己的母国,因为霍尔的母亲对殖民势力和殖民文化表示认同。但是,霍尔并不认为自己是英国人,他说,"我觉得自己更像一个独立的牙买加男孩。但是,在我家的文化中,这样的主体位置根本无立锥之地"[①]。霍尔积极认同牙买加的文化和生活方式,可是实际情况是,在霍尔的家庭范围内,根本就没有任何能让这种"加勒比海文化"和"牙买加文化"认同的主体存在的空间。霍尔在其访谈录中曾经谈道,虽然他不是英国人,但他对英国非常了解,因为他接受的是英国的移民教育。霍尔的这种后殖民特质,让霍尔用一种奇特的方式生存在后现代和流散身份中,形成了典型的流散经历,并促使霍尔认为后现代和后殖民在一定情况下有可能接合,因为移民已经成为后

---

① David Morley, Kuan-Hsing Chen. Stuart Hall: Critical Dialogues in Cultural Studies:487 - 488.

现代世界范围内的历史事件。霍尔典型的后现代经历也在转换成流散经历，致使其用一生对文化进行探寻和研究。

（二）社会环境对霍尔的影响

霍尔是加勒比海地区的非洲黑人后裔，也是二战后第一代移民，在牙买加求学的过程中，他与他的同学们都在受教育过程中成为反帝国主义者，他们积极投身到反对种族歧视的运动中，努力为少数人开拓更广泛的文化空间，构建具有批判性的文化主体性。他们认同牙买加的独立运动，期望帝国主义寿终正寝，牙买加能够彻底独立，并获得自主权。由此可以充分证明，霍尔在青少年时代就心存伟大理想，并以他独特的方式热切关注牙买加的社会问题，积极支持牙买加的解放运动和民族独立。霍尔在从事文化研究之前就具有很强的批判意识，这种批判意识在他早期的文化思想中进一步体现为积极的人文关怀和强烈的政治诉求。然而，尽管当时的牙买加当局表达了为像霍尔一样的有为青年提供施展才华的舞台的态度，但由于霍尔看到了同时代的年轻人低落颓废的精神状态，同时受到来自家庭的压力，最终他选择了于1951年离开牙买加，前往英国求学发展，但一直到1957年，霍尔才决定留在英国，不再回到牙买加。霍尔在英国牛津大学求学期间，正是英国社会民主运动的高潮时期，这为霍尔后期从事文化理论研究工作提供了更为广阔的话语空间和更为适合的舞台。

霍尔在英国以伯明翰大学的当代文化研究中心与开放大学社会学系为思考和写作的阵地，潜心研究，以他族裔散居知识分子独特的批判视角，关注社会、政治与文化等领域的现实问题，借助大众媒介，为实现广大民众的各种诉求而努力。在这一时段，《大学与左派评论》和《新理性者》两刊合并成为《新左派评论》，霍尔担任该刊物的第一任主编，在他的率领下，《新左派评论》大幅度调整了文化研究的思路和方向。

霍尔进一步转换了文化理论研究的范式，吸收阿尔都塞的"意识形态和国家机器"理论，使文化理论研究因为阿尔都塞而走出了文化主义的范式，又因为吸收了葛兰西的"文化领导权"理论，文化理论研究才有了"葛兰西转向",并开始更多地关注文化领导权、常识等不同的领域,事实上,霍尔等人已经扮演了有机知识分子的角色。

霍尔在不断的学习和探索中,逐渐意识到自己只不过是一个来自西印度群岛的黑人,从这一点出发,霍尔以《新左派评论》为阵地,展开了"新左派"与还原论和经济主义的长期论争,从此,文化领域就成为霍尔毕生研究的主要领域。霍尔认为:首先,社会的发展与进步离不开文化和意识形态领域;第二,社会发展进程中,文化维度是一个很重要的维度,或者说是本质维度;第三,社会主义的重塑必须借助于文化话语,也就是说,霍尔把文化分析和文化政治问题视为政治学的核心问题。霍尔指出:作为一个殖民地居民,他当然本能地对更具有社会隐匿性的都市文化倍感亲切,尽管他对《新左派评论》没有深入到非大城市工人阶级的生活当中去感到后悔。

1958 年,霍尔在《大学与左翼评论》上发表文章《无阶级之感》,充分体现了他对传统工人阶级充满矛盾的感情。在文章中,霍尔描述了传统工人阶级的消亡,通篇流露出对团结的工人阶级的留恋之情,同时提出了对身份和差异政治的见解,他认为,像传统的工人阶级共同体一样,他们经常需要防御或攻击其他共同体、其他民族和种族群体。所以,在社会发展的进程中,阶级政治继续主导左翼政治文化。霍尔和其他知识分子对英国文化本质的日益断裂非常敏感,在进一步推动传统英国左翼政治的分裂中发挥了积极而又重要的作用。

在 1992 年的一次访谈中,霍尔终于不再沉默,第一次详细陈述了自己的家事和幼年的经历。姐姐的男友因为是黑人而不被霍尔的家庭所接受,导致姐姐精神失常,一生不幸,对此霍尔感到深深的"自责"。完整解读霍尔关于他自身早期经历的叙述,我们可以看到,他的种族、肤色、社会阶层等许多方面的因素,很大程度上对霍尔青年时期的成长产生了重大影响,而各个方面对他所产生的种种影响中最突出的结果是他的主体性很强,霍尔曾说,"我觉得自己更像一个独立的牙买加男孩。但是,在我家的文化中,这样的主体位置根本无立锥之地"。拥有觉醒的主体性的霍尔在这种环境下形成了鲜明的反殖民主义的政治意识,这也是霍尔思想发展变化的主导语境。

而霍尔决定自我流散的真正原因则是他非常渴望摆脱有强烈支配欲的母亲的管控,去寻找属于自己的人生之路。也就是说,霍尔的这种思想观念绝不是所谓的种族意识,而是一种抵抗意识,这种抵抗意识伴随了他一生。

(三)霍尔对族裔散居理论和身份的认同

霍尔的第三世界血统使他拒绝作为第一世界国家的代表对第三世界发言。霍尔在《现代性的多重建构》一文中认为,对与认同密切相关的现代性的文化维度而言,衰落的传统社会宗教世界观和崛起的世俗物质承载文化,向我们展示了个人的理性和工具性的冲动。① 霍尔作为族裔散居知识分子,基于自身身份与认同体验,把认同问题放在了从启蒙主义主体观到后现代主体观发展演变的整个过程中,实现了文化认同理论的转向。在对认同问题的思考方面,霍尔站在族裔散居文化语境的立场上,把"我们是谁"变成"我们会是谁"。他力求在主流与中心文化中争取话语权,在中心文化中将集体主义性的地位和作用展现出来。

威廉·萨弗朗(William Safran)认为,想要具有族裔散居的体验,必须要具备以下几个特质:第一,自身或祖先曾从一个中心向两个及以上的外国移居。第二,对所在国的集体意识有共同的神化。第三,感觉自己被部分地隔离,不被居住国所接受。第四,认为自己祖先的国度才是最好的,认为一定可以回到那里。第五,认为自己有责任恢复祖国的安全和繁荣。第六,以各种方式与祖国产生联系,而在他们的人种社区,这样一种关系的形成是由意识和团结来决定的。这六个特征被视为界定一个国家中某一人种群体是否被归入族裔散居的主要标准。从萨弗朗对族裔散居的界定中,我们可以看到,霍尔具有典型的族裔散居身份。

族裔散居具有三个维度的意识和表征,即生理上的族裔散居、心理上的族裔散居与文化上的族裔散居。族裔散居这三个不同的表征维度,为我们思考族裔散居者,追寻其身份的原本和母国提供了最佳的视域。应该说,与

---

① [英]斯图亚特·霍尔.现代性的多重建构[C]//文化现代性精粹读本.中国人民大学出版社,2006:43.

生理上的族裔散居相比,心理上的和文化上的族裔散居更值得我们去思考和研究。霍尔的文化批判理论之所以具有族裔散居的跨民族、跨国界和跨文化的特点,除了他本身具有族裔散居知识分子的身份之外,还因为族裔散居者身上既体现着跨民族、跨国界和跨文化的特征,同时也体现着隐性的源意识、源文化与显性的现意识、现文化之间的碰撞与分裂,体现着在某种程度上的不确定性的身份及"双重意识""双重身份",体现着身份的"危机"、"恐慌"和"焦虑"的意识。在实践中,把族裔散居放在后现代与后殖民的语境中去反思和考量,它们当代的价值和意义就会更加凸显。钱超英认为:"如果说,我们可以把流散理解为某种后现代普遍的人类文化特性或生命状态的话,那就必须同时意识到,不安于这种状态,追寻某种生命归属意义完整一致的解答,是它的另一面。流散不过对一种固着状态的离弃。而越是流散,越是陷于属性上的分裂、破碎和不确定,对于一致和统一的追求和追问便越是强烈。"①族裔散居是对生命本质的追问,这种追问的精神特质与哲学处境体现为生命起点和终点的完美结合,它是一种生命的轮回,也是一种渴望"叶落归根"的情结。所以,钱超英的这一观点,实质上是把族裔散居视为一个更为辩证的维度,突出了它的不确定性、分裂性。在实际当中,就族裔散居与文化身份和文化认同的关系而言,族裔散居是寻求文化身份和追问文化认同的语境所在,文化身份与文化认同是族裔散居语境中最被彰显的主题,是族裔散居理论中互补的概念,体现为动态的统一体,成为彼此文化内涵中需要进一步研究和思考的重要课题。

　　他的认同体验也非常关键。把文化身份融入其中的美学,成为后殖民经验文学研究中重要的文化意象。就族裔散居语境下的加勒比海文学中的叙事而言,它是一种被置换的新式思辨方法。通过深刻而又丰富的想象产生出来回归——回归到祖国那失去的源头,回归到生命的起点。这种既不能实现,也不能满足的回归就如同拉康的想象界,因而只能是表征的开始或象征的再现,是记忆、欲望、神话等主题的无限更新的源泉。对族裔散居的

---

① 钱超英.流散文学与身份研究[J].中国比较文学,2006(2):80.

知识分子而言,他们更为关心的是在心中对自己祖国那份深深的眷恋之情,这份情感外在表现为一种深沉的惆怅,那是一种难以言表的、复杂的心境和思绪。正如霍尔所言:"一旦走出那蓝绿色的加勒比海,谁还会忘记那些魔幻的岛屿?"①这正是霍尔——一个身处异国他乡的游子对思念祖国的情感的强烈表达,也许正是这样的情怀和思绪激发了他对族裔散居、文化身份与文化认同、种族、族性问题的广泛思考和探寻,从而奠定了霍尔成为作为"他者"的族裔散居学者的基础,使其在英国学术界,乃至世界学术界具有一定的地位并产生影响。

霍尔把新旧族性充分结合起来,力图突出差异的政治、表征的政治及他者的政治的内涵意象。对少数族群而言,在英国社会与历史语境中,有过两个阶段,旧族性时期和新族性时期。第一个时期是旧族性时期,在政治上表征为黑人文化共同体验,是种族主义边缘化的指涉。从这种意义上讲,旧族性就是跨越种族与文化的差异建构起来的统一体的认同。在文化上,这时的黑人文化政治变成了客体,作为他者被审视与观照,因此,这种旧族性是传统的认同政治的体现,是对黑人文化政治的同质性与同一性的指涉,体现为观照他者的一种领导权行为,是一种权力关系。第二个时期是新族性时期,强调的是黑人主体本质的结束,指文化政治从表征关系之争向表征的政治转变。霍尔正是借表征概念所蕴含的意义,去诠释身份与认同问题。在实践当中,表征体现双重的意义。一方面,表征是对现实世界的再现和模仿,尤其是传统的表征论,强调文学、艺术、文化等与现实世界之间模仿与被模仿的关系。另一方面,表征是一种建构关系,而不是简单的反映关系。在表征之外还存在着产生事件的关系、结构的存在的状况,表征的对象是表征者内心的世界,是自我或族群建构他者的一种关系,这是表征的"建构主义"的观点。所以,建构性是表征的本质,表征不仅仅是模仿、反映。文化表征关涉的主体、身份、认同和政治在社会生活中占据了建构性的地位,是一种

---

① Stuart Hall. Cultural Identity and Diaspora[C]//Patrick Williams and Laura Chrisman. Colonial Discourse and Postcolonial Theory A Reader. New York: Columbia University Press, 1994:401.

差异观的体验,所以,"没有差异关系,表征就不能发生"①。实质上,表征的差异或差异的表征,两者之间是互相对话交流的关系,也是辩证的关系。

在二十世纪八十年代以后,霍尔在阐释族性问题时,把英国黑人的艺术作品(如黑人电影等)联系现实中的问题去思考,然后对黑人文化政治的异质性和差异性进行表征。在霍尔看来,如果没有文化与表征,就绝对不可能去理解身份与认同。族裔散居文化认同与体验,为我们思考和阐释霍尔论述的差异的政治、表征的政治和新族性等提供了前提条件的基础,即新的黑人表征的政治与认同实践的差异的政治,将黑人体验阐释为积极的族裔散居认同的体验。正如霍尔所指出的:"(它是)一个动态的、重组的、杂交的及'切割与混合'的过程。简而言之,是一个隐含的文化族裔散居化的过程。以英国青年黑人电影与电影制作者为例,黑人的族裔散居体验深刻地反映在第三世界电影等的崛起之中,而后又从中汲取养料,与非洲体验、非洲-加勒比体验,以及来自亚洲和非洲文化的整个复杂的表征体系和审美传统相联系。"②这种表征的政治、差异的政治及族裔散居差异认同体验之间,形成一种积极的互动关系。日常现实生活中的差异体验通过电影等大众传媒手段被提炼出来,在美学意义上被绘成族裔散居美学,浓缩为审美体验,言说着新族性的文化认同,彰显出"族裔散居认同的位置性和语境性",指出其不是"自由漂浮的主体"。③ 在《民族认同:认同与差异》中,这种认识被深刻地体现出来,在与过去和历史的联系中,民族认同被建构起来,指的是"历史中的政治性建构,一种叙事建构,一种以故事、记忆、历史叙事为基础的文化救赎行为"④。新的族性认同试图从表征的政治等视角去重构复杂多变的文化体。霍尔认为:"既不能固守过去,也不能忘却过去,既不完全与过去相

---

①　[英]斯图亚特·霍尔.文化身份与族裔散居[C]//罗钢,刘象愚.文化研究读本.北京:中国社会科学出版社,2000:215.

②　David Morley, Kuan-Hsing Chen. Stuart Hall: Critical Dialogues in Cultural Studies[M]. London: Routledge, 1996:447.

③　James Procter. Stuart Hall[M]. London: Routledge, 2004:131.

④　陶家俊.现代性的后殖民批判——论斯图亚特·霍尔的族裔散居认同理论[J].四川外语学院学报,2006(5):5.

同,也不完全与过去不同,而是混合认同与差异,那是一块认同与差异之间的新领地。"①这种新的族性是在过去的叙事和记忆中矛盾地存在着的。霍尔认为,他所体验到的族性应该是包含"移民体验"与"黑人体验"的双重体验,表征为多重边缘化,即宗主国中心的边缘化、前殖民地中心的边缘化和殖民地边缘的边缘化等。这是寻求差异的文化和政治的诉求,也是寻求一条通向后殖民"想象家园"漫长而又遥远的不归路,寄托出他对"想象中母国"的无限眷恋,反映出霍尔在英国殖民文化语境中的无限惆怅。

综上可见,在二战后英国的社会和文化语境中,在族裔散居少数族群中,传统的认同政治过渡到新的认同政治,现代的新族性代替了传统的旧族性,新的表征政治取代了传统的表征政治,新的反领导权取代了传统的民族认同领导权,这些凸显的是差异的政治、异质的政治,进而构建了差异基础上的"同一体"的认同的政治。研究霍尔的流散经历和他的早期、晚期的思想转变,对于我们把握霍尔的思想脉络有着积极的作用,因为正是霍尔的流散经历导致了其思想的多元化和跨领域化。

三、介入主义的政治策略

霍尔把文化研究与政治相结合,是霍尔文化批判理论介入主义的政治策略。介入不仅意味着研究者与研究对象之间有着不可消除的互动作用,还意味着科学、文化等与社会之间存在内在的相关性。这也是霍尔文化批判理论的介入主义策略,介入主义策略倾向在霍尔的文化批判理论中,具有重要的意义并超越了其他理论倾向,是霍尔文化批判理论的重要工具。

介入主义(interventionism)与本质主义相同,不是某一个哲学流派的专用名称,而是人本主义哲学、西方马克思主义哲学和一切后现代哲学思想的共同特点。在介入主义看来,主体对客体的精神表象作用并不在于认识,介入是表象的前提,在认识的过程中,被研究对象的性质、结构和形态都在发生实质性的演变。介入是个双向概念,当科学文化体现在社会层面时,便意

---

① Stuart Hall. Ethnicity:Identity and Difference[J]. Radical America,1991,23(4):20.

味着相关的社会群体在科学文化实践的过程中成为积极的参与者。在现实中的某些情况下,有时学术领域俨然成为公共领域,即产业、公众、政府的一些职能部门等均已参与了科研进程。按照这个逻辑来看,学术领域就是一个政治领域。那么,在介入主义看来,在实践过程之中没有旁观者。

（一）霍尔的文化批判理论介入主义的政治策略表征

霍尔的文化批判理论介入主义的政治策略体现在以下几个方面:

第一,在实践中,霍尔注重探寻权力与文化之间的相互关系。霍尔把文化研究视为一种表意的实践活动,不断调整和拓展理论研究视野和研究对象,特别注重探究权力与文化两者之间的复杂关系,进而分析和解决社会发展进程中存在的问题,这使霍尔在文化研究领域始终站在理论思想的前沿。

第二,霍尔的理论思想直接触及英国现实社会的敏感神经。霍尔把知识从高雅的学术殿堂中释放出来,播散到现实社会的各个领域,将文化、社会、政权等元素整合链接,形成多重对话机制。在现实当中,霍尔的文化理论不断地影响到英国的施政方针和政治变革。

中国社会科学院外国文学研究所研究员徐德林也曾强调,因为始终保持理论思考与现实介入的良性互动,霍尔在自身几十年的思想发展和文化理论研究的过程中,不断拓展理论研究视野并调整研究对象,这使站在理论思想前沿的霍尔,有效地影响或指导了文化研究的理论建设与批评实践。作为有机知识分子的杰出代表的霍尔,从介入到英国学术界的公共空间开始,就成为实践活动的亲历者和践行者。他以独特的"族裔散居"知识分子身份和"独立左派"的身份,以敏锐的思想意识,不断撰写观点独到的理论文章、发表演说、接受采访、主持电台和电视节目等,深入关注并介入社会发展中各个领域存在的矛盾问题。霍尔以他那宽广的胸怀承担着有机知识分子被赋予的历史责任与历史使命,主动参与社会、透视社会、批判社会,主张"个人就是政治"的文化批判思想,并把这种思想理论观点与当时的社会实际有机地结合在一起,进一步促进了文化研究和学术理论的政治化。"文化政治"或"政治文化"问题,实质上就是霍尔文化研究的核心问题,特别是

"文化政治"问题,是霍尔在文化研究过程中最为关切、重点思考和积极实践的极其重要的关键问题。在现实中,霍尔用文化的方式,也就是表意实践,来分析和阐释政治等方面的意识形态所呈现的复杂现象,在文化政治中凸显"认同的政治"、"表征的政治"、"差异的政治"及"接合的政治"。因此,我们从实践的角度来看,在霍尔文化理论的谱系学中,在英国文化研究的谱系学中,文化与权力、文化与霸权、表征与话语权、霸权与反霸权、表征与反表征、接合—解接合与再接合等的问题,在不同的语境和实践中有机地结合起来,这也是伯明翰学派一贯坚持和关注的问题。

第三,霍尔坚持文化的问题就是政治问题的观点和立场。霍尔不断强调文化的政治意义,积极追寻文化背后深层次的意识形态、历史脉络和族群差异。我们完全可以相信,这是社会学研究方法的实证,即充分运用介入式的学术活动来分析和探讨社会发展中存在的各种问题。人们在日常生活中所面对的既不是文学艺术,也不是精英文化,而是社会上日常生活中的行为和各种机构的大众文化,这种文化状态是具有特定意义的生活形态和具体表征。霍尔在文化研究中遇到的这些问题,也是我们中国文化学者所面临的问题。这些问题实质上就是本土国家与全球化资本主义之间的复杂矛盾,以及因此而引发的政治、宗教、性别、族群等方面的矛盾冲突,它们广泛涉及意识形态与领导权问题、想象的共同体与国家民族主义的问题、流散与文化认同的问题、其他世界与西方的问题、殖民经验与历史记忆的问题。所以,我们不能用专业化的思维方式来看待伯明翰学派的文化研究或英国文化研究,那样会忽略其原有的在政治意义方面的研究。

霍尔等学者运用这种多维度的批判方法,引领伯明翰学派的文化研究,开创了文化理论研究和批判的新局面,有效地避免了在思考过程中过于狭隘而又片面地关注某一问题的情况。站在历史的角度思考霍尔的文化研究方法,可以看到,他把文化置于社会的语境和社会的源头中加以分析和判断,从边缘化的族群开始,把文化融入社会生产活动和再生产活动的理论中,对文化的政治意义进行详尽的解读,研究和分析各种文化形成在实践中如何加强社会统治、抵制反抗统治的群体,分析和探究文化的文本、受众的接受程度和文化的循环与生成过程,以及族群身份的混杂、差异后的统一等问题。

(二)对霍尔的文化批判理论介入主义的政治策略的评价

众所周知,文化的转向是与二十世纪的结构符号学、语言学转向和后结构主义话语分析等基本的思想意识相呼应的。霍尔所开创的文化政治学认为,文化是一种对话交流的过程,只有通过这个过程,意义才得以体现和转化。因此我们应该"把表述、文化和话语作为一个领域进行更加严肃的研究"①。一种新型范式的创建,很容易被"规范学科"僵化定义,但是文化批判理论介入主义的政治策略已经摆脱了特定的称谓,以极快的速度融入社会的各个领域,在如今的社会文化研究领域中,越来越趋近于获得支配性的地位。

首先,文化批判理论介入主义的政治策略是一种研究方法。几十年来,我们所谓的文化研究,实质上不是对各种文化的研究,而是对一种研究方法的坚持与强调,用文化的方式对相关问题进行深入分析和探讨。文化批判理论介入主义的政治策略把各种社会现象视为具体的符号系统(其本身并不存在本质性的东西,各种事物或思想观念之间的关系是任意存在的),按照系统中各个元素之间的规则和逻辑,用符号标志,从而生成意义。这种以符号标志生成意义的过程,就是对社会文化文本的有力批判。在现实生活中,来自于社会学、历史学和传播学等领域的学者们,远离文化,专注于区域研究与精英文学及大众传媒的研究。他们重点关注传奇、小说、戏剧、批判理论、青年亚文化文本等文学作品。他们偏爱"大众"化的作品,排斥"经典"作品,这就致使经典文学研究被置于研究领域的边缘地带,从而造成了经典文学的边缘化,同时也造成了文学研究界的恐慌。

文化研究在西方社会文化理论界发生裂变和整合是在二十世纪九十年代。一方面,大众文化与当代传媒紧密结合,完全摆脱了传统文化的研究方

---

① [英]马克·J.史密斯.文化——再造社会科学[M].张美川,译.长春:吉林人民出版社,2005:170.

式,继而演变成媒体教育和媒体研究。另一方面,传统文化研究的范围不断扩大,跨学科、跨领域、跨文化性质增强。上述两个方面使霍尔意识到,应在文化研究与结构主义、女性主义、心理分析之间找到性别政治的疆界,以影响文化研究。也就是说,文化研究必须清晰定义自己,认清自己的本质。因为,在实际中,主体性等整体问题的转化会影响文化研究,所以,从"纯文学"的角度去研究文化领域的具体问题,显然是不够的。

其次,文化批判理论介入主义政治策略的重点在于介入策略。我们知道,在影响社会发展进程方面,文化不是直接起作用的,而是通过与政治、经济相"接合"才发挥作用的。因而,文化研究的使命在于找寻文化对政治、经济的介入策略。在理论谱系上,霍尔同他的同事及学生们的文化研究,被纳入"文化政治学"的系列之中,因为他们的理论有一个共同的特质,即都认为文化只有在与政治的"接合"中才能实现自己的潜能和价值。霍尔鼓励同人走出书斋,融入"大众",在对"大众"具体文化样态的考察中,思考社会主义政治实现的路径。可以说,霍尔对"大众"寄予了厚望。他发现大众并不是想象中的"去阶级化"的大众,而是被阶级化与阶层化之后,在意识上逐渐觉醒的新群体。这个新群体对于自身的生存境遇非常关心。虽然没有工人阶级那样强烈的阶级意识,但是在资本主义分配格局中的"无权地位",使新群体客观上站在与资本主义"当权者"对立的位置。"大众"是一个集合体,由民族、种族的利益或者性别的利益等矛盾激发的大众斗争,形式多种多样,既表现为全球化进程中民族国家捍卫民族尊严、维护民族独立的斗争,又表现为资本主义国家内部,由种种社会矛盾激化而产生的社会冲突。总之,霍尔指出,他的文化政治学不是"文化决定论",马克思主义文化研究的使命在于寻找社会主义的现实实现策略和主体力量,片面夸大文化功能的"文化决定论",只会使文化研究走入迷茫的绝境,不仅在理论上缺乏说服力,而且在实践上也会陷入空想主义。

将文化作为理论创新场域的英国第一代文化马克思主义思想家,围绕文化提出了新观点:第一,文化政治不仅是一种社会主义革命策略的变化,而且更应该体现为社会主义的价值追求。重塑社会主义的政治内涵,知识分子必须依靠工人阶级，并培育他们的共同体文化。第二，文化是政治目标得以实现的场域，要对抗资本主义主导的文化对工人阶级的欺骗、麻痹与控制，就应建构文化与政治贯通的纽带和桥梁，通过文化政治的方式，建构以独立、民主、自由、共享的集体主义价值观为支撑的社会主义文化。第三，文化政治的实现力量是被资本主义主流文化所同化，但又逐渐觉醒的边缘文化群体。这一群体产生于意识形态的斗争中。资本主义主导的意识形态试图通过媒介（广告电视）等消费主义策略，培育受制于他们的"顺民"，而这样却引发了各种地位不平等的文化之间的冲突，造就了一支颠覆性的力量。在这些新观点的基础上，新左派思想家将自己的理论称为"文化政治学"，这也成为英国文化马克思主义学派的理论宗旨和行动纲领。霍尔作为文化马克思主义学派的重要成员之一，在其文化研究生涯中践行了这一主题。依据这样的宗旨，霍尔拓展了文化研究的领域和范围，致力于探讨文化与政治之间实现有效接合的途径。他将文化研究的课题进一步延伸和拓展，开辟出青年亚文化、大众文化、媒介文化、他者文化、种族文化和多元文化等多项重要课题，推动文化政治学不断深入发展。

最后，在近半个世纪的文化研究生涯中，霍尔所引领的文化研究转向，其目的都是寻找文化介入政治的最佳路径。在实践中，文化怎样与社会主义的政治目标相互结合，文化应采用什么样的策略介入政治，文化又应该如何释放它的解放潜能，充分、有效地发挥思想启蒙的功能，社会主义革命的成功究竟取决于哪些重要因素，带着对这些问题的思考与追问，霍尔将他的文化理论进行了多次转向和再造，他的这些努力是为了在当代资本主义的条件下，使马克思主义文化理论承担起时代责任和使命，服务于社会主义文化革命。在霍尔看来，当代资本主义的文化焦虑和矛盾，暴露出资本主义现代性的消极后果，而只有依赖社会文明制度的更替和完善，才能解决资本主义的文化矛盾。文化研究必须走出资本主义现代性的限定范围，坚持社会主义的理论视野和价值理想，才能为人类文明发展指出正确的方向。

第二节　霍尔文化批判理论的贡献、影响和启示

霍尔对文化批判理论的贡献建立在其文化批判理论思想的基础上。霍尔对文化批判理论产生巨大影响的思想主要有：霍尔模式、种族思想、接合理论、差异理论。在这些理论的基础上，霍尔思想为提升马克思主义在文化领域的影响力做出了重要贡献。

一、霍尔文化批判理论的贡献

霍尔对二战后思想界和学术界的主要贡献在于提出"文化的问题绝对是政治的问题"[①]这一观点，霍尔的理论直接触及的是现实社会的神经，他把知识从象牙塔中解放出来，将社会、文化、政权体制、媒体与意识形态连接起来。霍尔的文化批判理论影响越来越大，在全球范围内掀起了有关文化、种族、族裔划分、身份认同、多元文化、政治、媒体等领域的多重对话。霍尔文化批判理论在一定程度上已经影响了英国的社会政策及政治改革。

（一）霍尔的编码/解码理论的方法论贡献

霍尔的编码/解码理论被认为是霍尔在媒体文化研究中最为重要的方法论。编码/解码理论也是最早被译介到中国的霍尔的文化理论之一。这一重要的媒介理论，在中国学界的新闻学和大众传播学领域被反复论述，而在西方社会及学术界，《编码/解码》被认为是所有从事叙事分析的研究者必读的重要论著。霍尔的编码/解码理论框架的建立显然受到了马克思主义符号学和政治经济学价值循环理论的影响。霍尔批判地吸收了早期的传统研究方法，重新构建了一个集理论意义与政治意义于一体的文化分析模式。在二十世纪八九十年代，这个模式成为英国媒体研究和以文化研究方法进行研究的领域中的主要分析模式。在构建这一模式时，霍尔深受语言学模

---

① Stuart Hall. Subjects in history: making diasporic identities[C]//Wahneema Lubiano. The House that Race Built. New York and London: Pantheon Books, 1997:289 - 299.

式的影响,他着重以结构主义为主要观点,认为意义有时是专断的,某些意义要比另外的意义更重要,意义具有多重的一面。编码/解码模式是对新媒介时代媒体文化理论的重新建构,具有影响深远的理论价值。第一,关于媒介话语体系中的文化领导权,霍尔指出,媒介在特定情境下具有潜在的力量,受众也具有抵制媒介的影响力,这被编码/解码模式淋漓尽致地诠释了。第二,文化传播过程中的符号化运作方式被编码/解码模式披露了。第三,受众研究中的传统线性理解被编码/解码模式改变了。第四,法兰克福学派的消极受众论被编码/解码模式颠覆了。霍尔理论中对受众积极性的肯定和客观、真实并注重细节与过程的研究方法等,尤其值得学习与借鉴。

与当时法兰克福学派和美国学者所假定的消极受众论相比较,霍尔的编码/解码理论显然丰富了新的马克思主义理论,不仅在媒体理论研究领域具有里程碑意义,而且具有深远的阅读政治学意义。

在霍尔提出编码/解码模式以后,学者们选择了两条不同的发展路径:一条走向了"语符民主之路",另一条则遵循霍尔模式的初衷。走向"语符民主之路"的代表是费斯克,他非常兴奋地庆贺"语符民主"的到来。持同样观点的人认为,受众是自主的,他们认为媒介的影响力其实并不存在,因为他们常怀着乐观与救赎的心情来解读主流媒介的文本,于是,费斯克还主张"读者解放运动"。无论是主张"语符民主",还是"读者解放运动",都是在强调一种自由。这种自由是基于文本的多义性而来的,从价值取向上看,肯定对抗式解读。对于"语符民主"这个问题,许多研究者持有怀疑与批判的态度和观点,这些研究者回到了霍尔模式最初的重点。霍尔提出编码/解码模式时,虽然也承认有协商解读与对抗解读的可能性,但认为重点在于强调"优势解读"这个概念。然而,后来霍尔的编码/解码模式却被扭曲了,引用它的人经常声称,主流意识形态已经被大多数人修正或歪曲。莫利强调,霍尔的编码/解码模式中的优势解读的主要精神在于强调文本以哪些策略封闭了意义的解读。他特别强调,意义并不是由文本封闭的,社会也是封闭意义的场域。对此,卡纳曾指出,哪类人可以取得哪些符码,然后据以解码,其实他们的社会位置早已被规范了。

综上所述,霍尔编码/解码理论的贡献主要有两个方面。一是编码/解码模式显示了与在它之前的媒体研究中的两种研究范式的融合和决裂。在超越"实证主义"发送者—信息—接收者的线性传播模式的同时,又颠覆了法兰克福学派的消极受众论。该模式把话语、符号、权力及社会关系等,置于媒介研究中,标志着英国媒介文化研究从此开启了建立在结构主义和符号学概念基础上的马克思主义媒介理论的新纪元。二是霍尔的三种假想的编码/解码立场为媒介研究的民族志受众分析提供了理论框架。

(二)霍尔的"差异理论"对文化研究的贡献

"差异理论"是霍尔在二十世纪七十年代后期逐步形成的最为显耀、犀利的文化理论思想。差异理论已经受到欧洲和美国的文化研究界的高度重视。霍尔的差异理论思想,可以从他的两个最有影响的,也是最能代表霍尔观点的作品中看到。一个作品是霍尔 1999 年在曼彻斯特召开的主题为"谁的传统:文化多元性对英国传统的影响"的学术会议上做的题为《谁的传统(遗产)? 一个没有解决的问题:对于后民族的再思考》①的发言,另一个是他在 2001 年出版的关于分析摄影图片文化的理论著作《差异》②。这一时期的霍尔,已经将工作重点转移到致力于对黑人和棕色人种等少数族裔艺术家作品的文化传播上了。这是否意味着英国黑人、棕色人种和黄色人种等少数族裔边缘群体艺术家的艺术实践开始了新方法和新特许呢? 其实霍尔已经发现了一个"充满悖论,但是极其值得反思和探究的有趣事实"③,那就是"边缘群体艺术家的创作空间巨大,一直以来他们创作了大量作品,不是因为给他们提供了实践的条件,而是因为边缘本身就是这些实践所揭示

---

① Stuart Hall, "Whose Heritage? Unsettling 'The Heritage: Reimagining the Post-nation", keynote speech to a national conference co-ordinated by the Arts Council of England, "Whose Heritage: The Impact of Cultural Diversity on Britain's Living Heritage", published in Third Text 49, 1999, UK: Manchester, London: Arts Council of England, 1999 – 2000.

② Stuart Hall, Mark Sealy. Different: a historical context[C]//Contemporary photo. London: Phaidon Press, 2001.

③ Stuart Hall. The Nub of the Argument[EB/OL]. http://www. counterpoint-online. org/themes/reinventing_britain/.

的其中一个主题"①,因此,边缘问题绝对是个核心问题。霍尔首先提出了
自己的反思:"我们应该怎样看待边缘群体艺术家作品繁荣的现象呢? 这一
现象会给英国主流文化带来什么影响呢? 它是怎样被表征的,表征的可能
性还有哪些? 它会在某种程度上影响艺术批判和艺术理论的评判标准和发
展方向吗? 是不是存在一种通用的标准,而不在乎这些作品中现实的另类
角度和意境呢? 这对于那些艺术工作赞助者、组织者、批判者、学者和理论
工作者来讲又意味着什么呢?"②霍尔提出的诸多问题都值得我们做进一步
的思考。

(三)霍尔的种族思想及其变迁研究的理论贡献

霍尔的种族思想及其变迁是研究霍尔文化思想无法绕开的重要领地,
也是国内外学者重视的主要领域。首先,伯明翰学派对种族问题的关注正
是始于霍尔。在他之前,为保持英国性的纯洁,黑人文化一直都是英国主流
文化刻意回避的"盲点"。其次,他的研究使黑人种族文化得以在英国主流
文化中现身,并因此在当代英国黑人文化中掀起了恢复黑人种族文化历史
地位的浪潮。可以说,霍尔的研究既拓展了英国文化的深度,又凸显了黑人
种族文化在其中的价值。这种一举两得的研究与他所提出的"平行的生活"
和"新种族"理论有着相同的效果。霍尔理论成就的基础是他"错位"的、双
重的流散经历。因此,霍尔种族思想的形成,在这种流散经历中,经历了一
个相当长的严谨的、变迁的过程。

可以这样说,英国文化研究之所以能够在思想学术流派方面和研究领
域产生重大影响,离不开霍尔的聪明才智和卓越的思想理论。伊格尔顿曾
这样评价霍尔在当代英国,乃至世界思想界和文化界的影响:"任何一个为
英国左派思想立传的人,如果试图依靠某个典范人物,将不同的思潮和时期

---

① Stuart Hall. The Nub of the Argument[EB/OL]. http://www.counterpoint-online.org/themes/re-inventing_britain/.

② Stuart Hall. The Nub of the Argument[EB/OL]. http://www.counterpoint-online.org/themes/re-inventing_britain/.

串在一起,就自然会发现他是在重塑霍尔。"①"如果有哪个人能够在文化研究中把文化研究作为一个特别的研究领域来进行研究,那么这个人不是别人,就是霍尔。"②戴维斯认为:"霍尔的名字就是文化研究的同义词。"③这些评论都肯定了霍尔为文化研究做出的贡献。霍尔可以称得上是"文化研究"的同义词。霍尔开创了文化研究的新时代,使文化研究迈上了一个新的台阶。

(四)霍尔的接合理论对文化研究的贡献

在文化研究中,"接合已经获得了理论地位,被称为'接合理论'(theory of articulation)",甚至成了"文化研究中最具生产性的概念之一"。而在将"接合"理论化的过程中,霍尔起到了不可替代的作用。接合之所以能够成为新葛兰西派"最重要、最具影响的理论贡献"④,是因为霍尔对葛兰西领导权理论进行了发展,他在领导权理论的基础上,对该理论进行了扩展和推进。

对于霍尔接合理论的贡献,史莱克(Jennifer Daryl Slack)认为:其一,从认识论的角度来理解,接合认识矛盾;其二,从政治角度来判断,接合是一种与从属和统治相关的权力与结构的展现方式;其三,从策略的角度来分析,在特定社会形构的机制中,接合起到了干预的作用。以上几个方面既是理论,也是实践,或者说,既是认识现实,也是变革和改造现实,两者是不可分的,是相互关联的。所以,在实践中,接合本身就是手段与目的的统一,理论与实践的统一。史莱克把霍尔对接合理论的主要方面的贡献也进行了高度概括:一是拒绝阶级、生产方式及结构的还原,以及文化主义把文化还原为经验的倾向,这突出地体现在霍尔对在结构与上层建筑之间"没有必然的对应"的阐释上;二是突显了把话语接合到其他社会力量的重要性,但并未把所有东西都变成话语;三是致力于研究接合的策略性特征,突出了

---

① Terry Eagleton. The Hippest [M]. London:Review of Books, 1996:3.

② Chris Barker. The Sage Dictionary of Cultural Studies[M]. London:Sage, 2004:82.

③ Helen Davis. Understanding Stuart Hall [M]. London: Sage, 2004:1.

④ 吴治平.雷蒙德·威廉斯的文化理论研究[M].兰州:甘肃人民出版社,2006:243.

文化研究的干预责任;四是霍尔的接合理论最具说服力,而且也是最好理解的。①

霍尔这位了不起的牙买加裔英国知识分子,以他的幽默和敏锐,观察、提出并阐释了具有问题意识的一系列时代难题,在媒体文化研究、身份认同、多元文化建设和差异政治学等文化理论思想领域贡献最大。很显然,霍尔是一位不可多得的世界性公共知识分子,他的著作量大,影响深远,而且内容涉猎广泛,跨学科,涉及多领域。霍尔在伯明翰文化研究学派中具有举足轻重的地位。霍加特盛赞霍尔是一位优秀的领导人和"为集体生活而工作的伟人"②,并称赞霍尔在该中心的研究能力和开拓精神独一无二。往日曾经与霍尔共同经历伯明翰大学当代文化研究中心风风雨雨的学生们,现如今都成了国际上文化研究领域的精英,在他们心中,霍尔就是当之无愧的、令人鼓舞的领袖人物和文化研究之父。在当代文化研究领域,文化学者们普遍认为,伯明翰大学当代文化研究中心的创办者是霍加特,而开创了当代文化理论研究新局面的则是霍尔。

二、霍尔文化批判理论的影响

霍尔通过深入发掘马克思思想资源,对无产阶级革命低潮期的原因做出了全面的分析和阐释,在此基础上对无产阶级革命策略进行了调整和完善。在整个思想脉络上,霍尔基于对资本主义变化现实的分析,进一步丰富和发展了马克思主义理论的革命学说,这对于提升马克思主义的话语阐释力是具有非常重要的价值的。作为西方马克思主义理论家的霍尔,在文化研究领域坚持了马克思主义的立场、观点和方法,致力于澄清西方理论家对马克思主义文化理论的误读,重建了马克思主义在文化领域的影响力。

---

① David Morley, Kuan-Hsing Chen. Stuart Hall. Critical Dialogues in Cultural Studies[C]. London: CCCS,2001:121.
② [英]马克·吉普森,约翰·哈特雷. 文化研究四十年——理查·霍加特访谈录[J]. 现代传播,2002(5):84.

（一）对马克思主义理论合理性的确证

1. 对西方学者误读马克思主义文化理论的批判

一战后，在资本主义世界里马克思主义理论就已经开始遭遇挑战，而在二战后的二十世纪五十年代，这种遭遇挑战的态势已经成为显性的事实，而且似乎已经成为一种在思想界占有主导地位的学术思潮。同时，在马克思主义理论的发源地，马克思曾经预测的无产阶级革命高潮的来临并没有在学术界的理论家们面前出现，他们没有看到这一幕，却看到了无产阶级革命逐渐进入一种低潮状态的趋势。然而，以被称为早期西方马克思主义理论家的卢卡奇、葛兰西、科尔施等为代表的知识分子，此刻对于处在低潮的马克思主义理论的热情并没有削弱，在思想上始终坚信马克思主义理论，这种坚定的信仰，促使他们试图通过对马克思思想资源的深入挖掘和探寻，来对无产阶级革命走入低潮期的原因做出全面的分析和阐释，同时，在此基础上，他们基于对资本主义变化现实的分析，对无产阶级革命策略和马克思主义理论的革命学说做出了适时的调整和完善。可以说，这是对马克思主义理论体系在整个思想脉络上的丰富和发展，对于进一步提升马克思主义理论的话语阐释力，具有非常重要的价值和意义。相对于早期西方马克思主义理论家而言，之后的理论家对马克思主义理论的发展在实践当中呈现出多元化的趋势。这种情况，特别是二战之后，随着"消费资本主义"时代的来临，工人阶级日益被整合进资本主义统治秩序的现实情况，深深地影响了理论家们。工人们的阶级意识开始淡薄，甚至消逝。他们把关注的目光逐渐聚焦到消费层次的提升上，而不是拿起武器去破坏工厂里的机械设备，因为，他们在流动的社会分层中看到了向上的机会，所以，他们加倍努力地工作。当时的资本主义统治的本质，已经被"福利社会"所表征。理论家们对马克思主义基本理论的态度却也逐渐开始发生分化，继而产生严重的分歧。一部分人坚持"重建马克思主义"，认为需要重新建构一个"新马克思主义"，而另一部分人则持有相反的观点和立场，他们坚定地坚持马克思主义的基本观点、方法和立场，在进一步分析当代资本主义的基础上，对马克思的个别结论进行了全面"矫正"。同时,不断丰富和拓展历史唯物主义的分析视域,使马克思主义的影响力不断增强。众所周知,在西方思想界和学术界,广大学者围绕"重建马克思主义"这一焦点问题,展开了激烈的论争,这一领域始终存在着不同观点和立场的碰撞与交锋,在这种观点的碰撞与交锋中,呈现出霍尔文化批判理论的建构意义。

在文化研究领域,霍尔对西方马克思主义理论展开研究,致力于澄清西方有些学者对马克思主义文化理论的误读,论证、恢复马克思主义的科学性,批判文化理论研究中的"去马克思主义"思潮,坚持马克思主义的立场、观点和方法论,重建了马克思主义在文化领域的影响力。

2. 对"解构马克思主义"思潮的批判

在西方学术界和思想界,一部分自称为后马克思主义理论家的学者提出了"解构马克思主义"这一主张。他们认为,马克思主义在资本主义的历史实践中,在与资本主义自由主义的对峙中,已经被证明"过时了",处于劣势地位,在对资本主义现实做出说明的过程中,它的理论体系已经无能为力,没有办法做出详尽的说明,其"解释力"已经完全丧失了。因而,在实践中,马克思主义要保持旺盛的生命力,就必须具有坚定不移的勇气和立场,对由旧范畴、旧概念组成的理论体系进行彻底解构,用全新的概念、全新的术语,重新建构起新的马克思主义理论体系。以上主张在文化研究领域的表现就是:他们放弃了阶级斗争的观点,以新社会运动和认同政治取代了阶级斗争的观点;放弃了无产阶级革命策略,以激进民主和在议会中争夺文化领导权取代了无产阶级革命策略;放弃了工人阶级的革命主体性,以培育社会权力主体的多样化取代了革命主体性。

霍尔反对"解构马克思主义"思潮主张的放弃保留和继承马克思主义的立场、观点和方法论。在霍尔看来,如果放弃对马克思主义立场、观点的继承,就会使这一思潮走向极端,陷入绝境,失去生命力。霍尔说:"马克思主义仍然是理解文化、阐释文化最有力的理论工具。"①在具体实践中,构成文化研究的基本命题的主要因素,仍然是马克思主义关于社会意识和社会存在、经济基础与上层建筑的辩证关系的理论观点。这一主要因素为我们提供了文化研究的基本分析框架和空间,是否承认这一框架一直是学术界关于文化研究的重要论争的焦点,成为衡量学者们观点分化的标准和界限。在现实当中,虽然马克思主义理论的个别结论和观点立场确实需要在实践中进行调整和完善,但是马克思主义的基本精神仍然是具有生命力的。

在文化研究领域,霍尔对"解构马克思主义"的思潮进行了抵制和批判。一是对"解构马克思主义"思潮的发生学基础进行了批判。在理论界的一部分研究者的思想当中,之所以会产生"解构马克思主义"的理论思潮,其根本的原因就在于他们的思想认识出现了偏差。他们对西方资本主义社会现实变化判断失误,认为资本主义社会已经完成了由生产社会向消费社会的转型,传统的革命政治已经瓦解,马克思对以生产为核心的资本主义的分析不再适用于现实社会,对以消费为核心的当代资本主义的分析应占有主导地位,因此,阶级斗争应转向微观主体争取自身权利的社会运动。霍尔表示,"解构马克思主义"思潮所依据的对社会历史的判断是片面的和不准确的,因为在现实中,消费社会的形成是资本主义生产方式发生变革之后所呈现的结果,生产与消费处于同一结构之中。也就是说,完全脱离生产环境去研究和探讨消费社会,并以此作为文化研究的理论前提的做法,是对马克思主义基本精神的完全违背,同时也不符合资本主义变化的现实,更不能对资本主义变化的现实进行全面的阐释。因此,文化研究领域的"解构马克思主义"思潮,在理论上是肤浅的。二是批判、抵制"解构马克思主义"思潮的方法论。"解构马克思主义"思潮的文化研究把挖掘能够代替工人阶级的革命主体作为自己的使命和责任。"解构马克思主义"思潮的理论思想认为革命主体已经完全"碎片化"了,阶级整体已经分裂为具有独立诉求的个体,个体

---

① Stuart Hall. The problem of ideology Marxism without guarantees [J]. Journal of Communication Inquiry, 1986:19 – 23.

之间存在着互不相连的关系,并且这些个体在现实中的行为充满了"抵抗",他们通过"抵抗"的形式,瓦解统治阶级的意图。霍尔把探讨由文化革命到政治激进民主的过渡策略视为文化研究的使命,期望通过议会斗争,使激进左派政党赢得多数个体的支持和赞同,最终成功对抗资本主义的统治。

3. 对马克思主义文化理论合理性的论证

霍尔在文化研究中,一直坚持运用历史唯物主义分析范式,并站在文化分析的多重视角来思考社会问题,他把种族、阶级、性别视为可以推动文化研究进程的重要领域。霍尔重点关注对文化现象实例的分析,同时还把一些文化现象置于社会发展的历史进程中与社会结构中去考究和探寻。他认为,通过深层次的分析,每一种文化现象在社会发展中都会显现出整体性的特征。例如:霍尔在剖析"撒切尔主义"时,发现了在资本主义建构话语权时,意识形态所起的作用;在剖析"文化帝国主义"时,发现了在建构资本主义统治领导权的过程中,控制与反控制的争斗始终伴随其中;在剖析资本主义学校的教育制度时,发现了领导权的功能就存在于资本主义统治结构之中。在文化研究的历时分析和共时分析中,霍尔有效运用了历史唯物主义分析范式,体现出一种宏观的广阔视域。霍尔以自己的亲身实践,证明了历史唯物主义分析范式的有效性,促使学术界的学者们正确理解与运用这一科学分析范式。在文化研究和分析过程中,虽然霍尔通常站在一种宏观的角度来思考和追问,但是霍尔并不局限于对宏观范畴的研究,他对微观文化现象也特别关注。

霍尔认为,不能以对资本主义的文化分析方式取代对资本主义经济、政治的分析。对在资本主义运行过程中显现的矛盾与问题用文化的形式进行表征,并不是没有一定的道理,但是,在现实生活中,文化分析与文化视角并不等同,文化视角体现的是经济、政治、社会运行的宏观的整体性视角。对文化问题的研究或分析并非单一地就文化论文化,而是用文化论社会。众所周知,文化议题是对社会运行中的经济问题、政治问题的客观反映,在历史发展的进程中,政治、文化与经济因素紧密融合,不断推动社会的进步,因而使文化视角越来越凸显政治的、经济的色彩。但在社会的语境下,政治、经济还是与文化有着学科之间的界限和区别。霍尔认为,经济变革是社会运行的根本推动力,文化只是伴随其中的一个因素,对资本主义运行中的矛盾问题,单纯从文化的角度去分析是不能够做出全面阐释的。而现实中的经济分析与历史唯物主义分析范式也不相等同。综上所述,霍尔从理论与实践两个不同角度,对历史唯物主义分析范式在当代文化研究中的重要指导价值进行了论证和分析,也对那些对历史唯物主义分析范式存有怀疑和敌意的人们再一次进行了回应。

4.对"文化决定论"的批判

二战之后,西方马克思主义思潮为了摆脱第二国际"经济决定论"的束缚,以现实和资本主义发展变化为出发点,主张对第二国际马克思主义进行修正。它们主张用"文化决定论"取代"经济决定论",这样才能够恢复马克思主义的影响力。它们将重点聚焦在"经济决定论"方面,同时就形成了一种思维定式,即在实际中要将文化的重要性凸显出来,就必须坚持"文化决定论"的基本立场和观点,这样才能够使被经济所遮蔽的文化的潜在力量被释放出来,从而进一步推动社会变革,使社会历史的发展不断向前。这样的思维定式和主张在文化研究中产生了一定的影响。在霍尔看来,将推行"文化决定论"的目的定义为把文化提高到与经济并重的位置,似乎不是很恰当。文化研究既要摆脱"经济决定论"的束缚,又不能导向"文化决定论"的误区,文化研究就是要在这种张力中不断前行,由此,霍尔对"文化决定论"做出了积极的回应。

第一,文化是社会变革的内在依据,但在具体实践当中,社会变革的结果都是由文化、政治、经济等诸多要素参与、通力合作、发挥作用才能促成的。西方理论界对文化在资本主义社会的呈现方式进行了阐释,在他们看来,文化不仅以资本主义社会发展表征的新的特点存在,而且更重要的是,资本主义得以发展的内在依据就是文化,文化作为一种内在驱动力,其决定性特征不断凸显出来,文化在推动资本主义进入一个更高级的发展阶段方面起主导作用。霍尔对这种观点表示质疑。霍尔认为,马克思所揭示的社会意识与社会存在的辩证法,仍然是对资本主义新变化进行阐释时最具有说服力的理论,而恩格斯提出的历史发展"合力论"的观点和立场,则进一步合理解释了社会发展的复杂性、多样性。在历史唯物主义的视角下,社会发展的未来趋势越来越呈现出立体化,而不是简单的线性的过程,同时,不同发展阶段的不同视角的呈现,正是这种立体化格局在做支撑。"文化决定论"的合理性,不是由资本主义的现状来证明的,它反映和凸显的是文化视角的重要性。

第二,文化在一定"历史情境"下制约着历史事件的发展进程。忽视"历史情境"的制约性,最终必然走向"文化决定论"。霍尔在二十世纪七十年代末对阿尔都塞的"结构主义的马克思主义"做了详细的解读,同时也深刻反思了阿尔都塞的"矛盾与多元决定"理论。霍尔认同在净化马克思主义的过程中,"矛盾与多元决定"对打破"经济决定论",增强历史唯物主义阐释力的重要价值,但与此同时,霍尔又对"矛盾与多元决定"表示质疑:"决定"在何种情况下才能发生?"决定"深层次体现的只是一种随机性的偶然性吗?何谓"矛盾与多元决定"?这样的论点岂不是把历史唯物主义引向神秘主义吗?对此,霍尔阐释了自己的观点和态度。在他看来,"决定"并非随意表征,"决定"是在一定历史情境下的表征,在某种特定历史条件下,政治、经济、文化的"相互决定"才会发生,但事物发展的最终方向和性质归根到底体现的还是经济因素。① 在霍尔分析"撒切尔主义"这一文化现象时,这一论点得到了详尽的阐释。有学者批判霍尔将"撒切尔主义"视为文化现象进行分析是"文化决定论"的表现。霍尔则认为,他始终强调在文化研究的过程中,不要忽略经济的首要作用和重要性,因此在一定历史情境之下对"撒切尔主义"这种现象进行文化分析,根本不会导致"文化决定论",而有些学者正是忽略了这一历史情境的制约性,导致最终走向"文化决定论"的理论极端。

---

① Stuart Hall. The meaning of new times, David Morley and Kuan Critical Dialogues in Cultural Studies. London: Routledge, 1996:222 - 236.

（二）对当代文化哲学研究的推动

1964 年，英国伯明翰大学当代文化研究中心成立不久，就开始招收来自世界各地的文化专业的学生，聘请知名的文化学者系统地讲授文化专业课程。这些学生如今已经成为文化研究走向国际化的重要推动者。在霍尔任当代文化研究中心主任期间，英国的文化研究达到了鼎盛时期。在进入二十世纪九十年代之后，随着时代的不断发展，全球化已经成为社会进步的重要表征。全球化作为一股强劲的力量，推动文化研究成为国际社会的中心议题，使文化研究不仅成为世界各国学术界学者关注的话题，同时也成为政府施政的新的关注点。有学者评论说，文化研究能够走向国际化，霍尔作为该领域的旗帜性人物，功不可没。

1. 加深马克思主义在文化研究中的影响力

霍尔在文化研究中致力于对马克思主义的阐释和研究，以及重塑马克思主义在文化研究中的权威性。霍尔勇于面对马克思主义在文化研究中被边缘化的处境，他没有做过多的强词夺理式的强势辩护，而是通过思考和辨析对马克思主义的许多误读来阐释自己的观点，引导人们自觉认同马克思主义的真理性。虽然困难重重，但霍尔始终坚持同各种西方马克思主义思潮、各种非马克思主义思潮对话，一方面吸取各种力量、资源，来进一步丰富和拓展马克思主义文化理论，另一方面，挣脱教条主义对马克思主义文化理论的各种束缚，面向资本主义新变化及时调整文化分析的马克思主义框架，使马克思主义成为文化研究最主要的理论支撑。

2. 关注微文化的研究场域

马克思的阶级视角是基于阶级分析对社会历史现象做出阐释的，是宏观意义上的政治学分析，而着重揭示阶级对个人生活方式的影响的是社会学视域下的阶级视角，这种社会学分析是属于微观意义的。霍尔整合了政治学和社会学视域的阶级视角，这是对阶级视角的创新。霍尔关注微文化的研究场域，提出了兼具政治学和社会学维度的阶级理论。霍尔在文化研究的过程中，把阶级理论视为用以解释社会文化现象的主导线索，也作为他用来分析微观场域文化斗争形势和动力的理论基础。例如,霍尔的话语围绕着身份认同等目标的实现,这些都代表着阶级更加细微化的利益诉求,也体现了霍尔对微文化研究场域的关注。但霍尔并没有像其他学者那样完全走入微观场域,从而抛弃了宏观分析,而是始终保留并坚持历史唯物主义的宏观分析方法,在历史唯物主义方法论的总框架下,探讨文化具体场域下的日常生活世界问题,在微观场域具体揭示了社会历史的丰富内涵,形成"微观视域和宏观视域相结合、社会领域内在融合的社会历史分析风格"①。霍尔坚持以历史唯物主义分析范式进行文化研究,并在微文化这一微观场域实现历史唯物主义方法论的创新。在现实中,相比于对马克思主义文化理论本身的认同度,西方理论界的学者们似乎对马克思的历史唯物主义方法论体系更加钟情。他们认为,重建历史唯物主义分析范式,是马克思主义得以复兴的关键所在,因此在西方相继出现了分析的马克思主义等众多思潮。然而,霍尔却坚持"文化马克思主义"的观点和立场,不断推动文化研究具体方法论的创新。一方面,他建构起阶级、权力、生产、意识形态的历史唯物主义文化分析的新视角,积极倡导文化的宏观分析和微观分析相结合、历时分析和共时分析相结合、静态分析和动态分析相结合的原则,使文化研究从宏大叙事走向日常生活,又从日常生活走向宏大叙事。另一方面,他推动文化研究形成实践品格和开放性特征,实现历史唯物主义的文化分析方法论的创新。霍尔在文化研究中始终强调的是理论与现实的对接,反对将文化研究理论化,认为那是将文化锁在书斋里的危险行径,而文化研究是要接近现实的。为此,他借鉴文化人类学、社会学等实证调查的方法,将其引进到文化研究中,形成了"民族志的研究"等体现英国文化研究特色的具体方法。

同时,霍尔又特别强调理论的境域化研究,对于英国文化研究中将外来理论照抄照搬的做法持否定的态度,当然,霍尔也否认英国文化研究成果的普适性。霍尔强调,不要迷信理论的普适性,他特别提醒人们要从本地的实际情况和面临的具体问题出发,去创新和建构理论。可以看出,霍尔的文化

---

① 衣俊卿,胡长栓.马克思主义文化理论研究[M].北京:北京师范大学出版社,2017:328.

研究具有极强的问题意识,这是他对历史唯物主义方法论原则的一种深度理解和具体应用。

三、霍尔文化批判理论的启示

(一)全球化背景下文化的多样性

自二十世纪九十年代开始,霍尔就重点关注全球化的发展态势,他特别强调"他者",并站在"他者"视角,对全球化的发展进程进行了深刻分析,形成了独具特色的全球文化观,并在理解文化全球化的多样化趋势方面,为人们提供了重要启示。

1. 全球化的发展是以"他者"的存在为前提的

霍尔将"他者"阐释为不同于自我的客观存在。他表示,人一出生就生活在"他者"的环境中,父母作为孩子的"他者",是孩子成长的必要条件。"他者"与"自我"其实是互为前提、相互依存的关系。没有"自我",也就没有"他者",按照这样的逻辑关系来理解,"他者"在全球化背景下就应该存在,如果全球化运动中缺少他者,那必然是不正义的全球化。

2. 全球化会导致差异、流动,并形成新的同质化——"文化间性"

"差异"本来指人或事物的不同,但在人类学意义上,"差异"就成为文化符号秩序的根据。"差异"在霍尔看来,是一个特别的词,"差异"成为人们按照自己制定的标准建构分类系统,从而给事物安放不同位置的行为。"差异"由一个语义学概念演变为一种话语权的建构过程。通过这一视角去解读当前的全球化发展,可以看到,在全球化的语境下,各民族国家在参与的过程中,被区分为先进与落后、正义与邪恶。

3. 全球化进程本质上是控制与反控制的斗争

首先,对各种被定型化的模式发展中国家需要进行彻底颠覆,从而建构一种新型文化标准,并促使人们去理解和认同。这一文化认同能否实现,取决于文化标准的正义性——霍尔把这种新型标准视为"文化间性",即主体就是全球化的参与者,在现实中,主体之间通过文化的互相借鉴与融合,实现其文化在全球化的趋势下共同发展,共生共荣。这是一个双向,甚至是多项的运动,主体价值在实践中得以全面体现,进而形成新的文化同质化——高度融合、"和而不同"的文化态势。其次,处于"他者"地位的民族国家要批判性地介入西方话语体系,在关注其发展的过程中发现矛盾和冲突,并主动对西方话语做出回应,树立作为"他者"的积极形象,建构起自身在文化交流中的话语体系。总之,在全球化中处于"他者"地位的发展中国家是干预,甚至是改变"不正义"文化秩序的主体力量。对于全球化趋势,民族国家不应持有回避的立场,更不能持有悲观主义的立场,而是应通过策略性介入,引领全球化朝着正义的方向发展。

(二)文化创新在当代经济社会发展中具有重要作用

霍尔认为,文化是一个极富能动性的概念,他非常重视对文化能动性的揭示,并将文化视为文化理论研究的基石。在霍尔看来,实践中将文化从经济基础与上层建筑的模式中解放出来,赋予其自主性含义,是西方马克思主义理论最显著的成就之一,这种成就集中体现在以下三个方面。第一是在哲学的意义方面。文化被视为一种"在场",它是历史性、境遇性的社会存在。第二是在社会学和人类学的意义方面。文化指向人类共同的生活方式。第三是在政治学的意义方面。文化又代表了一种斗争方式。所有的意识形态和价值观都在全球化进程中呈现出来,成为"言说者"论证和维护自身的文化权威地位的场域。霍尔对文化能动性的论证和阐释,有助于我们深化对文化生产规律的认识。

1.文化是有着自身独特发展规律的自主性概念

文化是一个自主性的概念,自身有独特的发展规律。霍尔在不同的时间和场合多次论述过他反对"经济决定论"的立场和观点。他认为文化不是直接由经济发展规律所决定的,不是说经济状况直接决定着国家或地区的文化状况,因为国家或地区的发展状况不尽相同,并不一定都是直线式发展。人们经常所见的是,经济发展与文化发展是不同步和不协调的发展。人们普遍认为在文化发展过程中经济是最重要的因素,而实际上,它并不是唯一的决定因素。因为文化在复杂的社会环境中受到各个领域横向因素的制约和影响,所有的因素共同起作用,决定着文化的发展进程。文化发展的历史延续性、文化产生的历史情境性,以及文化主体的多样性,这些方面的要素都是文化具有自身独特规律的有效证明。

2. 文化维系着资产阶级统治的稳定性

文化是一种生活方式,它深植于人的内心,是大众精神领域最基础的方面。相比于具有宏观作用的生产方式,生活方式是受生产方式决定和制约的更微观、更具直接影响力的方面。特别是随着大众社会的到来,大众阶层逐渐壮大,反映大众生活方式的通俗文化不断兴起,逐渐发展成为文化的主流。大众表现社会、阐释社会、理解社会的文化形式体现为通俗文化,通俗文化成为文化权力的生产中心。在这种意义上,霍尔将大众文化视为最有可能用来抵抗资本主义主导意识形态的场域。因为,在实践中,在这种场域中资产阶级主导意识形态被解读和阐释,资产阶级的意图有时被重新协商或被颠覆。与此同时,资产阶级也逐渐意识到大众文化的极端重要性,并通过各种努力建构自身形象,力图在文化与意识形态领域进一步改善自身与大众的关系,努力争取大众社会的文化领导权。霍尔在论述"撒切尔主义"时就充分说明了这一点,由此足见文化已成为影响社会政治经济发展的关键因素。

3. 文化成为整合社会秩序的重要力量

在霍尔看来,在当代社会中,文化因素已经成为定义社会转型、推动社会转型的重要力量,同时还具有整合社会秩序的独特作用。马克思以生产方式为基础,对人类历史各个发展阶段的社会形态之间的区别进行了揭示。在霍尔看来,以当代同一社会形态内部的发展来说,其阶级性的区别几乎都体现在文化发展上,在现实社会中,已经成为主流意识的发展特征就是以文化定位社会。例如,人所共知的资本主义的现代社会与后现代社会的区分等,在这种区分中能够显现出重要影响的都是文化。后现代主义已经发展成为一种意识形态,它作为人们对现代社会生产方式、生活方式进行反思的产物,以思潮的形式被表征出来。消费主义也不例外。这些思潮定义了社会转型,甚至在有可能的情况下,会改写资本主义的发展方向。

在社会整合中,文化的功能同样具有强大的力量。一是在当代社会的冲突中,文化因素成为重要的诱因之一。因为,由各种文化间的隔阂造成的文化歧视和差别政策会导致许许多多的文化冲突,这些冲突甚至会演变为武装冲突事件。二是应从文化的角度去面对和解决由于文化因素导致的矛盾和冲突。各方应在相互尊重、共同协商的框架下,互相谅解并达成共识。霍尔曾将文化冲突形象地比喻为"身份"与"位置"之战,提出要彻底解决文化冲突与矛盾,应当重新合理分配文化权力。所以,我们说,在现实语境中,文化是国家之间冲突中的重要力量元素。

4.大众社会的政治认同受文化生产功能的制约和影响

早在1980年,霍尔在《编码/解码》一文中,就将文化的发展视为一个自循环系统。霍尔认为,"情境和意识形态改变和转换着意义"①,在信息流通过程中,信息编码者其实就是文化产品生产过程中的生产者,而处于接受一方的受众或解码者则是文化产品的消费者。文化的流通过程就是生产者把文化商品在传播过程中送给消费者(受众)检验的过程,在这个过程中,消费者来评判产品的好与坏。正是在对传播过程这样的分析和评判中,霍尔突然发现,作为消费者的受众并不是被动的受众,在这个群体中,因为人们的阶级立场和观点不同,相应地对文化产品就会产生不同的解读方式和解读结果,甚至还会出现消费者与生产者相互对抗的解读方式,这极大地制约了传播效果。可见在实践中,受众对传播过程有着极大的影响作用,这一重要作用是绝对不能被忽视的。与此同时,霍尔透过这种现象也看到了另一方面,文化生产者的能力和水平决定了其在传播过程中向消费者输送何种文化产品,也就是说,他们的能力和水平也引导、塑造和制约着受众的理解范围和水平,这也是分析文化传播时同样不能忽视的重要因素。

霍尔在论证和阐释文化能动性时,也进一步揭示了文化作为社会生产过程的独特性,这种独特性在于,文化从本质上来说是文化产品和意识形态

---

① Stuart Hall. Encoding[C]//Culture Media Language. London:Hychinson,1980:133.

的生产过程。"这一生产过程如同社会再生产一样,由生产、分配、交换、消费四个方面组成。应从生产与消费的辩证统一中,揭示文化生产的规律。"①在现实中,要重视文化生产对于文化消费的制约、促进和引领作用,同时也尊重文化消费对于文化生产的促进作用。霍尔强调生产对于消费的引领和促进作用,但他同时也强调受众视角,突出消费对于生产的影响。消费如何促进生产? 生产又如何引领消费? 这是在发挥文化生产机制作用方面,亟待解决和探讨的重要问题。

第三节　霍尔文化批判理论的局限性

　　霍尔的文化批判理论虽然贡献卓越、影响巨大,但是也存在一定的局限性,需要不断被完善。纵观霍尔的文化研究历程,可以看到,在社会实践中,面对复杂的社会环境,霍尔的理论思想存在着一定的局限性,主要体现在以下两个方面:一、霍尔的文化研究融合多个学科,但是研究主体分散。二、在实践中,霍尔的接合理论实践性逐渐减弱,编码/解码理论对受众和编码者的研究不够深入。

一、不够鲜明的文化研究主题

　　霍尔一生理论成果丰富,学者们对这位文化研究领域的代表人物充满敬仰之情。但是,在某种程度上,学术界对于霍尔学术地位的争议也一直伴随着他。霍尔是否是一位马克思主义理论家? 他的文化理论是否具有创新性? 他的文化革命的思路是否具有空想性? 他的文化理论是否对当代资本主义国家的左翼运动产生了重要影响? 这些关于霍尔及其理论的思考,提醒学者们在关注霍尔对文化研究的贡献与影响的同时,也要关注霍尔文化理论中的缺欠与不足之处。作为文化研究的代表人物,在进行研究时,霍尔

---

　　① Stuart Hall. New ethnicities, David Morley and Kuan Critical Dialogues in Cultural Studies. London:Routledge,1996:442 – 451.

也有和同时代文化研究学者共同的弱点。霍尔从文化视角对社会历史的变化进行解读,本身是很有价值的,但是由于他忽视了从社会历史变化中深刻阐释文化的发生与发展,从而使这种文化解读失去了历史依据,这也使他的文化批判理论有时表现出主观偏激的立场。霍尔对资本主义时代的反思也缺乏深刻性,对西方左翼社会运动没能产生大的影响。纵观霍尔的文化研究历程,可以看出,在现实生活中,面对复杂的社会环境,霍尔的理论思想存在一定的局限性。

文化研究的主题是指研究的中心和主旨,是贯穿始终的主线。霍尔将自己的文化研究定位为文化政治学,那么理论主题就应是文化与政治。但在考察、分析霍尔在不同阶段研究的文化议题时,却看到霍尔的关注点始终是在文化领域,缺少对"文化之于政治"的关系的深刻论证,这使人们在他的文化研究中看不到文化与政治的关联。在霍尔的文化批判理论中,"抵抗"二字经常出现,但是并没有发现"抵抗"得以实施的路径,这样的结论似乎无法体现霍尔声称的文化政治的研究使命。

霍尔的文化理论缺乏清晰的思路,逻辑性欠缺。他一生著述颇丰,研究领域广泛,议题丰富,但他的研究缺乏连贯性,对同一问题缺少持续性的关注,因而学者们很难用清晰的逻辑体系来概括他的理论。这也许与霍尔反对理论化的倾向有关,但是完全否定理论似乎也走向了另外一个极端。完全为理论而理论是不可取的,但强调理论对现实的指导、构建和矫正作用是很重要的。霍尔的文化理论强调了情境性,却弱化了合理性。

二、实践的局限性

霍尔的文化批判理论在实践中具有一定的局限性。接合理论的局限性体现在:随着理论系统的完善,实践性逐步淡化。编码/解码理论的局限性体现在对受众和编码者没有进行深入阐释。霍尔的文化批判理论在实践中缺乏稳定的建构性,还需要不断完善。

(一)"接合理论"实践的局限性

在社会实践中,"接合理论"体现了理论与实践的统一,也就是认识现实、接受变革、改造现实的相互统一。这也体现了马克思主义理论的具体——总体思想,理论和实践是相互联系、不可分割的。实际上,"接合理论"不仅包括策略与目的的相互统一,理论与实践的统一也在其范围内。特别强调把理论和实践结合在一起,是"接合理论"的特征。这是因为,如果仅仅强调"接合"的理论性,那么"接合理论"鲜明的话语性就会使它进入单纯话语的境地中,正是由于这一原因,霍尔才特别强调要坚持"接合理论"的实践性。尽管霍尔一再强调,但随着"接合理论"的不断理论化,"接合"也会慢慢淡化自己的实践干预性,在量变积累到一定程度以后,"接合理论"就将会转为过分强调它的理论性和方法,这是在实践中需要克服的问题。

(二)编码/解码模式实践的局限性

在霍尔的文化批判理论研究中,编码/解码模式,也被称为"霍尔模式",具有深远的理论意义。霍尔的关于信息多于本质的观点也在文化研究中产生了重大影响。同样产生重大影响的还有对受众主体地位恢复的观点。但是,霍尔在对受众主体地位恢复的观点的表述中,对受众并没有进行深入的研究。同时,编码/解码模式也没有深入阐释编码者如何进行领导权指涉再生产的问题,对解码者如何进行再生产这一环节也没有进行深入阐释。霍尔在某些方面不断对其理论进行理论化,这会导致淡化实践的危险。他的编码/解码的研究模式也没有摆脱文本主义,"他关注文本本身的性质、文本与作者的关系、文本与读者的关系以及读者的作用、文本与现实的关系,但是,这个模式并没有试图去证明电视话语的主导意识形态编码是如何和社会结构发生关系的"①。然而,虽然霍尔对受众的分析不是十分详细和准确,但是他已经认识到了受众的重要性,这就为文化研究打开了一扇新的大众媒介研究之门。

霍尔的编码/解码理论模式遭到了学术界的批评与挑战,霍尔本人也进行了反思:"我曾经想摆脱那些观念的起源,我们自己深处于历史中,因而话

---

① 石义彬.单向度、超真实、内爆——批判视野中的当代西方传播思想研究[M].武汉:武汉大学出版社,2003:149.

语也是散漫无序的。但是编码模式并非天外飞来的,我曾经犯了个错误,只是把那个图表画了上半部分。如果你想阅读全部内容,你必须画一个环形图来显示它。因此我必须说明白解码是如何进入记者选题的实践和话语体系的。"①笔者认为,霍尔的文化理论建构于表征理论,始终强调意义,编码/解码模式也同样关注意义,而过于执着于强调意义,往往会导致忽略对更为宏观的因素(特别是经济因素)的考量与关注,如果能够借鉴布尔迪厄的文化资本概念,用对文化资本的拥有来分析受众的解码立场,也许会更有说服力和实践性。格罗斯伯格曾指出,文化研究越来越远离经济,这是一个危险的信号,这样的忠告我们不应该忘记。

(三)在实践中缺乏稳定性的建构主义

"实践领导权接合"的根基是实践性,这就决定了霍尔对马克思主义的重建是以多元主义为前提的。在重建的过程中,"接合"使偶然性成为可能,同时也使得"主体"本身进行随机性的建构。而由这种接合来建构的联系不是固定的、预先决定的,就连"主体"本身也不是稳定的,一切必须一直处于不断建构之中,所以,这是一种缺乏稳定性的建构主义。

(四)结构主义范式的局限性

霍尔结构主义范式的优势就在于消解了经验的中心地位,认为经验是社会结构的一种效应,结构主义范式强调决定性的条件。结构主义是建构"非还原论"的文化理论,强调文化的不可还原性和特定性。从霍尔对文化主义范式和结构主义范式的阐述来看,他更多的是倾向于结构主义理论立场的。实际上,无论是文化主义范式,还是结构主义范式,都不足以承担起将文化研究体系化的重任。霍尔在关注结构主义范式积极作用的同时,并没有深刻认识到结构主义范式的弱点。从根本上说,结构主义范式的缺陷在于它陷入了决定论范式。它把具体、复杂的文化差异性,甚至是人的主观

---

① Stuart Hall. Reflections upon the Encoding/Decoding Model: An Interview with Stuart Hall[C]// Jon Cruz and Justin Lewis. Viewing, Reading, Listening: Audiences and Cultural Reception. Boulder: Westview,1994:256.

能动性都归结于结构的个别化,在消解主体性的同时,创造了结构性。基于结构主义这种决定论的文化研究局限,霍尔转向了葛兰西的领导权理论。但是,霍尔由于受到阿尔都塞的影响,过分强调对资本主义批判的深刻性,而忽略了统治阶级与被统治阶级的斗争、谈判、妥协的过程。

霍尔就是这样一位在人们的争议中致力于文化研究的理论家。霍尔的理论有局限性,霍尔的观点甚至有反叛的意味,但是这些都不能遮挡他作为文化研究领域重要代表人物的光辉。不可否认,他为文化研究做出了重大贡献。霍尔重建马克思主义在文化领域影响力的努力,使他无愧于英国文化马克思主义理论家的称号。

通过解读霍尔自身建构机制,展现他多元多变、多姿多彩的人生,我们会发现,不断变化着身份的霍尔,始终不变的是对时代潮流的敏锐掌控和勇敢驾驭,像一位伟大的勇士,勇立潮头,彰显出与众不同的思想特征和精神特质。首先,霍尔具有敏锐的理论观察能力,见微知著,能够准确地把握尚在萌芽状态的重大理论的主题和重点。理查德·霍加特在1957年出版的《识字的用途》中深刻阐释了丰裕社会的显现、大众文化的形成等对阶级意识的影响与对英国工人文化身份的认同后,提出"我们正在成为文化上的无阶级"的观点。这一观点遭到了当时多数新左派人士的反对和批判,只有霍尔挺身而出,表示认同这一观点,并撰写《无阶级的观念》等理论文章,对其进行理论论证,使《大学与左派评论》实现对亚文化、青年文化、艺术批评、工人阶级分化等一系列大众文化现象和社会上相关的热点问题的开创性的研究和探讨,为文化研究的不断向前发展奠定了重要基础。其次,在英国政治、经济和文化等领域,马克思主义理论研究者们开始反思马克思主义的思想历程,批判教条主义,试图重构一个符合时代特征的新的马克思主义,使其能够肩负起指导英国社会主义运动的历史责任和使命。霍尔在实践中极具批判精神和反思能力,对待马克思主义主张采用积极开放的形式。他同英国的霍加特等理论家一道,担当起使马克思主义理论本土化的重任,并以文化理论研究为重点,在反思理论和实践的基础上,在文化领域构建了具有生命力的"文化马克思主义",用以研究和指导英国的社会实践。马克思认为:"人们在自己生活的社会生产中,发生一定的、必然的、不以他们的意志为转移的关系。这些生产关系的总和构成社会的经济结构,即有法律的和政治的上层建筑竖立其上并有一定的社会意识形式与之相适应的现实基础。物质生活的生产方式制约着整个社会生活、政治生活和精神生活的过程。不是人们的意识决定人们的存在,相反,是人们的社会存在在决定人们的意识。"①这是马克思主义历史唯物主义的基本思想,也就是说,社会历史发展具有自身固有的客观规律,社会存在决定社会意识,社会意识又反过来作用于社会存在,生产力和生产关系之间的矛盾,经济基础与上层建筑之间的矛盾是推动社会发展的基本矛盾。英国文化马克思主义主张:突破文化理论的困境,把文化从精英主义立场的束缚中解放出来,使大众成为主体,使文化融入日常生活;重视对日常生活经验的研究,坚持理论与实践相互结合,确立文化唯物主义的认识论范式;把培育工人阶级的价值观、激发其革命的能动性和阶级意识作为文化研究的主要使命。霍尔认为,对于马克思主义理论要持有审视的观点,它是一个开放的体系。资本主义不断变化这一事实,要求新左派必须以审视的目光、创新的理念,构建符合时代要求的新的战略和新的思想理论。再次,霍尔善于发现、学习和借鉴新的理论,因此他的文化研究能够突出马克思主义的创新性和时代性。霍尔以实际行动回击了一些人对马克思主义权威性的歪曲与质疑,扩大了马克思主义的影响力。霍尔始终坚持马克思主义的基本精神,以历史唯物主义的方法论进一步完善自身的文化理论研究。最后,霍尔具有非凡的人格魅力和领导才能,《大学与左派评论》能够在他的带领下取得巨大成功的重要原因,就是他善于团结他人,令团队能够求同存异,共同达成使命。从某种意义上来讲,霍尔是联系两代新左派的桥梁和纽带,是人们公认的有机知识分子。

1958 年,为了研究大众文化,霍尔放弃了博士论文的写作。他在霍加特和威廉斯的文化理论的影响下,反对高雅文化和大众文化的二元对立,坚持从大众文化的角度来考察和诠释流行文化与大众文化之间的关系,"通过这

---

① 《马克思恩格斯全集》(第 23 卷). 8 – 11.

些及其他途径,青年一代成为一个能创造的少数派,在打破深深根植于英国资产阶级道德中的清教禁锢,以一种我们认为更人道、更文明的行为方式走在整个社会的最前列"①。当同时代的研究者们刚刚发现流行文化的意识形态控制时,霍尔已经窥视到了其中所蕴含的抵抗的可能性或发展趋向。在这一阶段,霍尔带领新左派从文化马克思主义出发,结合并运用西方马克思主义者的结构主义、符号学等理论,对青年亚文化、工人阶级的日常生活、现代国家等问题进行了跨学科、跨领域的研究,这位真正的文化研究理论家在不断挖掘和探寻政治抵抗在资本主义社会中的可能性。

现如今,我们重新审视霍尔丰富多彩的学术生涯,可以肯定,尽管霍尔的身份是多重的,但绝对不是碎片化的。在实际生活中,尽管霍尔的身份不断变化,但是他对当代资本主义和对权力的抵抗意识始终没有改变。同时,霍尔作为有机知识分子,在历史发展进程中,始终保持着自身思想的开放性,并根据斗争和实践的具体需要来确定和调整学术研究课题,面对不断变化的研究对象,霍尔总是能够准确判断,恰当选择,努力寻求最佳的方法来分析和解决问题。他对现实社会中的理论也采用开放性的策略,"这种开放性为后来的文化理论研究者提供了广阔的理论空间。正是这种卓尔不群的学术风格一直吸引着众人走向霍尔的著作"②。霍尔构建文化研究的马克思主义分析框架,突出阶级、意识形态、权力等政治视角,突破经济决定论对文化概念的束缚,建构文化分析的基础,使文化由此获得对社会生活的解释力量。霍尔的探索对历史唯物主义分析范式的创新做出了重要贡献。

---

① Stuart Hall, Paddy Whannel. The Popular Arts[M]. London: Hutchinson Educational Ltd. ,1964: 273.

② Angela McRobbie. The Uses of Cultural Studies, A Textbook[M]. London: Sage Publications Ltd. ,2003:28.

结　　语

通过总结对霍尔文化批判理论所进行的一系列研究和探讨,笔者认为,霍尔所主张的情境性是他的文化批判理论研究最主要的特征,同时也是使他的理论具有开放性、实践性、批判性、跨学科性的支撑点。面对战后资本主义的新变化,霍尔敏锐地感觉到马克思主义正处于危机状态,而要消除这种危机,必须正视马克思之后资本主义的诸多新变化。霍尔致力于在文化的维度进一步揭示和阐释这种变化。霍尔二十世纪五十年代关注消费资本主义时代大众文化的兴起;六十年代关注政治经济危机承受者的亚文化;七八十年代关注并阐释了社会转折时期的"撒切尔主义",同时将新型的媒介研究纳入文化理论研究的视野;九十年代之后,重点关注全球化时代文化研究发展的道路和方向。可以说,霍尔文化研究的轨迹,是一幅具有实践意义的战后英国资本主义新变化的路线图。

霍尔在文化研究中取得了一个个理论突破。首先,霍尔在文化内涵的界定上取得了突破。马克思为分析文化问题建构了理论前提,给后来的研究者留下了一幅展开的研究画卷。这就为霍尔的理论建构提供了巨大的研讨空间。霍尔将文化界定为基于个体经验的整体生活方式、生存结构、各种思想意识的斗争空间和各种权力的实现场域。其次,霍尔结合资本主义在历史语境中的不断变化,不断变化着文化研究的重点并在议题上取得突破,如:二十世纪五十年代研究大众文化,六十年代研究亚文化,七八十年代研究媒介文化,九十年代研究族裔散居文化、全球文化。虽然文化研究的议题在不断变化和调整,但霍尔始终坚持贯彻马克思主义的思想原则,丰富和拓展着文化政治学的理论。他从文化视角出发,不断增进人们对当代世界政治经济的理解。

霍尔重建了马克思主义在文化研究领域的影响力。霍尔的马克思主义观体现在他的文化理论的构建中。第一,霍尔文化研究所依赖的最主要的思想资源是马克思主义,马克思和恩格斯的社会历史观是霍尔文化研究的理论基础,为霍尔提供了文化研究的前提和基本遵循。在文化研究的过程中,为了增强马克思主义的阐释力,霍尔相继批判地借鉴了阿尔都塞的结构主义马克思主义、葛兰西的马克思主义文化权力说,以及后马克思主义的话语理论,形成了综合式的马克思主义理论立场和独具特色的文化马克思主义理论。第二,霍尔在历史唯物主义方法论的指导下,运用马克思主义的总体辩证思维分析文化现象,结合文化研究的各种议题,形成了民族志实证研究法、历史追溯法、个案剖析法、历时分析和共时分析的结构阅读法、历史场域分析法、从抽象到具体的归纳演绎法等,创新了历史唯物主义在文化研究中的运用。第三,霍尔对马克思主义的探索性发展表现在:不仅在文化研究中对权力、历史、意识形态、阶级等进行整合,创新出立体化的视角,而且将马克思主义文化理论从教条主义的分析框架中解脱出来,通过反击西方理论界对马克思主义文化理论的误读、歪曲和攻击,重建了马克思主义在文化研究领域的影响力。第四,霍尔文化研究所建构起的新视角、所采用的新方法是历史唯物主义方法论原则在文化问题上具体化、微观化运用的结果。正如学者们所认为的那样,文化研究重新激活了历史唯物主义在当代的生命力。霍尔文化研究的阐释方式,从根本上是历史唯物主义的阐释方式,而那些具有后现代主义倾向的新概念,恰恰反映了霍尔在话语使用和思维转换上的创新。因为,面对新的时空变化,历史唯物主义的分析必须具有强大的开放性和包容性,才能够实现自身的与时俱进。

马克思主义的理论取向是霍尔文化批判理论的鲜明特色。霍尔的文化批判理论是具有创新价值的理论,这种创新主要体现在他建构了马克思主义政治学视域下的文化分析框架。霍尔认为,在对文化内涵的理解上,只将文化描述为一种生活方式,不能全面概括现代社会文化的存在状态。文化已经成为一种斗争方式,是各种意识形态确立自己的立场、扩展自己的疆域并实现自身价值诉求的场域和方式。霍尔特别强调，应在文化斗争的辩证法中理解文化，看到这里充斥着各种思想、观点的博弈与斗争。文化本质上是一个充满控制与反控制的场域。

马克思指出："少发些不着边际的空论，少唱些高调，少来些自我欣赏，多说些明确的意见，多注意一些具体的现实，多提供一些实际的知识。"[1]霍尔不是仅仅在书斋中对文化的存在形态与本质做理论探讨，他更重要的是强调文化理论的实践品格。在霍尔看来，文化研究不是在象牙塔中写文章、做学问，而是应介入社会现实生活，构建连接理论与现实的纽带和桥梁。因此，作为有机知识分子，学者们理应投入到文化实践中，充分发掘文化的潜能，去启蒙处于资本主义异化统治下的大众，使大众成为新社会运动的主体，去"抵抗"资本主义主导的意识形态的控制和压迫。

---

① 　马克思恩格斯全集(第27卷)[M].北京:人民出版社,1972:436.

参考文献

一、外文文献

(一)斯图亚特·霍尔的著作

[1] Hall S,Whannel P. The Popular Arts[M]. Boston:Beacon Press,1964.

[2] Hall S. Introduction, An Eye to China [M]. London:Black Liberator Press,1975.

[3] Hall S,Jefferson T. Resistance through Rituals:Youth Subcultures in Post-war Britain[M]. London:Hutchinson,1976.

[4] Hall S. Racism and Reaction:Five Views of Multi-Racial Britain[M]. London:Commission for Racial Equality, 1978.

[5] Hall S,et al. Policing the Crisis:Mugging, the State, and Law and Order. London: Macmillan, 1978.

[6] Hall S,Hobson D, Lowe A,et al. Introduction to Media Studies at the Center,Culture, Media,Language[M]. London:Hutchinson,1980.

[7] Hall S. Reconstruction Work:Images of Post-War Black Settlement[C]//Spence J. Family snaps:the meanings of domestic photography. London:Virago,1991.

[8] Hall S. Introduction, Formation of Modernity[M]. London:Polity Press and the Open University,1992.

［9］ Hall S. The West and The Rest：Discourse and Power，Formation of Moder-nity［M］. London：Polity Press and the Open University，1992.

［10］ Hall S，Cruz J，Lewis J. Reflections upon the Encoding /Decoding Model：An Interview with Stuart Hall，Viewing，Reading，Listening：Audiences and Cultural Reception［M］. Boulder：Westview，1994.

［11］ Hall S. Cultural Studies：Two Paradigms，in Culture，Power and History；a Reader in Contemporary Social Theory，edited by Nicholas B Dirks，Geoff Eley，Sherry B，Ortner［M］. New Jersey：Prinnceton University，1994.

［12］ Hall S. Representation： Cultural Representations and Signifying Practices ［M］. London：SAGE Publications in association with The Open Univer-sity，1997.

［13］ Hall S. The Centrality of Culture：Notes on the Cultural Revolutions of Our Time，Media and Cultural Regulation［M］. London：SAGE Publications，1997.

［14］ Hall S，Gdu P，Janes L，et al. Doing Cultural Studies：The Story of the Sony Walkman［M］. Thousand Oaks：Sage，1997.

［15］ Hall S. The Multicultural Question，in Papers in Social and Cultural Re-search［M］. London：The Open University，2001.

［16］ Hall S，Connell I，Curti L. The"Unity"of Current Affairs Television［M］. London：CCCS，2007.

（二）研究斯图亚特·霍尔的著作、期刊和论文集

［1］ Gramsci A. The Prison Notebooks：Selections Quintin Hoare and Geoffrey No-well-Smith［M］. New York：International Publishers，1971.

［2］ Barthes R. Mythologies［M］. London：Jonathan Cape，1972.

［3］ Williams R. Marxism and Literature ［M］. London： Oxford University Press，1978.

［4］ Derrida J. Writing and Difference［M］. London：Routledge，1981.

[5] Williams R. Resources of Hope：Cultural Democracy and Socialism［M］. London：Verso, 1988.

[6] Rutherford J. Identity：Community, Culture, Difference［M］. London： Lawrence and Wishart, 1990.

[7] Grossberg L. We Gotta Get Out of This Place：Popular Conservatism and Post-modernism Culture［M］. New York and London：Routledge, 1992.

[8] Chun L. The British New Left［M］. Edinburgh：Edinburgh University Press, 1993.

[9] Eagleton T. The Hippest［M］. London：Review of Books, 1996.

[10] Storey J. Cultural Studies and the Study of Popular Culture［M］. Edinburgh：Edinburgh University Press, 1996.

[11] Barker C. Cultural Studies：Theory and Practice, with a Forward by Paul Willis［M］. London：SAGE Publications, 2000.

[12] Rojek C. Stuart Hall［M］. Cambridge：Polity, 2003.

[13] Turner G. British Cultural Studies：An Introduction［M］. London：Routledge, 2003.

[14] Procter J. Stuart Hall［M］. London：Routledge, 2004.

[15] Hall S. Absolute Beginnings［J］. Universities and Left Review, 1959.

[16] Mepham J. Western Marxism：A Critical Reader［J］. New Left Review Verso Edition, 1978.

[17] Hall S. Signification, Representation, Ideology：Althusser and the Post-Structuralist Debates［J］. Critical Studies in Mass Communication, 1985.

[18] Hall S. Cultural Studies and its Theoretical Legacies［J］. Cultural Studies, 1992.

[19] Grossberg L. Cultural Studies and ／in the New Wedds［J］. Critical Studies in Media Communication, 1993.

[20] Fiske J. Open the Way：Some Remarks on the Fertility of Stuart Halls' Contribution to Critical Theory［C］//Hall S, Morley D, Chen K-H. Stuart

Hall:Critical Dialogues in Cultural Studies. London:Routledge,1996.

[21] Hall S. Marx's Notes on Method:A Reading of the 1857 Introduction [C]// Working Papers in Cultural Studies. London:Cambridge,1974.

[22] Hall S. Cultural Studies and the Center:Some Problematics and Problems [C]//Hall S,et al. Culture,Media,Language:Working Papers in Cultural Studies(1972 – 1979). London: Hutchinson,1980.

[23] Morley D. Reconceptualizing the Audience[C]//CCCS Stencilled Paper No. 9—The Nationwide Audience. London:British Film Institute,1980.

[24] Hall S. Encoding/Decoding[C]// Hobson D, Lowe A, Willis P. Cultural, Media, Language. London:Hutchinson,1980.

[25] Hall S. Notes on Deconstructing"the Popular"[C]//Samued R. People's History and Socialist Theory. London:Routledge,1981.

[26] Hall S. Minimal Selves[C]//Identity:The Real Me. London:Institute for Contemporary Arts,1987.

[27] Hall S. Old and New Identities,Old and New Ethnicities[C]//King A D. Culture,Globalization and the World-System:Contemporary Conditions for the Representation of Identity. Macmillan in association with Department of Art and Art History. New York: State University of New York at Binghamton,1991.

[28] Hall S. Ethnicity:Identity and Difference [C]. America:Radical America,1991.

[29] Grossberg L. On Postmodernism and Articulation:An Interview with Hall [C]//Morley D, Chen K-H. Stuart Hall:Critical Dialogues in Cultural Studies. London:Routledge,1996.

[30] Held D,McGrew T. Modernity and Its Futures[C]. Cambridge: Polity Press in association with the Open University,1992.

[31] Hall S. The Question of Cultural Identity,Modernity and its Futures[C]. London:Polity Press and the Open University,1992.

[32] Angus L, et al. Reflections upon the Encoding/Decoding Model: An Interview with Stuart Hall[C]//Cruz J, Lewis J. Viewing, Reading, Listening: Audiences and Cultural Reception. Boulder: Westview Press, 1994.

[33] Hall S. Cultural Studies: Two Paradigms[C]//Schieafer R. Comtemporary Literary Criticism: Literary and Cultural Studies. New York and London: Longman, 1994.

[34] Hall S, Chen K-H. The Formation of a Diasporic Intellectual[C]// Morley D, Chen K-H. Stuart Hall: Critical Dialogues in Cultural Studies. London: Routledge, 1996.

[35] Morley D, Chen K-H. Stuart Hall: Critical Dialogues in Cultural Studies [C]. London: Routledge, 1996.

[36] Fiske J. Opening Hallway: Some Remarks on the Fertility of Stuart Halls Contribution to Critical Theory[C]//Morley D, Chen K-H. Stuart Hall: Critical Dialogues in Cultural Studies. London: Routledge, 1996.

[37] Slack J D. The Theory and Method of Articulation in Cultural Studies[C]// Morley D, Chen K-H. Stuart Hall: Critical Dialogues in Cultural Studies. London: Routledge, 1996.

[38] Larrain J. Stuart Hall and the Marxist concept of Ideology[C]//Morley D, Chen K-H. Stuart Hall: Critical Dialogues in Cultural Studies. London: Routledge, 1996.

[39] Hall S. The Meaning of New Times[C]//Morley D, Chen K-H. Stuart Hall: Critical Dialogues in Cultural Studies. London: Routledge, 1996.

[40] Hall S. New Ethnicities[C]//Morley D, Chen K-H. Stuart Hall: Critical Dialogues in Cultural Studies. London: Routledge, 1996.

[41] Grossberg L. Cultural Studies: What's in a Name? [C]//Bringing it All Back Home: Essays on Cultural Studies. Durham: Duke University Press, 1997.

[42] Paula M L M, Michael R H-G. Reclaiming Identity: Realist Theory and the

Predicament of Postmodernism［C］. Berkeley：University of California Press，2000.

［43］The Runnymede Trust. The Future of Multi-Ethnic Britain：Report of the Commission on the Future of Multi-Ethnic Britain［R］. London：Profile Books，2000.

［44］Hall S. Multicultural Citizens，Monocultural Citizenship？［C］//Pearce N，Hallgarten J. Tomorrow's Citizen：Critical Debates in Citizenship and Education. London：Institute for Public Policy Research，2000.

［45］Hall S. Conclusion：the Muiti-cultural Question［C］//Unsettled Multiculturalisms：Diasporas，Entanglements，Transruptions. London，New York：Zed Books，2000.

［46］Hall S. What Is This"Black"in Black Popular Culture？［C］//Popular Culture：A Reader. London：SAGE Publications，2005.

［47］Hall S. The Local and the Global：Globalization and Ethnicity［R］//Stuart Hall. Transcript of Stuart Hall — The Global, the Local, and the Return of Ethnic. London：Bridget，2013.

二、中文文献

(一)著作

［1］斯图尔特·霍尔.表征——文化表征与意指实践［M］.徐亮,陆兴华,译.北京:商务印书馆,2013.

［2］斯图亚特·霍尔,托尼·杰斐逊.通过仪式抵抗:战后英国的青年亚文化［M］.孟登迎,胡疆锋,王蕙,译.北京:中国青年出版社,2015.

［3］马克思恩格斯选集(第1卷)［M］.北京:人民出版社,1995.

［4］马克思恩格斯选集(第2卷)［M］.北京:人民出版社,1995.

［5］马克思恩格斯选集(第3卷)［M］.北京:人民出版社,1995.

［6］马克思恩格斯选集(第4卷)［M］.北京:人民出版社,1995.

[7] 马克思恩格斯全集(第 8 卷)[M].北京:人民出版社,1961.

[8] 马克思恩格斯全集(第 42 卷)[M].北京:人民出版社,1979.

[9] 列宁全集(第 4 卷)[M].北京:人民出版社,1984.

[10] 列宁全集(第 5 卷)[M].北京:人民出版社,1986.

[11] 列宁全集(第 7 卷)[M].北京:人民出版社,1986.

[12] 列宁全集(第 26 卷)[M].北京:人民出版社,1988.

[13] 列宁全集(第 36 卷)[M].北京:人民出版社,1985.

[14] 毛泽东选集(第 2 卷)[M].北京:人民出版社,1991.

[15] 毛泽东文集(第 3 卷)[M].北京:人民出版社,1996.

[16] 格奥尔格·卢卡奇.历史与阶级意识[M].杜章智,燕宏远,译.北京:
商务印书馆,1992.

[17] 米歇尔·福柯.规训与惩罚[M].刘北成,杨远婴,译.北京:生活·读
书·新知三联书店,2012.

[18] 路易·阿尔都塞.保卫马克思[M].顾良,译.北京:商务印书
馆,1984.

[19] 路易·阿尔都塞,艾蒂安·巴里巴尔.读《资本论》[M].李其庆,冯文
光,译.北京:中央编译出版社,2001.

[20] 让·波德里亚.消费社会[M].刘成富,全志钢,译.南京:南京大学出
版社,2000.

[21] 恩斯特·拉克劳,查特尔·墨菲.文化领导权和社会主义的策略[M].
陈章津,译.台湾:远流出版事业股份有限公司,1994.

[22] 特里·伊格尔顿.后现代主义的幻像[M].华明,译.北京:商务印书
馆,2000.

[23] 尼克·史蒂文森.认识媒介文化——社会理论与大众传播[M].王文
斌,译.北京:商务印书馆,2001.

[24] 多米尼克·斯特里纳蒂.通俗文化理论导论[M].阎嘉,译.北京:商务
印书馆,2001.

[25] 拉尔夫·科恩.文学理论的未来[M].程锡麟,王晓路,林必果,等,译.

北京:中国社会科学出版社,1993.

[26] 约翰·费斯克,等.关键概念:传播与文化研究辞典[M].2版.李彬,译注.北京:新华出版社,2004.

[27] 约翰·菲斯克.解读大众文化[M].杨全强,译.南京:南京大学出版社,2001.

[28] 安·格雷.文化研究:民族志方法与生活文化[M].许梦云,译.重庆:重庆大学出版社,2009.

[29] 约翰·斯道雷.文化理论与通俗文化导论[M].杨竹山,郭发勇,周辉,译.南京:南京大学出版社,2001.

[30] 埃里克·H.埃里克森.同一性:青少年与危机[M].孙名之,译.杭州:浙江教育出版社,1998.

[31] 安琪楼·夸特罗其,汤姆·奈仁.法国1968:终结的开始[M].赵刚,译.北京:生活·读书·新知三联书店,2001.

[32] 丹尼尔·戴扬,伊莱休·卡茨.媒介事件[M].麻争旗,译.北京:北京广播学院出版社,2000.

[33] 爱德华·W.萨义德.东方学[M].王宇根,译.北京:生活·读书·新知三联书店,1999.

[34] 安吉拉·麦克罗比.文化研究的用途[M].李庆本,译.北京:北京大学出版社,2008.

[35] 马克·史密斯.文化——再造社会科学[M].张美川,译.长春:吉林人民出版社,2005.

[36] 乔治·拉雷恩.马克思主义与意识形态:马克思主义意识形态论研究[M].张秀琴,译.北京:北京师范大学出版社,2013.

[37] 王晓明.在新意识形态的笼罩下——90年代的文化和文学分析[M].南京:江苏人民出版社,2000.

[38] 保罗·史密斯,劳伦斯·格罗斯伯格,詹·韦布,等.文化研究精粹读本[M].北京:中国人民大学出版社,2006.

[39] 罗杰·迪金森,拉马斯瓦米·哈里德·拉纳斯,奥尔加·林耐.受众研

究读本［M］.单波,译.北京:华夏出版社,2006.

［40］本尼迪克特·安德森.想象的共同体——民族主义的起源与散布［M］.吴叡人,译.上海:上海人民出版社,2005.

［41］马克·波斯特.第二媒介时代［M］.范静哗,译.南京:南京大学出版社,2000.

［42］弗雷德里克·詹姆逊.文化转向［M］.胡亚敏,等,译.北京:中国社会科学出版社,2000.

［43］詹明信.晚期资本主义的文化逻辑［M］.陈清侨,等,译.北京:生活·读书·新知三联书店,1997.

［44］塞缪尔·亨廷顿.文明的冲突与世界秩序的重建［M］.周琪,刘绯,张立平,等,译.北京:新华出版社,1998.

［45］阿里夫·德里克.跨国资本时代的后殖民批判［M］.王宁,等,译.北京:北京大学出版社,2004.

［46］衣俊卿.西方马克思主义概论［M］.北京:北京大学出版社,2008.

［47］陶东风.文化研究:西方与中国［M］.北京:北京师范大学出版社,2002.

［48］金元浦.跨越世纪的文化变革［M］.北京:首都师范大学出版社,2001.

［49］周宪.文化研究关键词［M］.北京:北京师范大学出版社,2007.

［50］陆扬,王毅.文化研究导论［M］.上海:复旦大学出版社,2006.

［51］陆扬,王毅.大众文化与传媒［M］.上海:上海三联书店,2000.

［52］Stuart Hall.文化研究:霍尔访谈录［M］.唐维敏,译.台湾:元尊文化企业股份有限公司,1998.

［53］刘建明.媒介批评通论［M］.2 版.北京:中国人民大学出版社,2012.

［54］武桂杰.霍尔与文化研究［M］.北京:中央编译出版社,2009.

［55］杨乃乔.比较文学概论［M］.北京:北京大学出版社,2002.

［56］石义彬.单向度、超真实、内爆——批判视野中的当代西方传播思想研究［M］.湖北:武汉大学出版社,2003.

［57］高宣扬.流行文化社会学［M］.北京:中国人民大学出版社,2006.

［58］李凤丹.英国文化马克思主义研究［M］.2 版.江西:江西人民出版社,
2010.

［59］和磊.葛兰西与文化研究［M］.北京:中国社会科学出版社,2011.

［60］孟登迎.意识形态与主体建构［M］.北京:中国社会科学出版社,
2002.

［61］罗钢,刘象愚.文化研究读本［M］.北京:中国社会科学出版社,2000.

［62］刘俊奇.当代资本主义的发展与危机［M］.北京:中国社会科学出版
社,2014.

［63］乔瑞金,等.英国的新马克思主义［M］.北京:人民出版社,2013.

［64］孔明安,尚杰,王凤才,等.当代国外马克思主义新思潮研究［M］.北
京:中央编译出版社,2012.

［65］张亮.英国新左派思想家［M］.江苏:江苏人民出版社,2010.

［66］安东尼奥·葛兰西.葛兰西文选［M］.北京:人民出版社,2008.

［67］郑祥福.文化批判与后现代马克思主义［M］.北京:中国社会科学出
版社,2008.

［68］张华.伯明翰文化学派领军人物述评［M］.济南:山东大学出版
社,2008.

［69］王宁.全球化:文学研究与文化研究［M］.桂林:广西师范大学出版
社,2003.

［70］李庆本.跨文化视野:转型期的文化与美学批判［M］.北京:中国文联
出版社,2003.

［71］潘知常,林玮.大众传媒与大众文化［M］.上海:上海人民出版
社,2002.

［72］王晓升,等.西方马克思主义意识形态理论［M］.北京:社会科学文献
出版社,2009.

［73］蒋原伦.媒体文化与消费时代［M］.北京:中央编译出版社,2004.

［74］王岳川.中国镜像:90 年代文化研究［M］.北京:中央编译出版
社,2001.

［75］孟繁华.传媒与文化领导权——当代中国的文化生产与文化认同［M］.济南：山东教育出版社，2003.

［76］谢少波，王逢振.文化研究访谈录［M］.北京：中国社会科学出版社，2003.

［77］汪民安，陈永国.后身体：文化、权力和生命政治学［M］.长春：吉林人民出版社，2003.

［78］汪民安，陈永国，马海良.后现代性的哲学话语：从福柯到赛义德［M］.杭州：浙江人民出版社，2000.

（二）论文

［1］斯图亚特·霍尔.编码，解码［C］//罗钢，刘象愚.文化研究读本.北京：中国社会科学出版社，2000.

［2］斯图亚特·霍尔.接合理论与后马克思主义：斯图亚特·霍尔访谈［C］//周凡，李惠斌.后马克思主义.北京：中央编译出版社，2007.

［3］托尼·本内特.大众文化与"转向葛兰西"［C］//陆扬，王毅.大众文化研究.上海：上海三联书店，2001.

［4］约翰·恩古耶·厄尼.媒介研究和文化研究：共生趋向［C］//托比·米勒.文化研究指南.王晓路，史冬冬，译.南京：南京大学出版社，2009.

［5］陶东风.西方文化研究的新近发展［J］.当代文坛，2007（1）.

［6］周宪.文学与认同［J］.文学评论，2006（6）.

［7］张亮.如何正确理解斯图亚特·霍尔的"身份"［J］.学习与探索，2015（7）.

［8］阎嘉.文学研究中的文化身份与文化认同问题［J］.江西社会科学，2006（9）.

［9］陶家俊.身份认同导论［J］.外国文学，2004（2）.

［10］陶家俊.现代性的后殖民批判——论斯图亚特·霍尔的族裔散居认同理论［J］.四川外语学院学报，2006（5）.

[11] 张秀琴.马克思意识形态概念的"文化大众主义"解释——以伯明翰文化学派斯图亚特·霍尔为例[J].南京社会科学,2012(2).

[12] 邹威华,伏珊.斯图亚特·霍尔与"文化表征"理论[J].当代文坛,2013(4).

[13] 邹威华.斯图亚特·霍尔的"接合理论"研究[J].当代外国文学,2012(1).

[14] 邹威华.族裔散居语境中的"文化身份与文化认同"——以斯图亚特·霍尔为研究对象[J].南京社会科学,2007(2).

[15] 邹威华.后殖民语境中的文化表征——斯图亚特·霍尔的族裔散居文化认同理论透视[J].当代外国文学,2007(3).

[16] 邹赞.斯图亚特·霍尔论大众文化与传媒[J].中国石油大学学报,2008(6).

[17] 邹赞."入戏的观众":斯图亚特·霍尔与英国文化研究[J].中国图书评论,2014(4).

[18] 汪娟.斯图亚特·霍尔的后现代主体理论与文化认同观[J].浙江学刊,2013(5).

[19] 李媛媛.斯图亚特·霍尔的传媒理论研究[J].中国社会科学院研究生院学报,2004(6).

[20] 张碧.批判立场陈述与多元方法整合——论斯图亚特·霍尔的符号学观及符号学实践[J].社会科学,2013(9).

[21] 王斌.斯图亚特·霍尔的马克思主义语言哲学及其文化研究[J].文艺理论与批评,2012(2).

[22] 宗益祥.意识形态"再发现":斯图亚特·霍尔的媒介批判理论的历史逻辑[J].国外理论动态,2016(7).

[23] 黄卓越.伯明翰文化研究学派后期的界定——斯图亚特·霍尔访谈录[J].中国图书评论,2007(4).

[24] 孔智键.遭遇政治经济学批判——论斯图亚特·霍尔对马克思《导言》

的"阅读"[J].山东社会科学,2016(7).

[25] 张建萍.流散视阈中斯图亚特·霍尔的种族思想及其变迁研究[J].国外社会科学,2014(4).

[26] 汤建龙.国内斯图亚特·霍尔研究的现状、问题和趋势——基于马克思主义视角的一个审视[J].福建论坛,2016(10).

[27] 来莎莎.从《表征》看斯图亚特·霍尔的文化表征理论[J].视听,2015(8).

[28] 金永兵,张庆雄.伯明翰学派与英国"文化－文明"传统的比较[J].湖南社会科学,2015(1).

[29] 陆道夫.英国伯明翰学派早期亚文化研究探微[J].广东技术师范学院学报,2005(2).

[30] 陆道夫.英国伯明翰学派文化研究特质论[J].学术论坛,2003(6).

[31] 李庆本.伯明翰学派文化研究的发展历程[J].东岳论丛,2010(1).

[32] 杨东篱.伯明翰学派与文化研究的演进[J].河北大学学报,2008(6).

[33] 杨东篱.论伯明翰学派的文化观念[J].东岳论丛,2006(4).

(三)相关博士及硕士论文

1.博士论文

[1] 武桂杰.斯图亚特·霍尔的文化理论研究[D].北京:北京语言大学,2007.

[2] 徐德林.英国文化研究的形成与发展——以伯明翰学派为中心[D].北京:北京大学,2008.

[3] 甄红菊.斯图亚特·霍尔的文化理论研究[D].济南:山东大学,2016.

[4] 邹威华.斯图亚特·霍尔的文化理论研究[D].成都:成都师范学院,2014.

2.硕士论文

[1] 向华江.斯图亚特·霍尔与"文化研究"的符号学路径探析[D].江西

师范大学,2009.

［2］彭瑜.论斯图亚特·霍尔的接合理论［D］.湘潭大学,2011.

［3］孙越.斯图亚特·霍尔的文化表征理论探究［D］.山东大学,2012.

［4］李晓牧.斯图亚特·霍尔的文化传播与意识形态理论研究［D］.浙江师范大学,2012.

后　记

数易其稿,掩卷,感触万端。

时光荏苒,岁月如梭,由衷感谢我的合作导师艾四林教授、师母康沛竹教授。正是艾老师、康老师对我的包容和帮助,使我能够顺利地度过人生最艰难的时光,清华两年,永志不忘。

回首上下求索的十年寒窗,虽苦尤甜,让我内心充满感激、感动、感恩。感激我学养整塑之处,贯之于"自强不息,厚德载物"的校训。感动我砥砺前行之处,格致于"行胜于言"的校则。感恩我未来前行之处,福泽于清华大学桃李芬芳的培养。

回首来路,跃然纸上的依旧是感激、感动和感恩。感激我学养积淀塑造之处,贯之于"博学慎思,参天尽物"的校训。感动我砥砺前行之处,格致于"自强不息,厚德载物"的校训。感恩我励志未来前行之处,福泽于黑龙江大学和清华大学桃李芬芳的培养。

感激恩师王国有教授、隽鸿飞教授孜孜不倦的谆谆教诲和含辛茹苦的引领指导。

感动王国有导师从选题到国内外采集海量信息资料再到分析研判,从提出观点到升华提炼,从详细审阅到反复多次修改和指导,都凝心聚力,给予关注。恩师王国有教授恪守传道授业、答疑解惑的严师之道,扎实厚重,循循善诱,让我在不断吸取科学知识的营养的同时,不断增长为人民、为社会服务的聪明才智和过硬的本领,并引领我在知识的广阔宇宙中展翅翱翔,让我懂得如何在学术的海洋中修炼自己,完善自己。恩师教我学习科学知识的同时,也教导我领悟做人的道理,告诫我要脚踏实地,紧密联系现实国情和社会实践,探寻未知,学以致用,使我在未来的人生旅途中能够辨明是非,塑造品格,不断前行。

　　感恩艾四林教授、王国有教授、隽鸿飞教授、胡东教授和众位恩师浸透心血的关怀指导。

　　放眼当下,我永世难忘艾四林教授、王国有教授的循循善诱、夙夜教诲,隽鸿飞教授的满腹经纶,古道热肠。我亦永志难忘各位教授为我付出的大量心血和殷切期许! 感谢你们的倾力帮助和细心指导! 亦深深感谢许多同学和朋友对我的支持和帮助,永志铭谢。还要特别感谢黑龙江省社会科学学术著作出版资助项目的大力资助和黑龙江大学出版社的编辑等工作人员,在他们的鼎力相助和大力支持下,本书才得以顺利出版,在此一并感谢!最后,感谢我的父母。

　　展望前路,我必秉承师训,求中守正,修己以敬,致知格物,锲而不舍,居之无倦,行之以忠! "不要人夸颜色好,只留清气满乾坤。"感激,感谢,感念! 不忘,不变,不懈!

陈孟